U0487453

中央高校基本科研业务费专项资金资助

公共政策中的社会实验

SOCIAL EXPERIMENTS IN PUBLIC POLICY

章荧 著

社会科学文献出版社
SOCIAL SCIENCES ACADEMIC PRESS (CHINA)

前　言

政策评估是公共政策中至关重要的环节。在实践层面，政策评估能够科学、准确、全面地回答公共政策是否有效的问题，并对进一步完善公共政策提供证据支撑。在理论层面，研究政策评估可以完善政策科学的逻辑闭环，与政策设计、政策制定、政策过程、政策实施等环节整合构成公共政策分析的全过程。① 政策评估的重要性也逐步凸显。2015年，中共中央办公厅、国务院办公厅印发的《关于加强中国特色新型智库建设的意见》提出“建立健全政策评估制度”。2020年，《中共中央关于制定国民经济和社会发展第十四个五年规划和二〇三五年远景目标的建议》指出，应“健全重大政策事前评估和事后评价制度”。由此可见，在推进国家治理体系和治理能力现代化过程中，公共政策评估具有不可替代的重要地位。②

实现政策评估的本质在于构建因果推断，也就是验证公共政策及其影响之间的因果关系。③ 一项公共政策实施之后可能产生多方面的政策影响，政策评估的根本目的就是明确这些政策影响是由于这项公共政策产生的，而非其他公共政策的组合效果，也非公共政策以外的经济社会因素造成。由此才能明确这项公共政策的具体影响，并进一步决策是否应继续实施这项公共政策，是否需改善当前的政策设计，以及是否需调整当前的政策目标群体定位，等等。科学的政策评估还可以进一步得出

---

① 李志军，张毅．公共政策评估理论演进、评析与研究展望［J］．管理世界，2023，39（3）：158－171＋195＋172．

② 李志军．加快构建中国特色公共政策评估体系［J］．管理世界，2022，38（12）：84－92．

③ 贠杰．公共政策评估的制度基础与基本范式［J］．管理世界，2023，39（1）：128－138．

公共政策的影响显著性、影响方向、影响规模、影响群体、影响时限等具体结论。

在社会科学研究中，实验方法对构建因果推断具有核心优势。实验方法源于自然科学，逐渐应用于心理学、管理学、政治学、经济学、教育学、社会学等社会科学领域。学界普遍认可，实验方法是因果推断的黄金准则。在政策评估中，为准确达成因果推断，优先使用实验方法，次之是准实验方法，比如计量经济学常用的双重差分法、工具变量法、断点回归法、合成控制法、倾向评分匹配法等，最次是观察性研究方法。①

实验方法以实施地点进行分类，可分为实验室实验、实地实验和调查实验。本书的核心概念社会实验属于实地实验，指在整个社会的范围内，以公共政策为载体，开展政策评估实践。社会实验由于是在现实社会范围内应用，具有其他实验方法不可替代的优势，即优于实验室实验的外部性和胜于调查实验的真实性。社会实验是政策评估之中的优选方法，在欧美发达国家和非洲等欠发达地区已有过丰富应用。但社会实验在我国的公共政策评估中应用较少，理论关注也有所缺乏。因此，本书旨在系统阐述社会实验的概念内涵和理论逻辑，提炼归纳社会实验的核心要素，对比分析国内外的社会实验典型案例及实践应用，为促进社会实验的本土化构建和实践应用深化认识，为构建中国特色政策评估体系提供借鉴，为推动国家治理现代化做出贡献。

本书共分为十章，从理论和案例两个层面介绍公共政策中的社会实验。第一部分是理论层面，分为五章，系统阐述社会实验的理论意义。第一章是绪论，明确本书中公共政策的研究范围，并论述社会实验是什么、为什么做、怎样做的基础问题。第二章是政策制定中的证据，以执法记录仪研究为案例，剖析证据的类型、等级和有效性等理论含义。第三章是社会实验的基本原理，阐述社会实验构建反事实的本质，介绍社

① 李文钊，徐文．基于因果推理的政策评估：一个实验与准实验设计的统一框架［J］．管理世界，2022，38（12）：104－123．

会实验的简史，并讲解负所得税实验案例。第四章是社会实验的伦理问题，讲解开展研究的伦理规范，介绍斯坦福监狱实验等不合伦理的研究，并阐述如何看待社会实验中的伦理问题。第五章是社会实验的设计，分析观察性设计与干预设计等研究设计的层次，并通过若干典型案例归纳社会实验的不同类别。第二部分是案例层面，分为五章，将第一部分的理论意义融入实践，分别介绍学前教育、收入激励、家庭和住房这四个公共政策领域的典型案例。第六章是学前教育领域的社会实验，介绍美国的启蒙计划（Head Start）。第七章和第八章是收入激励领域的社会实验，分别介绍美国的新希望（New Hope）项目和墨西哥的进步（Progresa）项目。第九章是家庭领域的社会实验，介绍英国的护士家庭伙伴关系（NFP）项目。第十章是住房领域的社会实验，介绍美国的搬向机遇（MTO）项目。

本书旨在通过理论逻辑和政策案例两个部分对社会实验在政策评估中的应用进行全面深入剖析，为感兴趣的高校师生提供学习社会实验的研究方法参考，为公共政策研究领域的广大学者提供社会实验的案例研究样本，并为公务人员等政策制定者提供社会实验的政策评估实践范例，为高校教学、学术研究和政策实践各方面做出贡献。

本书自笔者攻读博士期间开始构思，在笔者入职高校之后基本成形，通过笔者新开设的本科通识课程“公共政策中的社会实验”，吸收高校各专业学生的课堂反馈，不断完善书稿。囿于笔者学识有限，本书在撰写过程中不免存在缺漏，恳请学界同人予以指正。

目 录

第一部分 理论

第二部分　案例

第一部分

理　论

第一章　绪　论

“公共政策”是本书要介绍的社会实验的范围，具体可以分为“公共”和“政策”两个部分来展开说明。

在行政管理学科范畴内，“公共”是一个备受争议的术语。学者们在研究中给予“公共”不同的定义，如“公共即利益集团”“公共即消费者”“公共即代表”“公共即公民”“公共即客户”等。尽管内涵相去甚远，却都使用了“公共”一词，使“公共”逐渐成为一个模棱两可的术语。

举例而言，我们国家的省市区县等公共机构、层级，或者相关的事业单位、政府部门，或者相关的政府购买服务（如一些公司的计划），都可以称为“公共”。本书认为，简单地将“公共”看作与“私人”相对的概念，是不严谨的。因为许多社会实验的实践都不是由政府或者其他任何公共机构来进行的，而是由第三方机构等开展的，这些所谓的第三方机构是社会实验的主力军。其中，很多社会实验通过政府购买服务的形式才变成了公共政策。以儿童午餐项目为例，如果政府认为这个项目非常有意义，就会出资让公司继续做项目。在这一过程中，政府主要发挥出资、管理和监督的作用，拥有专业技术和经验的公司则负责项目的实际运行。因此，“公共”不是社会实验的起点，而是社会实验的目的或最终形态。

政策是什么？最常见的带有决定、条例、通知、文件、意见等字样的文本，都可以叫作政策。这些由政府机关和相关事业单位下发的符合“公共”定义的文本都可以统称为公共政策。一般而言，政策与法律是

有明确区分的，但是社会实验的实践表明，法律法规也是其中的重要形态，这是因为许多社会实验的最终目的就是形成法律，只有立法先行才能进行大规模的乃至全社会的社会实验。因此，法律也属于本书所讨论的范畴。此外，“项目”听起来具有私人部门性质，也是我们所理解的公共政策。“项目”（program 或 project）是一个舶来词，特别是在项目制管理的影响下，在美国的许多公共政策都叫项目，如本书第六章的启蒙计划（Head Start）项目。

第一节　什么是社会实验

社会实验起源于自然科学领域中的医学实验。医学实验应用最普遍的领域就是药物研发。经过严格的申请、审核、批准等医学实验的必备流程之后，首先需要进行动物实验初步验证药物的有效性，再进行人体的药物实验进一步确认。对人体进行的药物实验包括以下主要步骤：第一就是要招募患者，也就是实验研究的对象，并且要规定对象的具体特征，比如症状是轻度、中度或重度的患者，是否患有某些基础病方面的限制，人口统计学特征方面的限制（年龄、性别、受教育水平、婚姻状况等），药物的禁忌或过敏反应等，这些都是招募患者过程中需要明确的限制条件。第二就是要分配患者，需要将这些招募到的患者随机分配到实验组和对照组进行对比，对于分组情况患者并不知情。第三就是要进行药物治疗，对实验组和对照组分别给予不同的药物，实验组是给已经研制好的特效药，而对照组则是要给安慰剂，即对治疗此疾病没有任何作用的药物。第四就是要监督管理，保障整个实验过程从招募、分配到给予药物这一系列流程中，每一个步骤都规范进行，每一步流程都正确合理，从而保证这个新的特效药的人体实验最终得到准确科学的结论，这是整个实验研究中很重要的步骤。第五就是要观察药效，持续关注实验组和对照组的药效反应，比如这两组的患者症状是否发生变化、患者服药之后有可能会产生的一些副作用等。第六就是要对比分析，得出结论，即特效药是否有效，比较实验组和对照组的患者数据信息，从而判断患者的症状是否减轻、患者是否产生某些副作用等。以上就是简要的药物实验流程，常规而言是比较完整的全过程。

社会实验的基本步骤与药物实验非常相似，并且同样是对人进行实验。但是关键的不同在于实验目的，医学实验的目的是检验药物对人体的有效性，而社会实验的核心目的则是评估公共政策对目标群体的效果，将自然科学的实验原理借用于社会科学领域进行研究。由此可见，社会实验的简单或狭义定义就是一种社会科学的研究方法，即实验方法中在社会领域进行的研究方法，与实验室实验、实地实验、调查实验等实验方法对应。但社会实验不止于此，广义的社会实验也是一种政策评估的科学手段，涵盖政策的设计、实施、监督和评估等环节，在建立重大政策事前评估、事后评价体系中发挥重要作用。社会实验同样是一种政策实践的应用案例，与我国广泛应用的试点、示范、实验区等并列，对国家治理体系和治理能力现代化具有关键推动作用。广义的社会实验具有理论、方法和实践多层面的重要意义，所以我们有必要深入剖析社会实验，以发挥其最佳功效。

社会实验可提炼出三个核心要素，包括对比分析、随机分配、政策干预。其中，对比分析是贯穿社会实验全过程的思维模式；随机分配是社会实验构建因果推断的最关键环节，是构建反事实的必要步骤；政策干预作为政策评估的对象，则是进行社会实验的根本目的。

其中，贯穿整个社会实验的核心要素就是对比思维。比如在政策干预阶段，对比是政策干预的必要措施，对实验组和对照组应实施差异化的政策干预，或对照组维持政策现状。而政策干预的对比性也需兼顾伦理考虑，合理应用因子设计等技巧规避对照组福利剥夺的伦理风险。

社会实验在众多社会科学研究方法中的归类应重点考虑其对比性。本书从方法论、研究方式和具体方法三个递进层次，探讨社会实验在整个社会科学研究方法体系中的位置，以及社会实验与其他研究方法的区别和联系（见图1-1）。

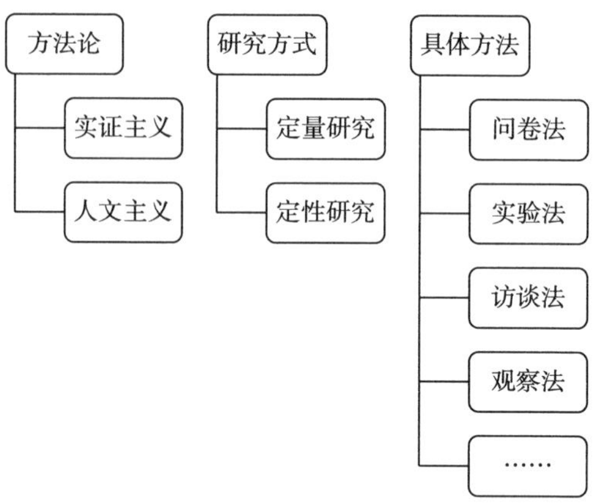

图 1－1　社会科学研究方法

首先根据最底层的方法论的不同，社会科学研究方法分为实证主义和人文主义。方法论是一种哲学基础、价值观和世界观，能够体现出研究者的哲学思想和思维方式。在社会科学研究中，实证主义和人文主义是两种较为基础的方法论。实证主义认为社会科学应该向自然科学学习，用对待自然科学、自然现象的研究方法来研究现实世界中的社会现象、社会行为。实证主义主张通过具体、客观的观察和切实的经验得出结论，追求研究的可复制性。而人文主义则认为在研究社会现象以及人的行为时，要充分考虑到人的特殊性。也就是说，社会科学研究与自然科学研究是有区别的，不能完全借鉴自然科学的研究方法，要充分发挥研究者在研究过程中的主观能动性。用马克斯·韦伯的话说，就是研究者要“投入理解”。

实证主义和人文主义的方法论反映到具体的研究方式中，主要体现为定量研究和定性研究两大类。其中，定量研究包括很多具体的研究方法，比较有代表性的如调查问卷法、统计分析法、文本分析法等；而定性研究中的研究方法主要包括深度访谈法、个案研究法、参与式观察法等。在此分类体系中，传统的划分方法主要将实验法划归定量研究。而实验法进一步细分，可以根据实验进行的不同地点划分为实验室实验、实地实验和调查实验。在社会科学领域，实验室实验是在实验室环境或某个固定场所内进行，对人的思维、态度、观念等变量来进行实验。实地实验则是脱离实验室这个固定范围，在日常生活的范围内进行实验。调查实验结合了问卷调查和实验方法，可于线上线下同时进行实验。据此分类方法，社会实验根据实施范围应属于实地实验，也属于定量研究。

社会实验的定位固然是一种社会科学的研究方法，但一个值得思考的问题是：社会实验是定量研究方法还是定性研究方法？本书认为在众多社会科学研究方法中，社会实验的关键突出点就是对比。以前述的药物实验为例，其中最显著的方法特性是全程对比实验组和对照组（见图1-2）。首先需要对这两组的药物干预进行区分，分别给予特效药和安慰剂体现对比思维，经过监督、观察、记录等过程，最后对两组的药效进行对比分析，对比思维贯穿药物实验的首尾。由此可知，社会实验的关键点在于对比，而不在于定量研究、量化分析、数据收集。已有案例表明（详见本书第七章），定性研究同样可以进行社会实验，并且可以有效补充定量研究的结论，对解释验证定量研究中发现的因果机制具有显著优势。这同样显示出社会实验的特性，即侧重于以实践来指导研究方法的发展，而不只是从因果推断的理论出发推进研究方法。因此，社会实验不应固化为定量研究或定性研究，而应首先遵从实践指导，根据实践需求可以选取定量或定性研究方法或结合运用，以得到更为准确的因果推断并加以解释。

社会实验的对比特性最显著的体现就在于实验组和对照组接受的不同政策干预。为评估一项政策，实验组就要接受这项政策干预，而对于对照组，从定义上来讲理应没有政策干预。但是基于伦理问题的考虑，即使参与了研究，也不能剥夺对照组已有的政策福利，因此对照组所获得的“没有政策干预”实际上就是实行现有的政策、项目、制度、法规，也就是说没有更进一步的政策干预。而政策干预也不局限于字面意义上的政策，包括了非常广泛的范围。政策具有很多不同形式，比如常规的文件、条例、通知、意见等都是政策。从学理层面来看，政策与法律法规具有清晰的范围划分。但是在社会实验的实践当中，很多实例也表明法律法规其实是政策干预中非常重要的一种形态。甚至很多国外社会实验的起点就是法律法规，通过立法先行才能获得充足的资金进行大规模、花费高、耗时长的社会实验。因此很多实践表明，政策干预并不只包括熟识的政策范围，其范围之广可以包罗万象。

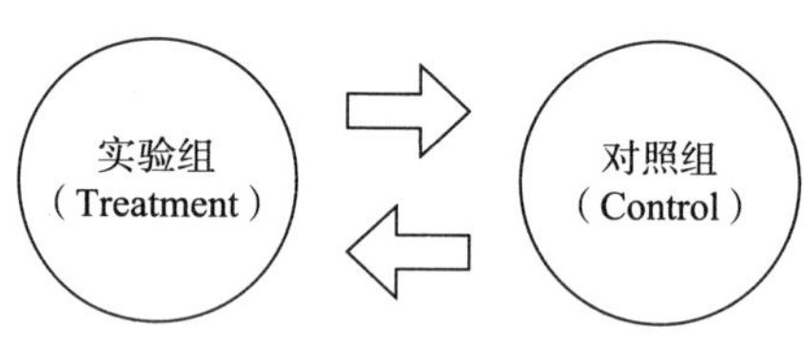

图 1－2　对比

第二节　为什么做社会实验

本书认为，可以从两个层次来理解这个问题。第一，为什么要进行社会科学研究？理论和社会问题是社会科学研究的两个起点。在理论方面，如果现有理论存在空白或者不足，可以通过社会科学研究进行研究；对于一个比较成熟的理论，也可以通过社会科学研究予以验证。例如，贫困文化理论认为，人们之所以贫困，是因为缺乏努力工作和养家糊口的动力，社会实验就可以对此进行验证。在社会问题方面，如果尚未找到有效的解决方案应对紧迫的社会问题，可以借助于社会科学研究。而社会实验是非常明确的从社会问题入手来做研究的一种方法，例如可以基于教育不平等的社会问题开展社会实验研究。

第二，在众多社会科学研究方法中，为什么选择社会实验？最根本的原因就是因果推断。社会实验作为社会科学研究方法中的一种，秉承社会科学研究的终极目标，即追求因果关系判定。因果关系指的是自变量（Independent Variables，IV）和因变量（Dependent Variables，DV）之间存在的关系（见图 1－3）。假设（hypotheses）是针对自变量和因变量之间关系的论断。比如学历是自变量，收入水平是因变量，二者之间的关系是基于学历越高收入水平就越高的假设。基于前人理论或已有研究结果进行假设时，自变量和因变量要清晰、明确、具体，比如吸烟次数越多患肺癌的概率越高、饮酒量越大患慢性病的概率越高、女性的学历越高生育年龄越大等假设，以便进行有效检验。

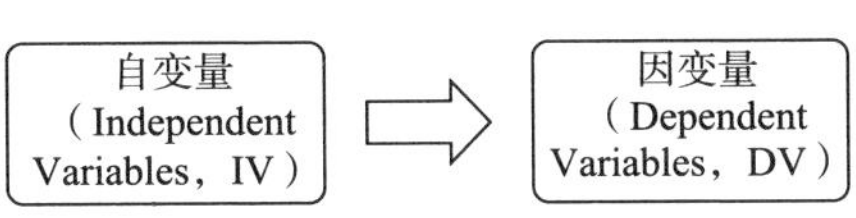

图 1－3　自变量与因变量

在社会科学研究中，验证因果关系假设的难点在于必须明确推断出是自变量导致了因变量或断定自变量就是因变量的原因。在现实中，因果关系与相关关系非常容易混淆，二者同样是自变量和因变量之间的关系。相关关系可以根据数据分析结果是否显著，或图形检验是否形态相似且重合度是否足够得出。但很多相关关系会被误认作因果关系。一是互为因果，即既可能自变量导致因变量，又可能因变量导致自变量，如受教育水平和收入水平之间的相关关系、患抑郁症和考试失利之间的相关关系、财产损失与酗酒成瘾之间的相关关系。二是逆向因果，即并非自变量导致因变量，而是因变量导致自变量，如招聘需求和工资水平之间的相关关系。三是共同原因，即自变量和因变量之间存在相关关系，但二者之间并无因果关系，实为第三个变量导致了自变量和因变量共同发生变化。如冰激凌销售数量和泳池溺水人数之间存在正相关关系，但二者并无因果关系，夏季气温升高才是二者的共同原因；又如拥有健康保险与死亡率之间存在负相关关系，但收入水平高才是二者的共同原因；再如智能手机普及率与人均预期寿命之间存在正相关关系，但科技进步才是二者的共同原因。四是巧合关系，比如收入水平高和拥有双眼皮之间存在相关关系，但这是巧合，并不能判断二者存在因果关系。由此可知，相关关系在数据分析和图表绘制中很容易被证实，但是很多情况下并不是因果关系。具有相关关系的变量需要符合一定条件才能判定为因果关系。因果推断的核心要素包括存在可测量的自变量和因变量，二者存在时间先后顺序，即自变量要在因变量之前，二者之间具有确定

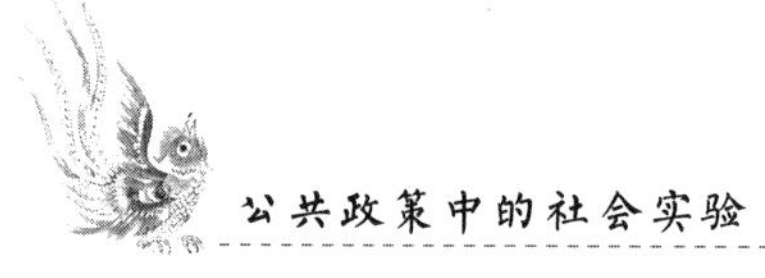

的、经过实证检验的相关关系，并且这种因果关系必须是客观存在的，不以人的意志为转移，即原因必然会引起结果。回溯文献，社会科学大部分的研究都是在追寻因果推断，因为相关关系从统计学或者计量经济学上可以直接用数据证实，但是如何从相关关系更进一步到因果关系，确保研究假设中的因果关系得到验证，则是很多社会科学研究方法通过不同路径进行的尝试。

在政策评估中，验证自变量和因变量之间的因果关系对准确取得政策效果至关重要。自变量指政策干预，即需要推行新政策或者改变原有的政策，来解决现有的社会问题。近年来“干预”一词越来越多地被运用于政策文件中，政策、项目，包括法律都可以作为一种干预形式，用以解决或缓解现有的社会问题。因变量指社会问题（见图1-4）。例如，教育资源不平等、贫困儿童营养不良等都是需要政府和社会机构解决的重要社会问题。公共部门其实是假设自变量和因变量之间，也即政策干预和社会问题之间存在关系才出台一项公共政策。也就是说，公共政策是基于如下假设：社会问题会在政策干预的情况下得到解决。例如，教育资源不平等这一社会问题带来了内卷、学区房价格过高等许多不良影响。中央政府和省市地方政府都要出台公共政策来解决这一社会问题，目的是推进教育资源均等化。义务教育阶段教师轮岗政策就是为了应对教育资源不平等（因变量）而实施的政策干预（自变量）。在政策评估中，做出一个充分的假设至少需要满足两个条件。第一，假设必须是可测的，研究者不仅要能够测量自变量和因变量，还要能够测量二者之间的关系，即假设是正向的还是负向的关系，而且要能够测出它们是否发生变化以及变化的区间。第二，假设必须是明确的，自变量和因变量都要清晰、精确、具体，否则假设难以得到检验。例如，政府为贫困儿童提供优惠午餐以解决其营养不良问题。其中，“贫困”“午餐”“营养不良”等概念都应得到清晰的界定，都要能够准确测量。具体来说，就是要能够将这些概念定量转化为可操作的变量：什么样的家庭收入或资产水平被认定为贫困？什么样的食物搭配和分量被认定为一份标准午餐？什么样的身体指标被认定为营养不良？只有基于这些准确测量的变量才能制定优惠午餐的分配标准，比如处于贫困线以下水平的免费提供午餐，处于贫困线以上 50% 水平的午餐也优惠 50%。这类明确的社会政策都源于假设本身的可测量和明确性。

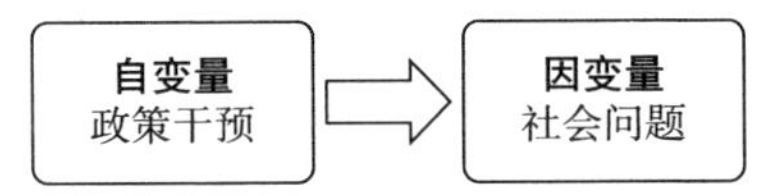

图 1－4　政策评估中的自变量与因变量

社会实验能够准确获得因果推断，这也是在众多社会科学研究方法中最为突出的优势。学界公认随机对照试验（randomized controlled trial）是因果推断的黄金准则。实验方法的重要性在于，通过研究设计来确保自变量和因变量之间的因果关系。而在实验方法之中，社会实验最能模拟并还原政策干预的自然状态，测量并评估政策真正实施的过程和解决社会问题的准确效果。社会实验之中的自变量和因变量分别是政策干预和社会问题，关键就是如何能够构建这两个变量之间的因果推断，能够验证假设，即因为政策干预有效，社会问题才得以解决，而非随着时间的推进或各种内生性的误差自然而然解决。只有科学判定两者之间存在因果关系，才能推断出政策干预是有效的，进而推广或加大力度，因此因果推断对于公共政策具有不可替代的重要性。

因果推断的研究设计本质就是随机分配，将研究样本随机分配到实验组和对照组，保证两组之间的可比性。随机分配的目的是构建出一个“反事实”（counterfactual），从而得到因果推论。反事实，顾名思义就是反向的事实，而非真正的事实。反事实的根本在于保证实验组和对照组之间的整体平均值完全一致或不存在显著差异，唯一的显著差异就是干预，由此才可以确保实验组和对照组之间的最终差异可以仅归因于干预而非其他因素。简单来说在社会实验中，事实和反事实相当于分别是实验组和对照组，基于此分组分别得到事实推论和反事实推论，也就是对比分析实验组的结果和对照组的结果是否存在显著差异，最终得出研究结论（见图 1－5）。具象一点来说，反事实类似于影视作品中常见的平行世界、平行宇宙或者穿越情境。比如平行世界中有两条时间线，一条时间线是现实中发生的事情，就是事实；另一条时间线是与现实相反的事情，就是反事实。再如，同一个人不断穿越回过去的同一个时间点，做出不同的选择，最后会走向不同的结局。在现实当中，同一个人在同一个时间点不可能同时做出不同的选择，因此只能后悔自己做出的选择，而无法让时间倒流做出不同选择。在现实中典型的反事实构建就是双胞胎，比如研究后天教育对人生发展的长远影响，将双胞胎作为样本可以规避人天生存在的基因差异，并对其分别赋予丰富的教育资源和处于平均水平的教育资源，可以追踪测量之后的事业成就、收入水平、社会阶层、婚姻家庭等的状况，进而得出研究结论，即后天教育对人一生的影响如何。但通过双胞胎构建反事实的样本量相对较少，因此社会实验的必要步骤是随机分配，以此来构建反事实从而实现因果推断，这样才能剖析数据分析和图表呈现的相关关系假象，剥离出其中真正存在的因果关系，成为社会科学研究中的黄金法则。

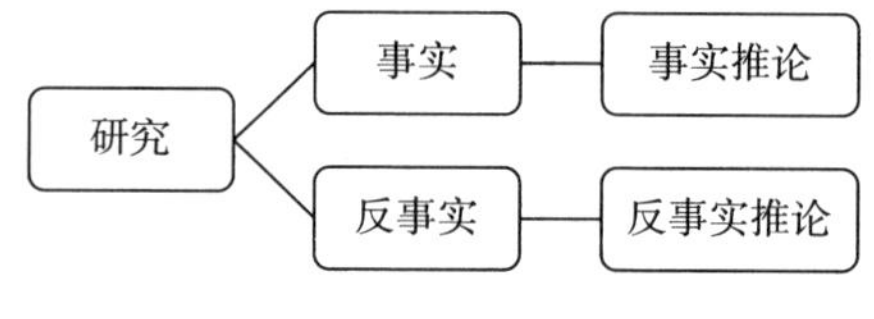

图 1-5　事实与反事实

第三节　怎样做社会实验

怎样做社会实验是本书探讨的重点，在后续章节将着重讨论，本节只讨论社会实验中的政策干预。社会实验的根本目的是政策干预。社会实验中的“政策干预”一词源于医学用语“干预”（intervention），如手术干预、药物干预、干预治疗等。在公共政策这个社会情境当中，干预指代的就是政策，或项目、法律、法规等，即运用政策等对社会现状进行干预。政策干预的关键之处在于其是社会实验的起点和终点，进行社会实验的第一步就是需要一项政策干预，而社会实验的最终目的则是验证这项政策干预的有效性。

干预的关键之处在于其明确界定了社会实验的研究设计及优越性，即社会实验存在干预，并且是研究人员能够主导和控制的干预。干预与否从根本上划分了研究设计的类别，即观察性研究和干预研究。观察性研究，顾名思义就是研究者无法操纵和控制干预、只能通过观察来进行的研究设计。观察性研究根据研究时间的不同可以分为截面研究和队列研究，单一数据节点就是截面研究，而两个或以上数据节点就是队列研究或纵向研究。其共性就是观察性的研究设计，关键在于研究者并不进行或控制干预，即研究者不需要改变研究对象的生活工作，也就无须监督干预的实施情况，只需对干预的影响进行观察记录，再进行数据分析等一系列研究。

干预研究，顾名思义就是需要研究者开展、操纵和控制干预的研究设计。干预研究根据是否存在对比、是否随机分配可分为非实验性干预研究和实验研究。非实验性干预研究包括以下几类研究设计。一是无对照组，也就是说可能所有研究对象都接受干预，即只存在实验组而缺少对照组。二是无随机分配，也就是说实验组和对照组不是以随机标准来进行分配，也就是缺失了因果推断的关键过程，不能称为实验研究。三是学术研究中较为普遍的自然实验，也就是研究设计中存在干预，但是研究者不能对干预进行主导、控制、操控。对于研究者来说，自然实验就是自然发生的外生性情况，主要是利用这个自然实验观察干预前后的变化来进行研究。因此自然实验尽管存在干预，但是并非研究者可以控制的，所以并不是严格意义上的实验研究。四是前后测研究，即在干预之前和之后分别进行测量并对比分析。其中有对照组的情况就是实验组和对照组分别进行前后测再进行对比，而无对照组的情况则是将前测视为对照组，两种情况均不能做到随机分配。而实验研究是最强的研究设计，其中必备的要素包括至少要有一个对照组、随机分配实验组和对照组，以及存在研究者能够控制的干预，最典型的就是临床试验或药物实验。

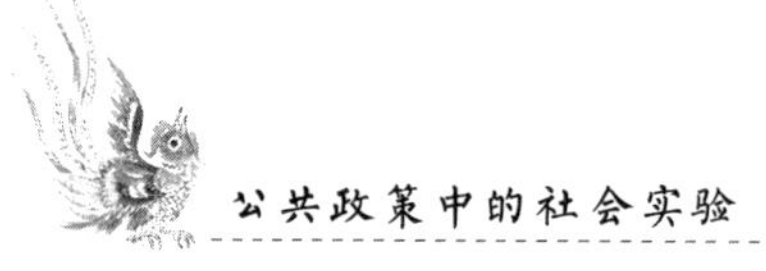

在社会实验中，政策干预是其根本目的和先决条件。对于实验组而言，政策干预可以是政策组合，而不只是作为整体的一项政策，由此可以评估政策干预中的组成部分是否有效。比如福利政策中可以包括现金和食物，也就是以不同的干预方式进行社会实验，测试现金和食物哪种方式更能够产生效应抑或是这两个相组合能产生最大效益。根据直觉判断肯定是二者组合的效益最大，但是研究表明并不是这样，可能仅仅食物就能产生最佳政策效果。因此社会实验可以检验政策的不同变体和各种组合，通过对干预的操纵和控制进行强有力的因果推断。通过检验政策组合，社会实验可以理解公共政策的黑匣子（black box）。飞机的黑匣子能够详尽记载飞机的航行路线、飞行过程和机械情况，在事故调查判定原因中起到非常关键的作用，能够解释飞机为何失事、出现何种故障。而在社会实验中需要理解的黑匣子就是公共政策的不同组成部分，比如国内外消除贫困的研究中，分析是现金还是实物对消除贫困更有效，就要把政策进行拆分进行因子设计，剖析这个政策中的哪一个部分起到作用，哪一个没有，比较各部分作用的显著性，由此得以在预算约束下选出最为有效的公共政策部分，达到最佳的成本效益比。

但是，政策干预也对开展社会实验提出了一些限制条件，比如不可修改的、不可控制的干预就是不利于进行社会实验的。假设年龄会对人产生重要影响，但年龄是无法被任何人控制的，只是自然生长的过程，因此无法以年龄为自变量开展社会实验。再比如政策干预的整个政策周期较长，监督收集数据的过程也很漫长，因此进行社会实验所需时间必然很长，而某个社会问题能否因为政策干预有效改善或解决需要快速回答，这就存在时间上的内在矛盾。再比如实行政策干预所需消耗的人力物力资金都非常多，而社会实验的监督管理也需要很多经费支持，也需要一定规模的政策干预才能得出准确结论，因此整体花费成本较高，需要大量财政支持才能实施，本质上不适宜进行探索性研究。再比如社会实验的时间和经费要求较高，很多情况下没有必要进行，反而可以先进行观察性研究，研究设计较简单，成本较低，得出结论较快，假如研究结果的估计值较大且显著，则显然政策是有害或有益的，没有必要再进行社会实验。社会实验的根本其实是寻求因果推断和评估政策效果。

基于其特性，社会实验的定位至少可以包括以下三方面。首先，社会实验是一种社会科学研究方法，并不局限于定量或定性研究方法，可以综合运用两种方法进行对比分析。其次，社会实验是一类研究或实践的政策案例集合，通过大量实践指导研究并指引理论发展，再推进实践更加科学。最后，社会实验是一种行之有效的政策实践，可与广泛应用的试点、示范、先行、试验区等并列，以创新为导向、以有效为基础、以推广为目的，推动政策实践现代化发展。

第四节　新型农村社会养老保险案例

本节将通过新型农村社会养老保险（简称“新农保”）的案例分析，从社会实验的视角来理解我国广泛应用的政策试点。试点是一种具有中国特色的社会实践，定位则是一种治理机制，是一项改革的重要任务，也是一种改革的重要方法，对全局性改革起到示范、突破、带动作用，直接关系改革成效。学术研究对试点的分析主要是采用政策创新和政策学习的视角，比如韩博天提出的“由点到面”[①]和“分级制试验”(experimentation under hierarchy)[②]，比如王绍光提出的“学习与适应”[③]等代表性观点。鲜有从社会实验的角度对政策试点进行解构的，本节就以新农保为例，从社会实验的要素视角对试点进行分析。

分析新农保的试点案例，有必要首先了解我国的养老金制度。我国

① 韩博天. 通过试验制定政策：中国独具特色的经验［J］. 当代中国史研究，2010（3）。

② Heilmann S. From Local Experiments to National Policy: The Origins of China's Distinctive Policy Process［J］. The China Journal, 2008（59）：1－30.

③ 王绍光. 学习机制与适应能力：中国农村合作医疗体制变迁的启示［J］. 中国社会科学，2008（6）。

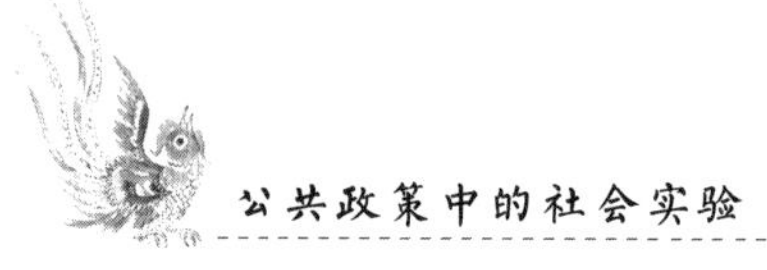

现行养老金体系分为三个层次，或称三支柱。第一层次是基本养老保险，包括城镇企业职工基本养老保险、机关事业单位基本养老保险和城乡居民基本养老保险。第一层次是基本，绝大部分人缴纳的养老保险里都必须包括。第二层次是职业养老金，包括企业年金和职业年金，是在第一层次基础上的补充养老金。与第一层次相比，其覆盖范围较小，主要覆盖机关、国企等大中型单位的人员。第三层次是个人养老金，主要缴费者是个人，是个人自愿缴纳的税延型养老金。一方面，个人养老金体现出个人为自己养老的责任意识；另一方面，个人养老金具有投资性质，投资风险较低，投资周期较长，投资收益稳定，近期得到国家大力推行。新农保属于第一层次的城乡居民基本养老保险。在新农保实施之前，我国的养老保险主要针对的是城镇职工，由个人和单位共同缴费。新农保覆盖了广大农民群体，是覆盖人数最多的养老保险，并填补了我国养老保险体系的一个空白，使居民不再需要满足工作这一条件就可以享有养老保险，属于养老保障的政策突破。

新农保的政策变迁历经十余年，至今已统一为城乡居民基本养老保险。1992 年，《县级农村社会养老保险基本方案（试行）》（民办发〔1992〕2 号）颁布，在全国层面将制度名称定为农村社会养老保险（简称“老农保”），覆盖了农村居民，不与职业、工作单位挂钩。2009 年，《国务院关于开展新型农村社会养老保险试点的指导意见》（国发〔2009〕32 号）的颁布，标志着新农保试点工作开始。与老农保主要依靠个人储蓄相比，新农保由政府给予一定比例的补贴，明显具有福利性质。2011 年，《国务院关于开展城镇居民社会养老保险试点的指导意见》（国发〔2011〕18 号）颁布，城镇居民社会养老保险（简称“城居保”）试点开始。2014 年，《国务院关于建立统一的城乡居民基本养老保险制度的意见》（国发〔2014〕8 号）颁布，将新农保和城居保合并为统一的城乡居民基本养老保险。2014 年，《城乡养老保险制度衔接暂行办法》（人社部发〔2014〕17 号）颁布，为解决城乡养老保险制度衔接问题、维护参保人员的养老保险权益提供指导。2015 年，《人力资源和社会保障部、财政部关于提高全国城乡居民基本养老保险基础养老金最低标准的通知》（人社部发〔2015〕5 号）颁布。

本节讨论的重点就是新农保的试点。《国务院关于开展新型农村社会养老保险试点的指导意见》（国发〔2009〕32 号）要求“2009 年试点覆盖面为全国 10% 的县（市、区、旗），以后逐步扩大试点，在全国普遍实施，2020 年之前基本实现对农村适龄居民的全覆盖”。在实践中，试点推广的效率非常高，截至 2012 年底基本实现在县域范围内的全面推开。新农保试点的基本原则是“保基本、广覆盖、有弹性、可持续”。其中，保基本指要低水平起步，符合农村实际；广覆盖指要广为覆盖所有农村县域；有弹性指由中央确定基本原则和主要政策，地方对参保居民实行具体的属地管理；可持续指个人、集体和政府要合理分担责任，权利和义务要相对应。在参保范围方面，新农保的参保要求非常宽松，只要是没有参加城镇职工基本养老保险、户籍在农村的居民（年满 16 周岁、不含在校学生）都可以自愿参加，没有任何跟工作挂钩的要求。在资金筹集方面，新农保基金由个人缴费、集体补助和政府补贴构成。其中，中央财政对中西部地区按中央确定的基础养老金标准给予全额补助，对东部地区给予 50% 的补助；对农村重度残疾人等缴费困难群体，地方政府为其代缴部分或全部最低标准的养老保险费。可见，新农保的福利优惠力度较大。在制度衔接方面，遵循“老人老办法，新人新办法”原则。在新农保试点地区，凡已参加老农保、年满 60 周岁且已领取老农保养老金的参保人，可直接享受新农保基础养老金；对已参加老农保、未满 60 周岁且没有领取养老金的参保人，应将老农保个人账户资金并入新农保个人账户，按新农保的缴费标准继续缴费，待符合规定条件时享受相应待遇。此外，新农保制度实施时，已年满 60 周岁、未享受城镇职工基本养老保险待遇的，不用缴费，可以按月领取基础养老金，但其符合参保条件的子女应当参保缴费，以保障新农保的可持续性。

从社会实验的视角来看，新农保试点并不是一个严格意义上的社会

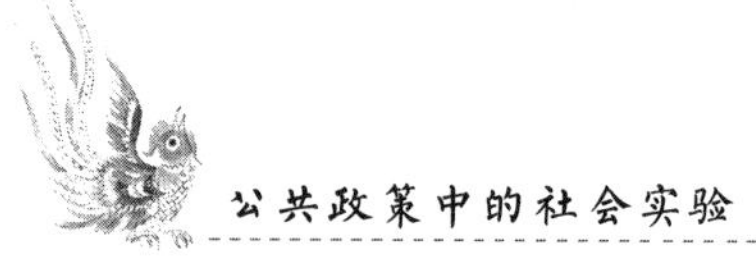

实验，因为政府没有委托第三方机构在该政策试点开始之前、政策实施过程中进行规范性监督和评估。但新农保具备社会实验的一定特征，以下从社会实验的要素视角具体分析新农保试点。

一是对比分析。新农保试点本质上就存在对比，试点前与试点后、试点与非试点、早试点与晚试点、领取与非领取四组可以进行对比，这些对比均在政策评估研究中起到重要作用。第一，从时间上来看，有试点前与试点后的对比，即将试点地区在2009年之前的情况与其2009年开始试点之后的情况进行对比，注意这种对比只有一个实验组。第二，试点与非试点，这是比较容易判定因果推断的一组关键对比，例如2009年10%的试点区域与剩下的90%的非试点区域可以进行对比。第三，由于新农保不是一个迅速完成推广的政策试点，其推广历时四年，从社会实验的角度来讲，就意味着不同地区干预实施的时间存在差异，进而可以将早试点与晚试点的地区进行对比。第四，领取与非领取的对比。前三组对比是以县为单位开展的，第四组对比更关注微观个体。如前所述，新农保实施时，已年满60周岁、未享受城镇职工基本养老保险待遇的人不用缴费就可以直接领取基础养老金，因此这些人是第一批可以直接领取到新农保养老保险金的群体。这时，在试点地区就可以60周岁为分界线，对比60周岁及以上可以领取的群体和60周岁以下不能领取的群体之间有何差异。

二是随机分配。在随机分配时，需要考虑分配单位的问题。例如，是以县为单位，以家庭为单位，还是以人为单位。分配单位越高阶，随机分配就越容易实现。新农保试点是以县为单位的。公开的政策文本并没有表示新农保的政策试点进行了随机分配，因此，不能默认试点地区是随机分配的。在政策试点中，随机分配比较难实现，因为这不仅涉及成本方面的考虑，而且包括政治方面的考量。因此实际研究中，经常通过后期验证来判定是否近似随机分配。也就是说，如果试点地区和非试点地区之间不存在显著差异，就可以认为该分配已经符合随机分配这一特点，保证除了干预以外，试点地区与非试点地区没有其他显著的差异。但是，其中也存在限制，就是能得出显著差异的都是可以测量的各种变量（如 GDP、人口老龄化程度、男女比例、职业比例等），还有许多无法测量的或者没有想到的变量，这些都很难得到验证。

三是政策干预。在社会实验中，研究者最好能够主导和控制干预。但是，新农保试点是由政府部门来实施干预的，研究者不能进行干预，政府也没有委托第三方机构进行评估。因此，新农保试点只能算作自然实验，虽然存在干预，但不是研究者可以控制的，研究者只能进行观察并且利用该自然实验来进行政策评估。

需要注意的是，如何对干预进行测量也很重要。即使将新农保政策看作一个整体，不存在政策组成部分的区分，干预方面仍存在许多差异。新农保政策从颁布到实施再到被遵从，都在干预政策对象。例如，在政策颁布时，如果政策对象通过对比老农保和新农保，发现新农保增加了政府补贴，就可能会增强对政府的信心，这时干预可以理解为政策信息。在政策实施时，存在试点地区和非试点地区之分，这时干预可以理解为试点。在政策被遵从时，在试点地区，由于农民可以自愿选择是否参保，又存在领取和非领取或者参保和未参保的区别，这时干预可以理解为领取或参保。

在实际研究中，众多学者将新农保试点视作自然实验，进行了一系列的政策评估，取得了丰硕的评估成果。在收入方面，新农保促使收入增加，贫困发生率降低，但是对家庭总收入的影响不显著，并存在挤出效应，即政府给予的公共转移支付增加，子女等的私人转移支付减少。也就是说，政府承担了部分的社会养老责任。在储蓄方面，60 周岁及以上已经开始领取养老金的老年人的储蓄率显著降低，但没有领取养老金的群体的储蓄率没有降低，这是一种风险意识感知的影响。在消费方面，对家庭消费的作用不显著，因为养老金的金额比较低，效果有限。在劳动供给方面，由于新农保使得收入增加，参保人尤其是健康状况比较差的老年人可能会减少劳动时间，减小工作概率。在居住安排方面，由于新农保使得收入增加，参保人更倾向于独立居住，更可能会购买养

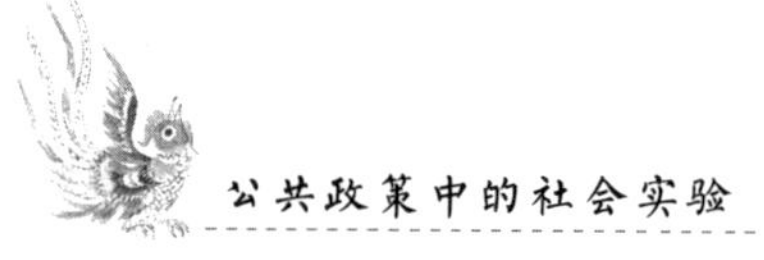

老服务，这也减轻了子女的照料压力，使子女有更大的概率去外地务工，承担起家庭养老责任。在健康状况方面，新农保参保人会更多地食用高蛋白食物、摄取营养，并且不会因为收入增加而增加有关健康的不良行为。在心理健康方面，新农保试点会改善老年人的主观福利，降低其抑郁程度。

第二章　政策制定中的证据

本章介绍来自社会实验的证据，通过案例和理论两个部分的阐释来回答如下问题：从社会实验中获得的证据类型是什么？与来自其他研究设计的证据相比，来自社会实验的证据有多好？什么是证据等级？证据等级的要素是什么？

第一节　执法记录仪案例

近年来，警方使用执法记录仪（body warn camera）受到媒体的广泛关注。人们普遍认为这些设备可以实现以下几个目标：减少警察使用武力的次数、减少对警察的投诉、提高警察执法的合法性和透明度、提高起诉率和改善警察的取证。相关宣传力度如此之大，以至于许多人进一步假设执法记录仪可以从根本上改变“有缺陷的”警察做法。这在2013年曼哈顿联邦地方法院的裁决中得到了体现，该裁决命令纽约警察局辖区内的警官必须携带执法记录仪，以防止种族定性。与之类似，大西洋彼岸的英格兰和威尔士的警务学院将随身携带执法记录仪确定为可以恢复公众信心的机制。尽管前景广阔，但没有研究证据表明随身携带执法记录仪的好处。除了在非受控条件下捕获的逸事数据、没有比较组和没有系统收集的证据外，不存在严谨的因果估计。

本章介绍的案例是第一个关于随身携带执法记录仪的随机对照试验。在这个实验中，自变量是执法记录仪，因变量是暴力执法，假设是佩戴执法记录仪后，警察的暴力执法行为会减少或者会消失。[①]

一 研究意义

研究者为什么要做这个研究？这是一项研究首先要解决的问题。例如，如果想研究大学教育与工资有没有关系，这是一个社会问题，可能出发点是研究者自己感兴趣。但是研究者在文章中或者在陈述时，不能单纯说源于兴趣，而是要突出这一社会问题的重要性。回到案例，为什么要研究暴力执法，换句话来说，其实就是要讲暴力执法问题的严重性，或者说解决暴力执法问题的重要性。要将原因上升到一个社会群体的高度，突出问题的严重性以及不解决的后果，这样该研究才能得到更多的关注。

当前，许多社会实验都是在西方国家特别是在美国做的，因而本书的许多案例都取自西方国家的社会实验。对于这些社会实验的背景并不能直接从国内的背景来理解。在这个实验中，暴力执法这一社会问题要从美国的背景来加以考虑。

（一）人身伤害

以弗洛伊德事件为例，暴力执法对弗洛伊德这一个体造成了非常严重的人身伤害，剥夺了他的生命。在一些防暴事件中，一些暴力执法的警察可能会使更多的个体受到人身伤害。此外，在美国，警察扮演着在社区街道范围内为公民解决日常生活问题的角色，警察出警非常频繁且随便。比如，如果觉得邻居聚会太吵，就可以选择报警，让警察来和邻居谈话。当觉得有纷争不好自行解决，甚至楼上漏水时，都可以叫警察出警。在这种高频率出警的状态下，任何人都有可能成为警察眼中的嫌疑人。在每一个人都有可能是嫌疑人的情况下，对嫌疑人的人身伤害问题会更加严重。例如，上文提到的很吵闹的邻居，在警察看来就是一个

① Ariel B., Farrar W. A., & Sutherland A. The Effect of Police Body-Worn Cameras on Use of Force and Citizens' Complaints Against the Police: A Randomized Controlled Trial [J]. Journal of Quantitative Criminology, 2015 (31): 509 – 535.

嫌疑人，因为他可能做了一些破坏邻里关系的事情。在这种状态下，如果邻居没有及时开门，有暴力执法倾向的警察极有可能会踹门进去。如果这个警察还有种族歧视，或者觉得邻居可能会持械，可能就会采取暴力执法。在弗洛伊德事件中，在警察眼中，弗洛伊德可能是一个小偷，而且是黑人。在刻板印象甚至种族歧视的驱使下，警察就对他进行了比较过度的、非必要的武力执法，也就是暴力执法，对他造成了很严重的致命伤害。

（二）警民关系

在美国，有许多按照种族来聚居的社区，例如中国城、韩国城、意大利裔聚集区、西班牙裔聚集区、墨西哥裔聚集区等。在这些区域内，相同种族居民的日常饮食、购物、交流习惯较为一致，居住起来较为舒适。美国有非常多的黑人聚集区，这些区域也相对比较贫困。在弗洛伊德事件之后，这些区域对警察持非常不信任甚至敌对的态度。在他们看来，警察的身份可能比他自身是黑人、白人或者黄种人的种族身份更加优先，或者说，他们认为警察的身份更能代表他这个人。他们会认为所有的警察都会对黑人进行暴力执法，都会在没有正当理由的情况下就对黑人实施武力伤害。在这种情况下，警民关系一度十分恶劣。许多黑人社区在该事件后，即便遇到问题，也会选择自行解决而不会报警。而良好的警民关系是必要的，当一些经济犯罪甚至刑事犯罪发生时，不报警会使社区中的个人遭受巨大的损失，也会使社区治安陷入混乱。①

（三）财政支出

财政支出与暴力执法有什么关系？需要从政府的视角来考虑这个问题。如果暴力执法事件严重到弗洛伊德事件的程度，单纯赔钱是没有办法解决的，政府需要满足黑人群体的一系列诉求，对整个警察系统做一个彻底的改革。在没有达到这种严重程度之前，从嫌疑人的角度来看，

---

① King M., & Waddington D. Coping with Disorder? The Changing Relationship between Police Public Order Strategy and Practice—A Critical Analysis of the Burnley Riot [J]. Policing & Society, 2004, 14 (2): 118-137.

如果他被暴力执法了，他可以通过投诉来维护自身的合法权益。大部分美国人是善于投诉、善于维护自身合法权益的。收到投诉后，警队一定会去调查，要么自我调查，要么委托第三方监督机构进行调查，而调查会增加政府的财政支出。例如，警队会去查卷宗，会采访警队的其他工作人员乃至被投诉暴力执法的警察的家人，看这个警察平时是否有暴力倾向。警队还会去调查嫌疑人是否有案底，有没有可能存在挑衅行为。通过一系列的调查，警队才能确认这个警察是暴力执法，还是合理地使用武力。而这些调查都需要花费大量的时间、人力、物力，进而转化为一笔不小的财政支出。

上文分别从个体、社区和政府的角度解释了暴力执法问题的严重性。大多数情况下，警队的负责人最为关注的不一定是人身伤害，而是财政支出。他们更多地考虑如果这些财政支出不花在解决投诉上，警队就可以多雇几个警察，或者给警察提供更好的装备。在西方的很多研究中，尤其是在这种暴力或者犯罪方面的研究中，研究者在阐述研究问题的严重性时，最终的落脚点往往都在财政支出上。因为研究者预计政策制定者可能最关心的是财政支出多少、犯罪率能不能降低、数据好不好看。为处理投诉多花了多少钱、这些钱可以用来干什么，可能对政策制定者来讲更有吸引力，更能吸引他们去看这项研究，去优先处理这一社会问题。例如，在美国做了许多与阿尔茨海默病相关的医保研究。为什么要关注阿尔茨海默病？是因为它会花掉医保很多钱，政府每年要为此支出几千亿美元。如果可以提供一个心理咨询或者家庭支持项目，政府可能只需花费几百亿美元，进而减少大量的财政支出，这些剩下的钱就可以用于增加工作人员工资等其他方面。这就是研究者为什么非常看重一项研究对于减少财政支出的意义的背后逻辑。

二　研究设计

研究设计在一项社会实验中至关重要。通过强有力的研究设计得到的结论，才是令人信服的、研究质量高的，政策制定者才会考虑使用这一研究结论。

（一）研究问题

将自变量、因变量和假设变成一个问句，就是研究问题。这项实验的研究问题是：随身携带执法记录仪会减少过度使用武力和对警察的投诉吗？

（二）逻辑框架

逻辑框架是关于因果的逻辑链条。随身携带执法记录仪与暴力执法之间有没有一个很直接的因果关系？人们可能会想到执法记录仪有监督作用，但是监督对警察本身产生什么影响，这中间是缺少一环的。随身携带执法记录仪通过什么来影响暴力执法这个行为？自我意识和社会期望是二者之间不可缺少的一环（见图2－1）。这一研究比较偏心理学，因为需要研究的警察本身可能是存在暴力执法倾向的，研究者要研究警察本身是怎么想的，然后才能改变警察的行为。

图2－1　逻辑框架

自我意识是一种感知。对于执法记录仪，警察感知到的是一种社会监视，因为他知道有人在监视他，这是一种很正常的心理状态。大量关于感知社会监视的证据表明，人们遵守社会规范并改变自身的行为，是因为意识到其他人正在监视自己。对几类人类行为的详尽研究表明，当对不法行为的担忧确定性"高"时，社会和道德上不可接受的行为就不太可能发生。以在有摄像头的教室里上自习的学生为例，如果学生认为摄像头是正常运转的，其行为可能会被老师或者教务处监视，他们基本上都会好好学习，避免做出互换位置、玩手机、交头接耳等行为。他们为什么会选择好好学习，而不是互换位置、玩手机、交头接耳？这是因为他们知道社会对学生的期望是好好学习。所以当他们意识到有人监视时，会下意识地去迎合社会的期望，做出家长、老师、社会所期望的行为状态，即好好学习。

在这个实验中，携带执法记录仪会使警察意识到警队或者其他的监管部门可以随时随地看到自己的执法行为，他就会选择做出与社会期望相符合的行为。而社会期望是不要暴力执法，不要过度使用武力，不要在执法中掺杂种族歧视、性别歧视、年龄歧视等不平等因素。因而，在携带执法记录仪后，警察是通过自我意识到有人监督，并且迎合社会期望来减少暴力执法的。①

除了执法记录仪，公共场合的摄像头是否也能达到这种效果呢？这种固定的公共场合的摄像头有一个统一的叫法，即闭路电视。美国有许多闭路电视，但是研究发现，它们并不能解决警察的暴力执法问题。对此，最关键的原因是自我意识。如果期待摄像头能够影响行为并作为必须遵守社会规范或法律的提示的话，这种提示的“剂量”必须很大。与随身携带执法记录仪相比，警察可能意识不到这些闭路电视会拍到自己的执法行为，或者不清楚哪里有摄像头。对于公众（或嫌疑人）也是这样。但是，执法记录仪可以传递类似于“你正在被监视录像并期望遵守规则”这种较为直接的信息，无论是警察还是公众（或嫌疑人）都不想被抓到自己正在从事可能会付出昂贵代价的社会不良行为。携带执法记录仪后，警察时刻都能意识到有人可以监视自己的执法行为，这可以阻止警察使用过度或不必要的武力做出反应。当公众（或嫌疑人）看到执法记录仪时，也会减少攻击性行为。这就是威慑理论的运用，该理论认为当感知到的恐惧概率较大时，不太可能发生不可接受的行为。② 虽然已有研究尚未阐明认知注意力的阈值（在阈值范围内不会发生社会不良行为），但该实验提供了一个巧妙的解决方案，因为当执法记录仪打开时，对不良行为的担忧是显而易见的。因此，在该实验中，可以直接衡量威慑力。此外，从客观角度讲，闭路电视存在数量不够多、清晰度不够高、有死角等问题，而携带执法记录仪能够解决这些问

---

① Tilley N. Understanding Car Parks, Crime, and CCTV: Evaluation Lessons from Safer Cities [R]. London, UK: Home Office Police Department, 1993.

② Nagin D. S. Deterrence in the Twenty-First Century [J]. Crime Justice, 2013, 42 (1): 199 - 263.

题。因而，研究者提出用执法记录仪而非闭路电视做这个实验。

（三）研究背景

这个实验发生在美国加利福尼亚州 R 地区。这一地区有 10 多万名居民，在加利福尼亚州算是一个中等面积的警察的辖区，一年有超过 500 起暴力犯罪，还有超过 300 起财产方面的犯罪，其犯罪率高出全美平均水平 50%。但这一地区的警察并不多，只有 115 个正式的警察、42 个非正式的警队工作人员，其中前线警察只有 54 个。

（四）分析单位

在一般的社会实验，尤其是有关公共政策的社会实验中，分析单位大多是个人或者家庭，个人是最微观的分析单位。在做人口普查时，分析单位一般是个人，每一个人的数据体现为数据表中的一行；也有可能是家庭，例如家庭的平均收入、平均年龄等；也有可能是一个市、一个地区、一个省等。

这一研究的分析单位是什么？人？天？区域？都不是。研究者采用的是轮换班次，这是该实验的巧妙之处。在警队中，一天 24 小时都要有人工作，一般 12 个小时是一班，每天两到三班，每个警察可能会被分配到不同的班次。该班次的警察是否携带执法记录仪，是随机分配的，如果携带，该班次就是实验组，反之则是对照组。12 个月，也就是一年的时间里，警队一共轮换班次 988 次。其中，实验组有 489 班次，对照组有 499 班次，每个组都有将近 500 班次，这在数量上是非常可观的（见图 2－2）。因为社会实验在研究设计方面较为严格，但在研究对象数量方面要求较低，一般 20～30 个研究对象即可。

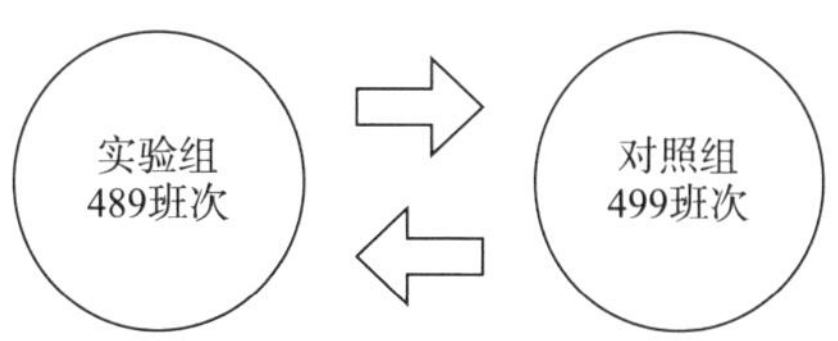

图 2－2 实验组与对照组

为什么要以轮换班次为分析单位呢？首先，如果以人为分析单位，一年只有 54 个人，研究对象的数量就是 54 个。而以轮换班次为分析单位，研究对象的数量就增加到了 988 个。从统计上讲，研究对象数量多一些才能做数据分析。其次，为避免发生意外，警察巡逻时一定会结伴而行，如果以人为单位来进行分析，就会出现问题，会相互影响。因为班次划分不是固定的，结伴而行的警察随时可能被拆开重组，这样就有可能出现一组警察中有的携带执法记录仪、有的不携带执法记录仪的情况。这样，不携带执法记录仪的警察的行为也会被记录下来，实验组与对照组之间会互相干扰，实验就没有意义了。而以轮换班次为分析单位时，某一时间段去巡逻的警察都携带或者都不携带执法记录仪，这样实验组与对照组之间就不会有影响。这也启示我们在考虑分析单位的问题时，不能只考虑以人或者时间为单位，还可以考虑班次等其他不同的组合。就像在这个实验中，以轮换班次为分析单位更加符合警察的职业特征。

关于随机分配，可以通过抽签、扔硬币、Excel 生成随机数、摇球（类似于摇彩票，适合有多种选择时）等方式实现。以扔硬币为例，如果是正面，这一班次就携带执法记录仪；如果是反面，这一班次就不携带执法记录仪，反之亦可。实验组和对照组的数量要比较平均，一般可以接受对照组多于实验组，即不携带执法记录仪的班次可以多于携带执法记录仪的班次。[①] R 地区警察局巡逻模式随机分配示例（是否佩戴执法记录仪）见表 2－1。

表 2－1　R 地区警察局巡逻模式随机分配示例（是否佩戴执法记录仪）

班次	周一	周二	周三	周四	周五	周六	周日
日班	是	是	否	是	是	否	否
晚班	是	否	否	是	否	是	否
中班		是	否	否	否	否	

① Ariel B., Vila J., & Sherman L. Random Assignment without Tears: How to Stop Worrying and Love the Cambridge Randomizer [J]. Journal of Experimental Criminology, 2012, 8 (2): 193－208.

（五）变量测量

自变量执法记录仪可以具体化为携带和不携带两种情况，这是一个是与否的问题。

因变量暴力执法则要复杂得多。这个实验采取了使用武力、公民投诉、警民联系三个更为具体的变量将暴力执法具体化、数量化（见图2－3）。

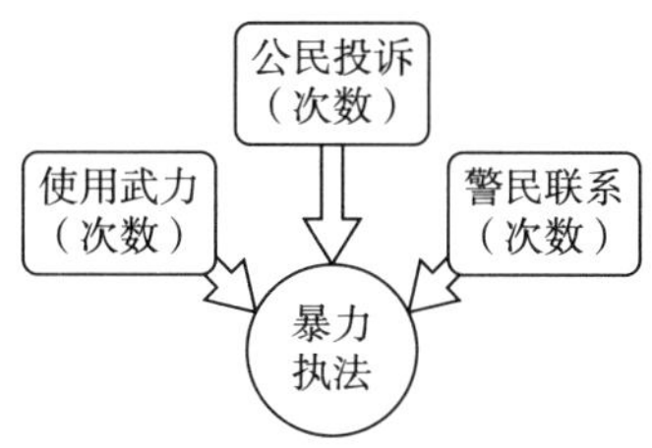

图2－3 暴力执法

1. 使用武力

研究者认为喷辣椒水、用警棍、用电击枪、用警犬、用枪支是5种警察合理使用武力的方式。在实验中，研究者测量的是警察使用武力的次数，这一变量的测量是有一定问题的。第一，计数不是很具体，将警察与嫌疑人之间的武力接触都记为1次。例如，对于同一个嫌疑人，无论是喷5次辣椒水还是喷1次辣椒水，都记为1次；一个警察同时对2个或多个嫌疑人喷辣椒水，也记为1次；制服同一个嫌疑人时，无论是1个警察使用警棍，还是多个警察使用警棍，都记为1次；同时使用两种武力方式，也记为1次。第二，没有考虑使用武力的程度。例如，在使用枪支时，无论是朝天鸣枪作为警示，还是直接打在嫌疑人身上，击中的部位是要害还是非要害，都记为1次。在使用警犬时，咬没咬伤嫌疑人都记为1次。第三，测量是相对主观的。执法记录仪导出的视频是警队内部的资料，涉及警队的内部信息以及警察的个人隐私，是不对研究者开放的。研究者只能通过警队提供的官方文字报告来记录警察使用武力的次数。[①] 而这一报告中提到的使用武力的次数是警察自己上报

① Rojek J., Alpert G. P., & Smith H. P. Examining Officer and Citizen Accounts of Police Use-of-Force Incidents [J]. Crime & Delinquency, 2012, 58 (2): 301－327.

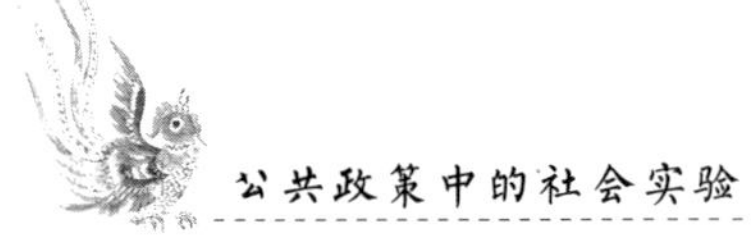

的，至多需要同一班次同一巡逻街区的同事帮忙佐证，是比较主观的。[①] 警察甚至可能会故意少记次数，因为警察清楚研究者并不能看到视频，而且大多数情况下没有人会真正去看视频。由于使用武力这一变量在测量方面存在种种缺陷，只能算作一个相对主观的变量，研究者又引入了公民投诉和警民联系这两个变量作为补充。

2. 公民投诉

即公民对警察的投诉。这一变量相对客观，因为警队内部会公开记录公民的投诉。当公民通过某种投诉渠道向警队投诉警察暴力执法、过度使用武力后，警队会存有投诉记录，这是相对客观的、能够衡量的。[②] 但受个人性格等差异的影响，公民对合理使用武力、适度执法的衡量标准不同，除极少数像弗洛伊德事件这样的极端情况外，其他情况下公民判断警察是否暴力执法是比较主观的，没有统一的标准。例如，有些公民会认为警察用警棍击打不同的部位，有不同的适宜程度，这是相对主观的。在这里，从平均值的角度来讲，可以理解为一般公民在超过平均忍耐限度的情况下才会去投诉。因而，这也算是对使用武力程度的测量，是对第一个变量无法测量程度这一缺陷的补充。

3. 警民联系

这个变量对于该研究来讲不是很重要。这是因为在美国，警察出警并不是都在接触嫌疑人，有时是在提供服务，例如帮人取证、送迷路的人回家、校警护送学生回家等，类似这样的出警是非常频繁的。警察出警就会记录在案，这些与暴力执法联系并不紧密的出警也会被算作警民联系。之所以使用这个变量，是因为这是实验能拿到的为数不多的记录在案的客观数据，可以作为一个补充性证据。

在现实中做研究，最大的问题就是数据，某些变量在文献中的确有

---

① Adams K. Measuring the Prevalence of Police Abuse-of-Force [A]. In Galler W., & Toch H. (eds.) Police Violence: Understanding and Controlling Police Abuse-of-Force [M]. New Haven: Yale University Press, 1996: 52-93.

② Pate A. M., Fridell L. A., & Hamilton E. E. Police Use-of-Force: Official Reports, Citizen Complaints, and Legal Consequences [R]. Washington DC: The Police Foundation, 1993.

因果关系，但用数据去测量时却是十分困难的，因为很难找到比较好的客观的数据。虽然使用武力、公民投诉、警民联系这三个变量都存在一定的缺陷，但这是这个实验能获取的最好的、能够对暴力执法进行测量的变量。

三 研究结果、局限性和研究评估

（一）研究结果

如表 2 - 2 所示，2012 ~ 2013 年是实验开展的时间。警民联系记录系统是在 2011 年上线的，因而警民联系在前两年并没有数据。上文提到警民联系与暴力执法联系并不大，之所以采用，是因为警队为研究者提供了这一数据，而且其较为客观，可以从侧面作为一个补充性的证据。

从表 2 - 2 中可以看出，使用武力和公民投诉的次数显著减少，警民联系的次数也有所减少。因而，该实验的第一个结论就是，携带执法记录仪可以减少 R 地区警察的暴力执法行为。

表 2 - 2 使用武力、公民投诉、警民联系的实验数据

单位：次

变量	2009 ~ 2010 年	2010 ~ 2011 年	2011 ~ 2012 年	2012 ~ 2013 年
使用武力	70	65	67	25 = 8 + 17
公民投诉	36	51	24	3 = 2 + 1
警民联系			45104	43289

需要注意的是，上述结论是将实验组与对照组的数据加在一起得出的。分开来看，2012 ~ 2013 年实验组使用武力的次数为 8、公民投诉的次数为 2，对照组使用武力的次数为 17、公民投诉的次数为 1。于是，基于 t 检验，这个实验的第二个结论是，携带执法记录仪可以显著减少警察使用武力的次数。但是在公民投诉方面，实验组与对照组只差 1 个投诉，这可能是一种随机事件，并不一定与携带执法记录仪有关。而且数据量太小，无法进行 t 检验，因而不能从统计上证明携带执法记录仪

可以显著减少公民投诉的次数。但是，研究者通过将实验组与对照组的数据加总求平均值，发现与往年相比数量是显著减少的。

在社会实验中，研究设计是非常复杂的，但研究结果往往十分简单，在大多数情况下只需要几个图表来呈现，在数理统计方面最常用的是 t 检验，而且可以通过软件来实现。例如，研究新冠特效药是否有效，除去研究设计，在统计上做一个 t 检验即可。

（二）局限性

尽管研究设计十分复杂，这个实验仍存在一定的局限性，表现为以下几个方面。

1. 霍桑效应

霍桑效应源自 20 世纪 50 年代的一个实验，描述了一种普遍的心理状态，即当个体发现自身的语言、行为举止被观察时，其行为会发生变化。与自然实验中的小白鼠不同，人具有非常强的感知能力，可以据此来改变自身的行为。在执法记录仪实验中，警察一直都知道自身的行为能够通过执法记录仪被他人（可能是警队内部的监督人员）观察到，他的行为就会因此受到影响。此外，从伦理的角度来讲，研究对象有知情权。警察不可能无端被戴上执法记录仪，这是不合伦理的。在做实验之前，警察应被告知这个实验的研究主题是与暴力执法相关的，并被告知大体的研究设计，而且是否携带执法记录仪是直观的，不存在安慰剂。这样，即使有一些警察本身存在暴力倾向，他们也会因此而减少暴力执法行为，做出迎合社会期望的行为。所以，最终的实验结果是实验组与对照组的警察的武力使用次数都显著减少了。部分警察可能并不是因为携带执法记录仪而减少武力使用，可能单纯是因为他知道自己被研究、观察了，这就是霍桑效应的影响。①

2. 交叉影响

在执法记录仪实验中，按轮换班次确定警察是否携带执法记录仪的

① Saretsky G. The Oeo P. C. Experiment and the John Henry Effect［J］. The Phi Delta Kappan，1972，53（9）：579 - 581.

初衷是保证警察相互之间没有影响。但是，由于一年内警察都在进行班次的轮换，一个警察在前一班次没有轮到携带执法记录仪，在之后的班次中也会轮到，反之亦然。也就是说，所有的警察都是有时携带执法记录仪，有时不携带执法记录仪，当其携带执法记录仪时就被列入实验组，不携带执法记录仪时就被列入对照组。假设一个警察第一周携带执法记录仪，第二周不携带执法记录仪，他的行为会因为不携带执法记录仪而迅速发生改变，还是会一直保持？其减少暴力执法的态度会不会得以延续？在为期一年的这样一段相对长的时间里，这 54 个警察极有可能会习惯认为自己携带执法记录仪，不管是否分配他携带，相应地，其行为就有可能会一直保持符合社会期望的良好状态，这就会对实验结果产生很大的影响。这也在一定程度上解释了为什么实验组和对照组的暴力执法数量都显著减少了。

3. 综合成本

政策制定需要考虑成本问题，尽管国内的一些政策，如精准扶贫、基础设施修建，更多地讲求社会效应，但是在西方，这是看不到的，没有太多的财政支出用于基础设施的建设和维修，财政更多地用于发工资或者其他方面。在执法记录仪实验中，执法记录仪的配备需要成本。为此，研究者联系了某个厂家，该厂家出于商业推广的目的，同意为警队免费提供执法记录仪。厂家希望执法记录仪是有用的，或者警队是觉得好用的，这样 R 地区乃至整个加利福尼亚州、整个美国都有可能使用这一厂家生产的执法记录仪，从而大幅提升其销量。除去执法记录仪本身的成本，执法记录仪拍到的影像需要大量的空间进行存储。此外，这些影像还需要妥善管理，而警队一般不设有专门的数据管理职务，因而其又需要外包给其他公司或者生产执法记录仪的厂家，这都涉及成本问题。[①] 在加利福尼亚州这种犯罪率较高的地方，政府可能愿意花这笔钱。但是，在其他一些犯罪率没有这么高的地

① Grossman R. L. The Case for Cloud Computing [J]. IT Professional, 2009, 11 (2): 23-27.

区，政府即便知道执法记录仪对减少暴力执法有用，也不会愿意多花这笔钱。

4. 影响公众

前面讨论到，执法记录仪影响警察。同理，其会不会对公民产生影响？当公民意识到有人在监督他时，与警察一样，也会选择做出符合社会期望的行为。美国是比较保护警察的，如果是公民的蓄意挑衅引起的暴力执法，公民有可能被起诉。当被告知自己已被录像时，公民虽然不知道这个录像会被谁看到、会有什么样的后果、是不是真的有人会去看、是不是真的有人会去查，也会下意识地减少挑衅行为或者他认为可能会导致警察暴力执法的行为。因而，执法记录仪对警察和公民双方都有影响。①

5. 潜在的实施问题

所有的社会实验都要注意实施问题。这个实验之所以能够顺利实施，离不开警队的支持。在实验开展的时间里，携带执法记录仪并不是警察的义务，警察只是出于配合研究或者配合警队与研究者合作的动机。如果警察选择不配合，不携带执法记录仪，他也不会受到惩罚，但是实验就无法进行了。在警队的支持下，警察才会服从随机分配，依据研究者的安排携带或者不携带执法记录仪。例如，一些药厂做的特效药实验就面临着严重的实施问题。原有的实验设计是，研究者给实验组特效药，给对照组安慰剂（如维生素），但药厂没有权利要求研究对象必须在特定房间、特定时间吃药。而且由于这些实验是一个长期的过程，一般会持续一个月到三个月甚至半年、一年，药厂即使可以为研究对象提供宿舍，也没有权利要求研究对象不出宿舍；大多数情况下，研究对象被允许将药拿回家吃。出于某些动机，实验组的部分个体有可能选择不吃特效药，甚至将自己的特效药给对照组的个体吃，导致实验组与对

① Engel R. S., Sobol J. J., & Worden R. E. Further Exploration of the Demeanor Hypothesis: The Interaction Effects of Suspects' Characteristics and Demeanor on Police Behavior [J]. Justice Quarterly, 2000, 17 (2): 235 - 258.

照组的污染，进而使研究结果失去意义。这些实施问题是没有办法完全避免的，因为社会实验不是在实验室进行的，研究对象也不是完全被动的小白鼠。研究者能做的只有充分考虑各种实施问题，通过一定的研究设计，尽量予以避免。

此外，还要考虑研究的可复制性。这个实验可以在 R 地区实现，是否可以推广到其他地区？考虑数据量的问题。研究数据的量是否足够大？大量的影像数据如何存储？考虑证据的标准问题。

（三）研究评估

总体来讲，尽管存在一定的局限性，执法记录仪实验仍是一个强大的研究设计，已经做到了包括实验组和对照组，是一个比较社会实验。

提供证据的目的是制定政策，是改变原有的政策或者制定新的政策。对于 R 地区来讲，这项研究可能已经是一个足够好的证据了，因为这个研究就是针对这一地区警队的研究。但是如果扩大到整个加利福尼亚州、整个美国乃至全球，作为证据来讲，这个实验只是一项研究，证据量还不够，不足以推动政策的改变，还需要别的研究或者证据做支撑，才可能最终改变这个政策。因为不同的地区实际情况不同，例如犯罪率不同、人口不同、报警习惯不同、需求不同等，所以不能直接将这一研究设计和结论迁移过去。例如，这一实验不能直接迁移到中国。因为在中国，一般警察是没有配枪的，中国警方和公民对暴力执法的定义也与美国不同，中国公民的报警习惯、与警察的接触情况也与美国不同。可能对于其他地区的政策制定者来说，这一实验的意义并不大，特别是对于犯罪率不高、财政支出少、没有警民冲突的地区，政策制定者经过评估，就不会将这一研究作为证据予以采纳，并运用于决策研究。

第二节 证据的类型与等级

一 证据的类型

（一）什么是证据

上述案例其实就是一个证据。证据是社会科学尤其是公共政策研究领域常用的概念。证据是什么？从名词角度来讲，证据是一个证明，其意义也在于证明。在上述案例中，证据能证明执法记录仪与暴力执法之间的关系。证据具有如下几个特征。

第一，证据是主观的？之所以加一个问号，是因为不同的人对证据有不同的判断标准，对证据质量的认定、对证据是主观还是客观的认定也是不一样的。

第二，证据是可测量的。在执法记录仪实验中，不管是否准确、是否相关、是主观还是客观的，自变量和因变量都是可测量的。

第三，证据是与给定问题相关的信息或观察。执法记录仪研究其实就是与暴力执法问题相关的信息或观察。对于暴力执法这个问题，证据不是单一的，不同的研究者可能通过不同的研究方式得出了不同的结论。在上述实验中，研究者发现携带执法记录仪可以减少暴力执法行为，因而建议警队配备执法记录仪。有研究者可能推断给警察加薪或者给警察上课（类似于职业素养课程）就可以减少暴力执法行为。这些结论最终需要政策制定者来进行评估。而政策制定者有自身的价值倾向，如果其偏保守，可能会采纳教育这一建议，认为给警察上课就可以减少暴力执法行为；如果其更喜欢高科技，可能会采纳推广执法记录仪的建议。

第四，证据是可复制的。上述实验的一个局限性就是在其他地区可能不具备可复制性。例如，是不是所有地方警队的班次都是这样轮换的？

第五，证据需要考虑目标人群。即现有证据是否与目标人群相关或可推广？如果上述执法记录仪实验只是为了 R 地区的政策制定而做的，那么这个实验就已经足够好了，也不需要复制了。但是，如果这个实验服务的目标群体是整个西海岸或者整个美国，是没有办法直接迁移的，不能直接覆盖这些地区，那么这个实验就不是一个强有力的证据。

（二）证据的类型

图 2－4 是 Puddy 和 Wilkins 于 2011 年提出的一个思考证据的理论框架。

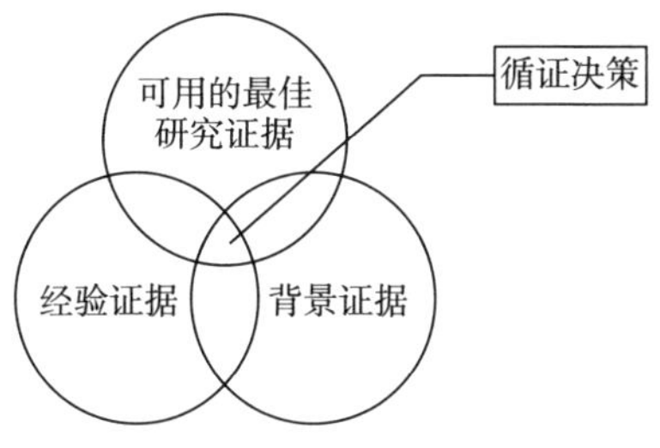

图 2－4　证据的类型

资料来源：Puddy R. W.，& Wilkins N. Understanding Evidence Part 1：Best Available Research Evidence. A Guide to the Continuum of Evidence of Effectiveness［M］. Atlanta，GA：Centers for Disease Control and Prevention，2011.

1. 可用的最佳研究证据（Best Available Research Evidence）

现有研究、实验中质量最好的就是可用的最佳研究证据，上述执法记录仪实验可以算作可用的最佳研究证据。可用的最佳研究证据使研究人员、从业者和政策制定者能够确定一个预防项目、实践或政策是否实际上实现了它的目标和预期的结果。一项研究的研究设计越严格（如随机对照试验、准实验设计），研究证据就越有说服力。可用的最佳研究证据被广泛接受为从医学到心理学等领域中最常用的证据类型，尽管越来越多的与临床/从业者经验/专长和环境/背景因素相关的其他形式的证据已被认为对许多行为健康问题（包括暴力）的预防工作取得成功至关重要。

2. 经验证据（Experiential Evidence）

经验证据是基于比较专业的观察、理解、技巧和经验，随着时间积累而形成的，我们可以将其理解为一种直觉或者普遍的认知。以执法记录仪实验为例，即使不做这个实验，大家也会普遍认为执法记录仪能够减少暴力执法，这就是一种直觉。凭借经验，大家也会觉得执法记录仪与减少暴力执法有关系，觉得执法记录仪可以缓解暴力执法问题，这就可以算作一个经验证据。在公共政策领域，许多政策凭借经验判断就是一个有用的政策。例如，国务院会有专门供民众建言献策的渠道。民众可以凭借自身经验、直觉，在教育政策、医疗政策、妇女儿童政策等与自身生活密切相关的政策方面提出建议。民众所提出的这些政策建议虽然比较朴素，但确实是与其自身密切相关的，是一种来自经验的、经历的直觉，也涉及一定的专业知识。

3. 背景证据（Contextual Evidence）

背景证据是将所有的政策都放到一个特定的背景中来看是否有效、合理、有说服力。有些政策在一些地区可以实现，在另一些地区就没有办法实现，需要放在特定的背景中来看。以执法记录仪为例，在R地区可以推广执法记录仪，但是在更注重隐私的欧洲地区可能就不能推广。因为随时随地携带执法记录仪，不仅会拍到警察的执法行为，而且会拍到整个巡逻地区的情况。中美对个人隐私保护的不同背景，就可以成为一个证据，来证明某项政策能不能在这个地方得以有效实施。因而，一项政策能否得到有效实施，要放在特定的背景中予以考虑。

4. 循证决策（Evidence Based Decision Making）

可用的最佳研究证据、经验证据和背景证据三者的重叠部分是循证决策。“循证”一词中的“证”就是证据。循证决策就是根据证据做出的决策。[①] 与之相对的循证政策，就是依据证据来制定的政策，这种政策相对而言有实证基础，是比较科学的。决策是一个过程，政策更多的

① Newman K., Capillo A., Famurewa A., Nath C., & Siyanbola W. What is the Evidence on Evidence-Informed Policy Making? Lessons from the International Conference on Evidence-Informed Policy Making [R]. Oxford, UK: International Network for the Availability of Scientific Publications (INASP), 2013.

是一个结果。这两个词的关键还是在于“循证”二字。案例中讲到的执法记录仪实验是可用的最佳研究证据。在此基础上，还需要经验证据，例如，当地的警察或者比较有经验的老警察认为这个政策可不可行、是否有效果。此外，还要有背景证据，研究者可以去采访当地的居民或长期居住在此地的政府官员，问他们觉得这个政策是否可行。这三者交叉的部分，才是政策制定者最终根据证据做出的决策。根据这三方面的证据，政策制定者决定这个政策要不要改、要不要采纳、要不要废除。在美国，所有的政策制定都要基于研究，或者是当地的情况，或者是各行各业领袖的经验。国内也越来越重视循证，对循证政策的需求有所增加。例如，国家正在建第三方智库，重视智库给出的政策建议。因为智库中的研究人员，是很有经验的专家。在我国农村地区，不论是古代还是现代，都很重视乡绅的作用。乡绅是当地比较有威望的老人或者前辈，或者在某一领域有杰出贡献的人，在特定区域的认可度很高。要重视乡绅的意见，因为这些乡绅有很强的领导能力，如果其对某项政策表示赞同，他人也会表示认可。

二　证据的等级

证据等级包括以下三个要素。

第一，研究问题。证据特定于我们试图回答的研究问题类型。以暴力执法为例，研究者应该考虑到，这个证据、研究是否能够解决或者回答与暴力执法主题相关的问题。暴力执法是一个实践性和应用性很强的问题，如果单纯从理论的角度去解释，研究者所提供的证据质量就不理想，决策者可能不会采纳这一证据。

第二，评估研究的标准（例如方法）和“评分”系统。对于证据的评估需要一个标准或者“评分”系统，确定是从方法、范围还是从效果上来评估它。

第三，收集、分析、综合和传播证据的基础设施。这些基础设施相当于研究的硬件。以执法记录仪实验为例，首先，需要有足够的执法记录仪。其次，在随机分配时，要有一个工具，例如电脑上的 Excel。还需要人力来进行研究的设计与分析。此外，美国非常重视传播。许多决策者并没有经过严格的研究方面的训练，并不能准确全面地评价证据的等级，但是某一证据的影响力大小是显而易见的。一项研究怎样才能到达决策者的桌子上，被决策者认为很有影响力呢？美国的许多研究者都会借助推特账号来形成对自己的研究有利的社会舆论，这样决策者更有可能采纳其研究。

三　证据的有效性

（一）证据集：证据的有效性和强度

Puddy 和 Wilkins 于 2011 年提出证据集（continuum）。“continuum”一词原本是一个物理概念，其含义是连续统一体，在这里可以理解为一个集合或者区间。有效证据的集合是对证据有效性的一个判断标准。图 2－5 从横向上看，从右向左，依次是有害的（harmful）证据、没有研究支持的（unsupported）证据、需要更多研究支持的（more research needed）证据、支持的（supported）证据、有强有力支持的（well supported）证据。从纵向上看，包括 6 个不同的维度，每个维度对应一个评价标准。需要指出的是，证据集是用来评判某一研究是不是可用的最佳研究证据的，并不适合用来评判经验证据和背景证据。

政策制定者和研究人员都可以用证据集来评估政策的有效性。当政策制定者负责制定青少年约会中的暴力预防政策时，可以使用证据集，来确定在最严格的证据标准下，许多不同的基于学校的青少年约会中暴力预防政策的有效性和证据的强度。研究人员被要求评估一所大学的自杀预防计划时，可以使用证据集，来解释大学如何使该计划在设计中更加严格，从而可以收集到更多令人信服的证据证明其有效性。

	有强有力支持的	支持的	有前景的方向/新兴的/未定的 需要更多研究支持的			没有研究支持的	有害的
有效性	发现有效		一些有效性的证据	预期预防有效	效果未确定	无效	实践构成伤害风险
内部效度	真正的实验	准实验	非实验	仅合理理论	没有研究没有合理理论	真正的或准实验设计	任何结果表明负面影响的设计
研究设计	随机对照试验和荟萃分析/系统评价	准实验设计	单组设计	探索性研究	轶事/需求评估	随机对照实验或准实验设计	任何结果表明负面影响的设计
独立复制	带有评估复制的项目复制		无评估复制的项目复制	无评估复制的部分项目复制		带有评估复制的项目复制	有/无评估复制的可能的项目复制
实施指南	综合的		部分的	没有		综合的	综合的/部分的
外部和生态效度	应用研究——不同的环境（2+）	应用研究——相似的环境（2+）	真实世界—知情的	某种程度上是真实世界—知情的	非真实世界—知情的	应用研究——相似/不同的环境	在相似/不同的环境下可能的应用研究

图 2－5　证据集

资料来源：Puddy R.W., & Wilkins N. Understanding Evidence Part 1: Best Available Research Evidence. A Guide to the Continuum of Evidence of Effectiveness[M]. Atlanta, GA: Centers for Disease Control and Prevention, 2011.

证据集最根本的两个方面是证据的有效性（横向，从低到高）和强度（纵向，从弱到强）（见图2-6）。证据按照效果类型可以分为有利和有害。证据的强度是指基于研究设计（完整性）的结果的可信度。对一个项目、实践或政策的评估有多严格？在确定该项目或政策正在产生预期结果方面的证据有多强？有多少证据可以确定该项目或政策以外的其他因素对产生的预期结果负责？证据的有效性是指，这个项目、实践或政策是否产生了预期的结果，是否产生了不理想的结果。有害的证据，在有效性方面是最低的，但是在强度方面是最强的，这是因为其违反了伦理的准则。这种情况在医学研究中较为常见。以基因编辑婴儿为例，该实验设计本身的质量是很高的，但严重违背了伦理准则（没有尊重婴儿的知情权等），因而是有害的。为符合健康和社会科学的伦理标准，任何表明项目、实践或政策对参与者有有害影响的迹象，无论研究的严格性（内部有效性或研究设计）如何，都被认为是将其归类为有害的足够有力的证据。同样重要的是，要注意证据集的区域是为了代表证据强度的“累积效应”。从“未确定”（undetermined）区域开始并向左移动，每个区域都被认为支持其右侧区域所描述的证据标准，以及在其自身区域内指定的额外的严格性和证据标准。

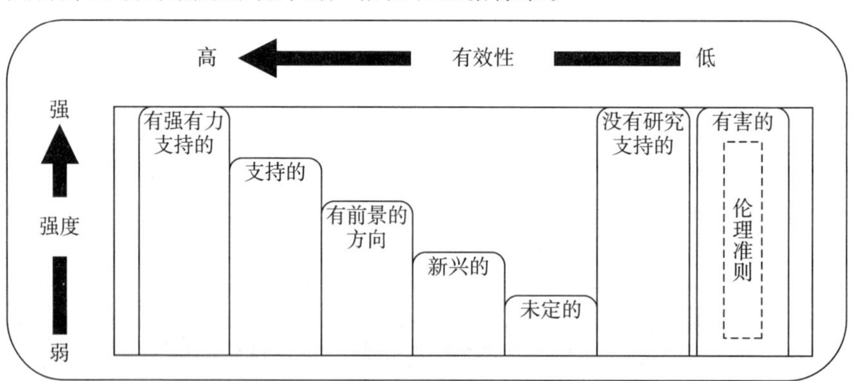

图2-6　证据的有效性和强度

资料来源：Puddy R. W. , & Wilkins N. Understanding Evidence Part 1: Best Available Research Evidence. A Guide to the Continuum of Evidence of Effectiveness [M]. Atlanta, GA: Centers for Disease Control and Prevention, 2011.

（二）有效性证据集

有效性证据集由有效性、内部效度、研究设计、独立复制、实施指南、外部和生态效度六个维度组成，每个维度针对可用的最佳研究证据的一个特定方面。下面是对每个维度及其对于确定预防策略的有效性和科学严谨性很重要的解释。[①]

1. 有效性 （Effect）

（1）定义

有效性，指研究有没有效果，以及有短期效果还是长期效果。预防暴力策略的有效性是基于该策略减少与暴力有关的结果的能力。最有效的策略是在短期、长期或两方面都产生预防效果。

短期结果/预防效果：减少与暴力有关的行为（例如，肢体冲突、携带武器、其他犯罪行为）和伤害；增加与暴力有关的已知保护性因素（如学校联系）。

长期结果/预防效果：降低与暴力有关的伤害、袭击和凶杀的发生率；降低辍学率；降低成人疾病（例如，与儿童虐待史或亲密伴侣暴力史有关的疾病）发生率。

短期和长期的结果/预防效果：降低与暴力有关的行为和伤害的发生率，以及暴力的发生率。

为什么有效性很重要？因为它告诉我们预防策略是否对感兴趣的结果产生影响。然而，从业者必须谨慎，以确保短期结果和/或长期结果适合该策略的范围以及它正在处理的与暴力有关的问题。

注意事项：一项策略的有效性是基于它的意图和设计的。例如，一个旨在改变与暴力有关的行为的项目如果在减少肢体冲突方面产生了显著结果，即使它没有产生显著的长期结果（例如，降低攻击或杀人的发生率），也被认为是有效的。此外，一个项目可能在一种环境中非常有

① Puddy R. W. , & Wilkins N. Understanding Evidence Part 1：Best Available Research Evidence. A Guide to the Continuum of Evidence of Effectiveness［M］. Atlanta, GA：Centers for Disease Control and Prevention, 2011.

效，但在另一种环境中不那么有效。从业者在将预防策略应用于新环境时必须考虑环境因素。

（2）证据集的有效性

第一，发现有效（Found to be Effective）。被发现有效的预防策略是基于可靠理论的策略，至少在两项实施良好的研究（这意味着研究具有真实或准实验设计）中进行了评估，并且已经证明了重要的、短期的和/或长期的预防效果（取决于意图和设计）。如果有几项执行良好的研究都显示出相同的预防效果，那么证据就更有说服力。如果有多项严格的评估表明对短期和/或长期结果没有影响，或者有任何迹象表明它可能造成伤害，那么它就不能被认为是有效的。

第二，一些有效性的证据（Some Evidence of Effectiveness）。有些项目可能没有两次或更多次严格的评估来证明短期和/或长期的预防效果，但它们基于合理的理论并经过严格评估，结果表明它们可能会产生预防效果。这些项目显示了一些有效性的证据，尽管这些影响不能被认为与经过两次或更多次严格评估并显示出短期和/或长期预防效果的那些影响一样引人注目。

第三，预期预防有效（Expected Preventive Effect）。一些项目可能以理论为基础，并通过不太严格的设计进行评估，或者可能已经针对与感兴趣的结果不同的短期和/或长期预防效果进行了评估（例如，已经显示出对药物滥用的预防效果的项目，但尚未针对减少亲密伴侣暴力行为进行评估）。这些迹象表明该项目应该具有预期预防效果。

第四，效果未确定（Effect is Undetermined）。未经评估或评估不佳的预防项目——既没有真实设计也没有准实验设计的评估——无论它们是否基于可靠的理论，都被认为具有不确定的有效性。目前尚不清楚这些项目是否会产生短期和/或长期的预防效果。

第五，无效（Ineffective）。无效策略是指那些至少在两项执行良好的研究（这意味着研究具有真实或准实验设计）中评估过的策略，并且在这些评估研究中没有显示出显著的短期或长期结果。换句话说，这些严格评估的结果表明，它们不会改变或减少暴力行为。

第六，实践构成伤害风险（Practice Constitutes Risk of Harm）。如果有迹象表明预防策略会导致有害结果，则认为预防策略是有害的。这包括短期结果、长期结果、意外结果。这些有害结果的产生可能是由于项目的固有性质（项目本身的某些方面造成危害）、实施（交付/执行的方式造成危害）、与某些人口相关因素的相互作用（例如，对具有特定特征的个人造成伤害），或与某些背景/环境相关因素的相互作用（例如，在具有特定特征的环境中造成伤害）。不应复制显示出有害影响的预防策略。

2. 内部效度（Internal Validity）

（1）定义

内部效度，指自变量与因变量之间能否达成因果推断，也即项目、实践或政策的短期和/或长期结果可以真正归因于它的程度，或者这些结果是否可能是由其他原因引起的。

例如，在执法记录仪实验中，携带执法记录仪减少了警察暴力执法的次数。如果与此同时这一地区的警察都涨薪 10% 到 20%，就很难判断警察暴力执法次数的减少是携带执法记录仪的结果，还是涨薪的结果。

再如，以学校为基础的暴力预防项目侧重于教育青少年如何解决亲社会冲突，以减少暴力。学校还对学校的物理结构进行了重大改变（增加照明和能见度），以减少暴力事件。在这种情况下，暴力相关结果的减少真的可以归因于亲社会冲突解决策略吗？暴力的这些变化是否也可以归因于学校的物理结构变化？为了解决内部效度，暴力预防项目的评估必须使用研究设计，使研究人员/从业者能够确定暴力的减少归因于暴力预防项目，还是学校的物理结构变化，还是两者都不是，或两者兼而有之。

为什么内部效度很重要？因为它使我们能够确定结果是否真的是由项目、实践或政策本身产生的，或者这些结果是否可能是由其他原因产

生的。内部效度越高，我们就越有信心地宣称一个项目真正产生了效果。

（2）提高内部效度

如何提高内部效度？有三个主要的因素可以提高一个项目的内部效度：控制组或对照组；多个测量点；收集可能影响结果的其他因素的信息。

第一，控制组或对照组。不对控制组或对照组实施该项目，但会根据随访时间的长短对其短期结果和可能的长期结果进行测试。有一个控制组或对照组可以让你测试那些接受它的人是否与那些没有接受它的人表现出不同的结果。如果接受该项目的参与者与没接受的相比有明显更好的结果，那么这个项目可能被认为产生这些结果，而不是其他因素（尽管这些其他因素仍然需要衡量，笔者在“收集可能影响结果的其他因素的信息”部分进行了解释）。

在真正的实验中，参与者被随机分配到对照组或实验组（接受该项目的组）。随机分配显著增加了内部效度，因为它试图消除两组之间的任何系统差异，并使两组从一开始是相同的。对照组也可以用于其他类型的设计（如准实验）。然而，如果没有随机分配，可能会存在一些选择偏差（对照组可能无法与接受项目的组相比较）。在选择一个对照组时，重要的是选择一个与实验组匹配或非常相似的对照组。这种从一开始就确定实验组和对照组是等效的过程降低了其他因素影响结果的可能性。

第二，多个测量点。当在多个时间点测量结果时，我们能够更好地确定特定预防策略的影响。例如，如果参与者在接受项目之前对风险行为的评价很高，然后在他们接受之后对这种行为的评价较低，而对照组保持不变，那么很可能是该项目产生了影响（假设对有效性没有其他威胁，如重测效应）。测量多个时间点的变化还可以让你确定观察到的组之间的变化是否保持不变（如在接触项目后的几个月或几年内）。通过在多个时间点收集有关项目结果的信息，你可以确定实验组和对照组之间的差异是否会随着时间的推移而保持不变、扩大或缩小。

第三，收集可能影响结果的其他因素的信息。除了感兴趣的项目、实践或政策之外，还有许多因素会影响预防结果。这在之前的学校暴力预防项目示例中得到了证明，该项目在一所学校也对其物理结构进行了重大改变（增加照明和能见度）以减少暴力事件。在这种情况下，暴力相关结果的减少可能与暴力预防项目有关，但也可能与学校的物理结构变化有关。

为了确保感兴趣的预防策略实际上是预防效果和结果的原因，在解释结果时必须测量和考虑其他因素（如前面示例中的物理结构变化）。

包括控制组或对照组的研究设计有助于衡量这些其他因素。表 2－3 说明了一个研究设计，可用于前面的例子，以确定暴力减少是由于暴力预防项目还是学校的物理结构变化，还是两者都不是，或两者兼而有之。在这个例子中，三所学校在各种学校特征（例如，规模、组成、物理结构、学生/教师人员配备比例、获得免费学校午餐的学生百分比等）方面相似，被随机分配到一个条件下。学校 A 实施暴力预防项目并改变物理结构。学校 B 对物理结构进行了与学校 A 相同的改变，但没有实施暴力预防项目。学校 C 不接受任何项目，也不做任何物理结构改变。从表 2－3 中可以看出，学校 A 暴力事件显著减少，而对比学校（学校 B、学校 C）却没有。这表明学校 A 的预防效果可能是由于暴力预防项目，而不是学校的物理结构变化。

表 2－3　提高内部效度示例

学校	暴力预防项目	物理结构变化	暴力事件减少
学校 A	是	是	是
学校 B	否	是	否
学校 C	否	否	否

（3）证据集的内部效度

第一，真正的实验（True Experiment）。真正的实验被认为具有最高的内部效度，因为参与者被随机分配到实验和控制条件下。这有助于评估项目、实践或政策是否可能对结果的变化负责，或者是否有其他原因可能导致这些变化。最强的实验设计也有多个测量点（如纵向设计）。这些实验不仅能够测量实验组和对照组之间结果的差异，而且能够测量结果随时间推移产生的变化。这有助于评估所证明的效果是否会随着时间的推移而持续。

第二，准实验（Quasi-Experimental）。准实验也被认为具有很高的内部效度，尽管不如真正的实验。准实验基于合理的理论，通常有对照组（但没有随机分配参与者到干预和控制条件下）和/或多个测量点（例如，前后测量、纵向设计）。一些准实验设计（如中断的时间序列）用于评估政策变化或自然发生的实验。这些评估可能没有对照组，但包括在引入干预之前和之后的多波观察（如政策变化）。

第三，非实验（Non-Experimental）。相对于真实的实验和准实验设计，非实验研究在内部效度方面是三者中最弱的。尽管这些设计不像真实的实验和准实验那样严格，但它们可能仍然基于合理的理论，并包括一些面向内部效度的经验。非实验研究没有对照组或多个测量点，因此很难将观察到的变化归因于项目。非实验研究的一个例子是一个单一（实验）组和一个前测或仅后测。

第四，仅合理理论（Sound Theory Only）。仅基于合理理论的预防项目也无法像基于真实的实验或准实验研究那样将观察到的变化归因于项目。这些项目通常是探索性的，植根于完善的研究和主题专家意见，表明该项目和/或其组成部分可能会改变已知的风险/保护因素并产生预防结果。

第五，没有研究，没有合理理论（No Research，No Sound Theory）。不基于研究或合理理论的项目、实践和政策在建立与预防结果的经验联系方面被认为是最弱的。在缺乏研究或合理理论的情况下，没有证据表明它们可能改变已知的风险/保护因素或产生预防结果。然而，有些可能具有表面效度。这种类型的有效性关注的是一个测量或程序是如何出现的，以及它看起来是否设计合理和可靠。与其他形式的效度不同，表面效度并不依赖于既定理论的支持。

3. 研究设计（Research Design）

（1）定义

实验最复杂的就是研究设计部分。有效性通常在研究中衡量。研究设计的性质决定了我们是否以及如何回答与有效性相关的研究问题。这些评估的组成部分或要素（例如，措施、参与者的选择、分组分配、随时间推移的结果评估等）被称为研究设计。研究设计越严格，其内部效度就越高，结果越有可能归因于项目、实践或政策而不是其他因素。

为什么研究设计很重要？因为它决定了我们衡量一个项目有效性的程度。研究设计越严格，我们就越能更好地解释结果，我们就越有信心准确衡量其有效性。与内部效度一样，一项研究的研究设计越严格，我们就越能确定项目的有效性，并确保对测量结果没有其他解释。

（2）证据集的研究设计

第一，随机对照试验（Randomized Control Trial）。随机对照试验是真正的实验，被认为是一种非常严格的研究设计。它们是建立因果关系的最强研究设计。随机对照试验有一个对照（无干预）组，并将参与者随机分配到对照或实验条件下。已经多次实施和严格评估的项目可能会在系统评价或荟萃分析中被进一步检查，从而提供关于其有效性的更严格的信息。系统评价从一系列关于特定主题的科学研究中收集信息，目的是总结、分析和解释关于该主题的整体科学发现。荟萃分析是一种系统评价，它使用统计分析来组合和分析来自特定主题的单一科学研究的数据，并使用这些组合发现来生成单一的估计或效应量，以对该主题做出更具结论性的陈述。最强有力的审查是独立进行的（由一个单独的实体），由独立进行的、具有可比性的研究（有相似的样本、方法、程序）组成，并包括某种形式的实证分析以得出关于策略有效性的更广泛的、一般性的结论。

第二，准实验设计（Quasi-Experimental Design）。如果一个设计使

用多个组（没有随机分配）或包含多个测量点，则它被认为是准实验的。准实验设计被认为是严格的设计，尽管不像随机对照试验那样严格，因为参与者不是被随机分配到干预和控制条件下，而且可能从一开始就不是等效的。在这方面，准实验设计在控制对内部效度的威胁方面比随机对照试验更弱。

第三，单组设计（Single Group Design）。单组设计不被认为像随机对照试验或准实验设计那样严格，因为它不包括控制组或对照组。单组设计也可能只有一个后测，或者可能包括前后测。

第四，探索性研究（Exploratory Studies）。探索性研究侧重于了解项目、实践或政策及处理的现象。探索性研究基于源自先前研究和/或主题专家知识的可靠理论。从探索性研究中收集的信息可能会指出在制定或完善预防策略或其组成部分时可能需要考虑的风险和保护因素。探索性研究中使用的方法包括民族志、焦点小组、社会计量学和叙事分析。一些描述性和观察性研究也可被视为探索性研究。

第五，逸事/需求评估（Anecdotal/Needs Assessment）。就研究设计而言，不基于实证研究或合理理论的研究是最薄弱的。基于逸事信息（并非来自实证研究或主题专家意见的信息）、需求评估或挡风玻璃式调查的研究就是这类研究的例子。

4. 独立复制（Independent Replication）

（1）定义

独立复制，指某个实验能不能被其他研究者在不同的情境下独立复制出来，同一个情境下复制的意义不是很大。

项目的独立复制涉及与其他参与者一起实施（例如，与其他学生在不同的学校）。这种复制应该是独立的，这意味着它应该由与原始项目无关并且在实施或评估它时没有任何利益冲突的研究人员/从业者实施和评估。

独立复制的目的是确定预防项目是否可以与其他参与者一起实施，以及产生相同的效果。独立复制不是用来确定一个项目是否可以成功地推广到广泛的环境或人群中，而是用来确定它是否可以被复制。因此，项目的独立复制通常发生在与原始程序相似的群体中。

为什么独立复制很重要？因为它告诉我们一个预防项目是否可以重复并仍然有效。复制有助于增强一个项目的强度及预防效果，并证明它可以与其他参与者一起成功实施。

注意事项：已成功独立复制的项目不一定适用于所有类型的环境或非常不同的人群。在与原始环境非常不同的环境中实施预防策略时，还必须考虑到项目的外部和生态效度以及其他因素（如可行性、可接受性和效用）。这确保了该项目适用于不同的环境和人群。

（2）证据集的独立复制

第一，带有评估复制的项目复制（Program Replication with Evaluation Replication）。表现出最高可靠性（重复产生预防效果的能力）的项目是那些由独立研究人员/从业者在与原始项目类似的环境中使用严格的研究设计（随机对照试验或准实验设计），并且对原始项目具有高保真度（以与项目原始评估相同的方式进行）的项目。

第二，无评估复制的项目复制（Program Replication without Evaluation Replication）。表现出一定可靠性的项目是那些以高保真度执行原始项目并在与原始项目相似的环境中实施的项目（例如，与其他学生不同的学校）。这些复制可能由独立研究人员/从业者进行，也可能不是。最后，这些复制的评估方式与最初的项目评估方式不同。

第三，无评估复制的部分项目复制（Partial Program Replication without Evaluation Replication）。表现出弱可靠性的项目是那些被部分复制且尚未被评估的项目。这些复制可能由独立的研究人员/从业者进行，也可能不是。在可靠性方面最弱的项目是那些根本没有被复制的项目，因为没有办法来衡量它们的可靠性。

第四，有/无评估复制的可能的项目复制（Possible Program Replication with/without Evaluation Replication）。如果一个项目表现出有害影响，则不应复制它。在某些情况下，有害影响可能在预防策略的最初实施过程中没有发生，但可能在复制过程中发生。由于不需要正式评估来证明损害，

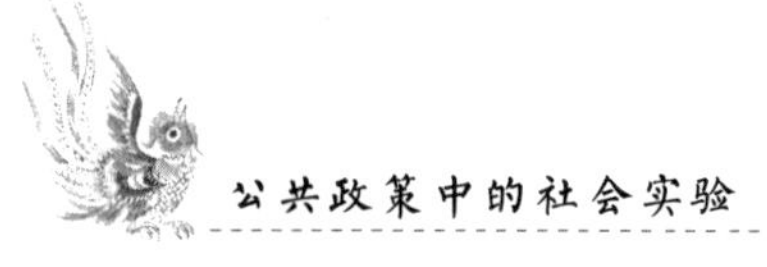

可能会或可能不会对这种复制进行评估。一旦有害影响与项目相关联（无论是在原始项目中还是在复制过程中），就不应进行后续的复制。

5. 实施指南 （Implementation Guidance）

（1）定义

在实验中很容易出现实施问题，例如研究对象不配合、实验组与对照组之间存在污染等，因此需要一个具体的实施指南。目前已经有通用的实施指南，研究者需要根据所做实验的特点进行一定的调整。

实施指南包括在不同环境下有助于实施预防策略的任何和所有服务和/或材料，包括但不限于培训、指导、技术援助、支持材料、组织/系统变更咨询和手册/指南。实施指南通常由项目的原始开发人员创建，以帮助研究人员/从业者在他们自己的环境中适当地实施它。

为什么实施指南很重要？因为如果没有关于如何制定项目的指导，就不可能适当地制定和实施项目。如果研究人员/从业者没有关于如何实施项目的指导，项目很可能不会具有高保真度，这意味着它可能不会以预期的方式实施。遵循所有综合实施指南的项目更有可能具有高保真度，因此可以更自信地将结果归因于项目本身而不是实施因素。另外，如果实施支持、服务和材料不可获得和/或使用，实施问题（不是项目本身）可能会导致薄弱效果或糟糕结果。

注意事项：实施指南的存在并不能保证项目会以高保真度实施。研究人员/从业者可能不会遵循此指南，或者正在实施该项目的组织和社区可能没有能力或不支持高保真地实施它。

（2）证据集的实施指南

第一，综合的（Comprehensive）。综合的指南是确保项目在不同环境下保真地执行的最有效方法。这需要实现有助于在新环境中适当实施的产品、服务或活动的可用性和可访问性。这些产品和服务包括培训、指导、技术援助、支持材料、组织/系统变更咨询、手册/指南，并能由项目的开发人员或其他实体提供。

第二，部分的（Partial）。对于某些项目，可能会有一些产品、服务或活动来帮助研究人员/从业者在不同的环境中实施它们，但它们的可用性和可访问性可能受到限制。值得注意的是，由于对实施这些项目的支持和指导是有限的，实施问题（而不是项目本身）可能会影响结果。

第三，没有（None）。没有任何产品、服务或活动来帮助研究人员/从业者在不同环境中实施项目，有遇到实施问题的风险。这也意味着实施问题（而不是项目本身）很有可能会影响结果。

6. 外部和生态效度 （External and Ecological Validity）

（1）定义

这是一个范围问题。R 地区的执法记录仪实验能不能扩散到整个加利福尼亚州或者整个美国，就是所谓的外部效度，即该实验如何能对别的范围产生影响，或者也是同样有效的。

外部效度是指一个项目、实践或政策是否能在广泛的人群和环境中证明预防效果。例如，一个旨在防止虐待儿童的育儿技能培训项目在城市和农村地区对不同父母人群都显示出预防效果，将具有很高的外部效度。生态效度是指项目的组成部分和程序是否接近特定环境的“现实生活”（real life）条件。例如，学校暴力预防项目在存在现实世界因素（例如，教职员工或课堂课程变化）的学校环境中显示出预防效果。在证据集上，外部和生态效度被定义为一个项目在“现实生活”中实施的程度，并已被证明在各种不同的应用环境和人群中有效。

为什么外部和生态效度很重要？因为它们告诉我们一个项目是否在不同的应用（现实生活）环境中工作。通过在许多不同的环境中实施该项目，我们可以了解哪些方面似乎适合各种各样的人群和环境，以及哪些方面可能需要调整以适应特定的人群和环境。

注意事项：虽然多项应用研究表明，一个项目的外部效度可能很高，但重要的是不要对它是否应该/可以在任何环境下成功实施做出假设。在评估一个项目在给定环境下的适宜性时，也必须考虑到背景因素（可行性、可接受性、效用）。

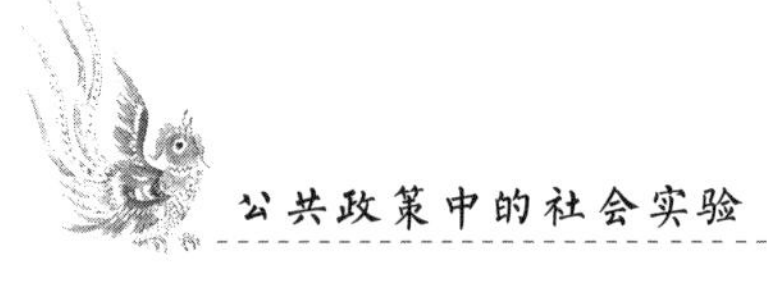

（2）证据集的外部和生态效度

第一，两个或多个应用研究——不同的环境（Two or More Applied Studies—Different Settings）。表现出最高外部和生态效度的项目是在两个或多个应用（现实生活）环境中实施的，这些环境与原始环境不同，并且在人口和物理/地理位置方面彼此不同。

第二，两个或多个应用研究——相似的环境（Two or More Applied Studies—Same Settings）。一些项目已在两个或多个应用（现实生活）环境中实施，这些环境彼此相似，具有相似的人群。这些预防项目表现出中等的外部和生态效度，尽管不如在两个或多个不同的且具有不同人群的环境中实施的项目那么有效。

第三，真实世界—知情的（Real World-Informed）。未在应用环境中实施的项目，如果它们由与应用环境一致的组件组成（使用在应用环境中可用/适当的材料和资源），可能仍然显示出一些外部和生态效度。同样地，如果项目以反映“现实生活”条件的方式实施（以必须在“现实生活”中实施的方式实施项目），则可能会证明项目有外部和生态效度。

第四，某种程度上是真实世界—知情的（Somewhat Real World-Informed）。一些项目没有在应用环境中实施，也没有以与应用环境完全一致的方式构建和实施。如果这些预防项目的某些组成部分和实施接近“现实生活”中的条件，那么这些预防项目就证明了一些外部和生态效度。

第五，非真实世界—知情的（Not Real World-Informed）。显示外部和生态效度最少的项目是指那些基本组成部分与应用环境不一致，也没有以反映“现实生活”条件的方式实施的项目。目前不仅尚不清楚这些项目是否在应用环境中有效，也没有办法衡量哪些方面在不同的环境和人群中运作良好，或者哪些方面是特定于环境的。

第六，在相似/不同的环境下可能的应用研究（Possible Applied Studies in Similar/Different Settings）。在任何类型的环境（应用或其他）

中表现出危害的项目都被认为是有害的。换句话说，无论是否在应用环境中进行，这些项目都被认为是有害的。

本章小结

这一章分为两个部分，第一部分是案例，第二部分是具体的理论。案例部分讲的是一个在美国加利福尼亚州 R 地区进行的执法记录仪实验，研究的是随身携带执法记录仪对警察暴力执法行为是否有影响。在理论部分，讲了证据的等级、类型、证据与政策的关系、证据在决策中怎么用、评估证据的标准等。

从全世界范围来讲，当然是从西方先兴起的，对“循证政策”的需求有所增加。“循证政策”即依据证据来制定的政策，相对要有实证基础，是比较科学的。

回到证据来讲，并非所有的证据都是一样的，有些证据是更有利的、质量更高的，有些证据可能就不是。所以这就是为什么需要一个相对客观的审查、分类和评估系统来告诉我们特定的干预或者项目的证据有多强。

本书主要对关于有效性的证据（项目是否有效）感兴趣，但还有其他类型的证据（可用的最佳研究证据、经验证据和背景证据）会影响决策，影响政策的制定、修改、完善甚至废止。当然，本书对证据的评估，依据的是研究证据。

本书专注于社会实验，因为在有效性证据的层次结构中，社会实验被认为是一种非常强大的研究设计，也是一种质量很高的证据。

此外，政治因素限制了研究证据在决策中的使用，也就是说，从证据到政策，中间要经历很长的、很复杂的、牵涉非常多方面的过程。但这并不意味着社会实验（和其他研究）不能帮助政策改进、优化、完善。

第三章　社会实验的基本原理

在第一章绪论部分讲到，社会实验是因果推断的黄金准则。本章将从方法的方面或者学科的角度对因果推断进行剖析。首先，了解“为什么要进行社会实验?”“社会实验有什么优势及劣势?”接下来，介绍美国的社会实验简史，即社会实验的发展历程。社会实验在美国发展较早，因此本章以美国为主，讲述社会实验的发展。最后，是一个有关负所得税的案例，帮助理解前面的理论。

在正式开始这一章的内容之前，通过介绍两个比较小的案例，来思考社会实验是怎样进行的。

第一个案例是电影《滑动门》(*Sliding Doors*)。海报中的两个人其实是同一个人、同一个演员，只是发型不一样、外貌上有变化。电影的主要内容是女主角被公司开除，赶地铁回家的两种不同场景。地铁门就是一个滑动门。第一种场景是，女主角赶上了地铁，回家后发现男朋友出轨，然后她打了自己的男朋友，之后发生了一系列故事（男朋友求和、两人重新在一起、男朋友再次出轨），到最后女主角心灰意冷。第二种场景是，女主角没有赶上地铁，又不小心摔跤去了医院，由于耽误了很长时间，回家的时候没有发现男朋友出轨，于是他们俩还是一直在一起。整个电影就在穿插着讲这两条线。将这个电影与社会实验联系起来思考：首先，问题是什么？其次，中间有什么样的干预？最后，是什么样的结果？是不是一个反事实？这是一个反事实，是赶上地铁和没赶上地铁的对比。

第二个案例是关于一个人用不同的口音打电话租房子获得不同结果

的研究。在美国，许多房子是家庭制的。一个家庭拥有一层房子或者一栋房子，可能会出租其中的几间或者几层。出租房子的家庭可能并不会花时间做一个网上申请的系统，而是选择以打电话的方式出租。这个案例讲的就是一个人在打电话找某个人租房子。为什么要用不同的口音？美国是一个移民国家，口音在很多时候代表着说话者的种族。在这个案例中，这个人在前面使用了亚洲人、墨西哥人、印度人和黑人的口音，并用黑人口音说自身有残疾，是为了表现出不同的种族、不同的身体状况。最后，他用的是自己的真实口音，即白人的口音。结果是，之前房主都说没有房子了，当这个人用白人口音时，房主说房子还没有租出去。这说明房主在根据口音，也即根据种族或者国籍筛选租客。房主的这一行为犯法了，违反了关于住房公平（fair housing）的法律。这个研究有一个专门的报告，是关于对少数群体、少数族裔在住房方面的歧视的。[①] 针对这个案例，可以思考：它算不算是一个实验？它的问题是什么？实验想达到什么目的？实验中的干预是什么？实验的结果是什么？是不是能做到反事实？

日常生活中的很多案例都可以归于社会实验。以上两个案例不是严格意义上的社会实验，因为实验对象不知情。电影是虚构的、非现实的。在第二个案例中，房主是不知情的。从研究规范上讲，这是不合理的。很多所谓的街访街拍也叫实验。例如，在路上几个穿校服的女生假装打一个小女孩，看路上有没有人会去帮助她。虽然最后拍摄者也会告知路人这是演戏，但是作为研究来讲，这是不合规范的，因为研究对象需要提前知情。但是，作为传媒或者媒体方面的一个测试，实验是为了调查社会大众的真实心态，如果被测试者提前知情了，实验就没有意义了。[②] 这种街访街拍不能作为一项学术研究，但可以作为一个调研。

① Margery A. T., Rob S., Diane K. L., Doug W., Claudia A., & Rob P. Housing Discrimination Against Racial and Ethnic Minorities 2012 ［R］. U. S. Department of Housing and Urban Development, Washington, DC, 2013.

② Ramnani A., Ramos J., Lopez A., & Klaw E. Application: A Social Psychology Experiment on Learning by Social Immersion ［M］. Santa Barbara, Ca: Greenwood Press, 2017.

第一节　社会实验的优势

本部分以外国援助为例，介绍社会实验能干什么，它的优势在哪里。

一　外国援助

（一）何谓外国援助

外国援助是什么？比如，美国等西方国家给非洲很多钱，这个就叫外国援助。此外，人力资本的培养也算外国援助。例如，在美国某高校，有一个可持续发展方向的硕士项目成员几乎全是非洲人，他们学习的内容是非洲怎么样能够发展，学习时间是1～2年。这些非洲人基本上都是政府工作人员或者与政府有密切关系的NGO工作人员，其在美国的学习得到了政府在资金和制度上的鼓励和支持，类似于公派留学。这个项目的目的是使这些工作人员在学习了先进的知识技能后，可以更好地为政府工作，使非洲得到更好的发展。再如，我国也给予了非洲很多帮助，承担了很多基建工程，帮助非洲建铁路、建高铁。一方面，这改善了非洲的基础设施建设。另一方面，我国的熟练工种到当地建设基础设施的过程中，也会教当地的工人如何维修，这对于当地工人技能的提升有很大帮助。

除了援助非洲，美国还对欧洲特别是希腊予以援助。在之前的欧洲危机中，希腊才是接受外国援助最多的地方，而不是非洲。为什么？因为非洲是由许多小的国家组成的，原本的经济水平不高，不需要特别多的钱。但是希腊原本的经济水平很高，在危机发生后需要很多的资金援助。

（二）关于外国援助的争论

外国援助好不好？以下是美国两个比较有代表性的观点。

我已经确定了［消除贫困］所需的具体投资；找到计划和实施它们的方法；［并且］表明它们可以负担得起。

——杰弗里·萨克斯《贫穷的终结》

经过5年的2.3万亿美元，为什么世界穷人的迫切需求仍然如此悲惨地没有得到满足？难道不是终于到了结束外国援助免受惩罚的时候了吗？

——威廉·伊斯特利《白人的负担》

从好的一面讲，萨克斯认为外国援助的目的是消除贫困，并表示他已经确定了消除贫困所需要的具体投资，并且找到了计划和实施它们的方法，而且证据表明它们是可以负担得起的，这是一个正面的想法，即援助是一定能消除贫困的，只要给予援助，就能消除贫困。

与之相反，伊斯特利认为外国援助是没有用的，这也是一个比较典型的看法。他讲到，5年花了2.3万亿美元，看起来数字已经非常大了，但是经过这5年，世界上这些穷人即他们援助的这些人的需求仍然没有得到满足。所以，他觉得现在应该是时候来结束外国援助了。他认为外国援助只是一直在付出，并没有满足穷人的需求，没有改变他们贫困的现状。也就是说，援助国没有收到援助应有的结果，因此，现在应该结束外国援助。

二　构建反事实的本质

对于上述两种观点，哪一种更有道理呢？下面结合一个具体的例子对这一问题进行分析。

图3-1展示的是非洲接受的援助与自身收入二者之间的关系，条形表示的是援助，以十亿美元为单位，折线表示的是人均GDP。从图3-1中可以看出，二者并没有很明确的平行的相关关系，这说明即使二者相关，相关性也不是很强。也就是说，援助可能有作用，但是有其他因素的存在导致援助与收入不能完全重合，即不是援助越多，人均

GDP 就越高，二者不存在完全的、正向的相关关系。这一论断与常识不符。那么问题出在哪里呢？

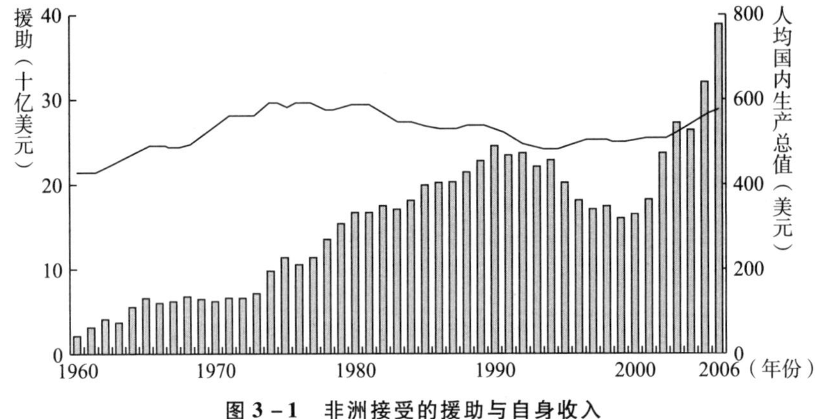

图 3－1　非洲接受的援助与自身收入

资料来源：Easterly W. Can the West Save Africa? [J]. Journal of Economic Literature, 2009, 47 (2): 373－447. http://www.jstor.org/stable/27739927.

假设你是国家的官员，国家指定你将钱用在帮助非洲摆脱贫困上。你会怎么做？有两拨人给你提出建议：一拨人认为，你应该做的就是花钱，只要花钱，他们（被援助者）就知道该怎么做，他们只是需要更多的钱。另外一拨人认为，这种援助没有用，还可能有坏处，如滋长腐败、增强受援助国的依赖性等。这时，你可能就会犹豫不决，可能会回想过去已经花了数十亿美元或者人民币去援助非洲了，想看看过去有什么样的经验或者证据能够表明这种援助到底有没有用。但是，实际上我们并不知道有没有用，而且可能永远都不会知道。

非洲其实已经得到了非常多的援助，但是人均 GDP 却基本上没有增长。为什么？这是因为，根本不知道或者无从知道没有援助会发生什么。图 3－2 中有两个问号，其实就是在说，如果没有援助，非洲的人均 GDP 有可能会很高，也有可能会非常低，但是不知道会发生哪种情况。对非洲予以援助是好还是坏，这种假设是不成立的，也可以说是没有办法假设。因为只有一个非洲，没有办法实现像之前两个案例那样的反事实。作为政府官员的你会怎么做？是继续给予援助，希望能给非洲带来好处，还是不再提供援助，只关心自己国内的事情？有可能你并不知道该怎么做。

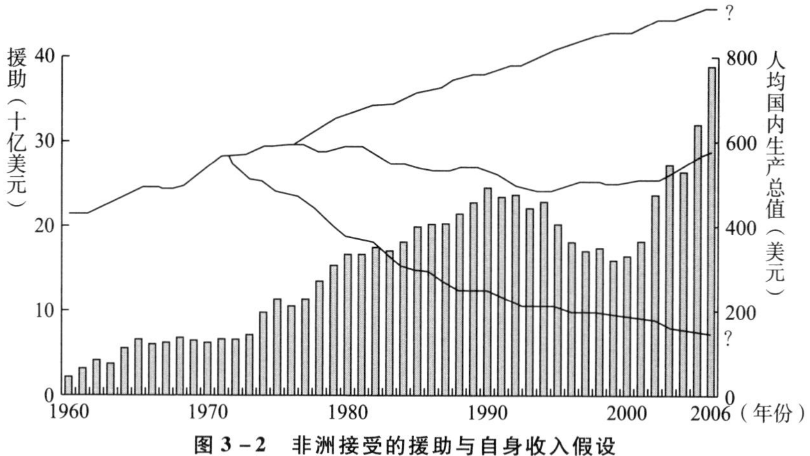

图 3－2　非洲接受的援助与自身收入假设

资料来源：Easterly W. Can the West Save Africa?［J］. Journal of Economic Literature, 2009, 47（2）：373－447. http://www.jstor.org/stable/27739927.

与之相似的一个例子是，中世纪的西医是怎么治病的？由于当时没有医学方面的实验，医生并不知道哪种药有效果，哪种药没有效果。因此，对于都是因为寄生虫得病的人，医生会给他们开同一种药，但是有的时候病人被治好了，有的时候病人没被治好。

（一）激励儿童接种疫苗

激励儿童接种疫苗，这是一个关于免疫的问题，能够挽救许多儿童的生命。儿童在很小的时候需要接种很多疫苗，例如百白破疫苗等。在中国，接种疫苗是政策规定的，而且对于新生儿是免费的，算是一种政策福利。但是在其他一些发展中国家，接种疫苗不是政策规定的，也不是强制的。在美国，更加强调自由，即使强制也没有用，有很多反疫苗的民众。而衡量一个国家公共卫生水平如何，一个重要的指标是新生儿夭折率，或者说，5 岁以下儿童的存活率。存活率越高，国家公共卫生水平越好。对于很多疾病，儿童是没有抵抗力的，从这一意义上讲，疫苗可能确实是能挽救儿童生命的东西。然而，即使全世界都在疫苗方面投入了许多钱，在有技术、有基础设施、有疫苗供给的情况下，每年仍至少有2500万名儿童不能得到他们本应得到的疫苗，这叫作最后一公里难题。怎样才能解决这一难题，让儿童来接种疫苗呢？

与前面提到的援助非洲问题不同，疫苗问题是可以通过社会实验来解决的。与测试某种药物是否有效的实验一样，针对社会政策，可以进行一个随机的、有对照组的实验，把社会政策的变革或完善，用同样的精确和科学的测试，从政策制定中区分出来，就可以知道哪部分可行，哪部分不可行，以及为什么会导致这种结果。[①]

有一个在印度进行的社会实验。实验刚开始的时候，每天只有1%的儿童得到了完全免疫，这个数据是非常差的。为什么会出现这种问题？不是因为没有疫苗，当地有足够的疫苗供应，且疫苗是免费的。同时，父母是关心孩子健康的，即使有些父母不关心孩子，也会在意自己的支出，因为一旦孩子感染了麻疹等疾病，父母需要花很多钱给孩子治病。除此之外，还有两个原因可以解释这个问题。第一，有一些人对麻疹、天花等疾病存在一定的误解，听信某些传说，认为这就是一种类似于诅咒的东西。这类人根本不想去接种疫苗，其思想在短期内是很难改变的，因而这类人不是这个实验关注的对象。第二，想接种但是还没有接种的人，是这个实验关注的对象。这些人的问题是：现在接种还是之后再接种？一个人从开始关注到采取行动中间有一个时间差，这个时间差有长有短，取决于人的不同的思想、思维方式、行为习惯。怎么样才能让这些人尽快采取行动，让他们的孩子在比较小、年龄还合适的时候获得免疫力？

可以想象这样一个场景：在印度，一个母亲可能需要带孩子走几公里才能到达接种疫苗的地点，而且很有可能在到达疫苗接种点时，发现接种点关门了，他们就只能回家。而且，在印度，大多数家庭不止一个孩子，印度女性可能还要做非常多的事情，例如有很多家务要做，在接

---

① Grogger J. Bounding the Effects of Social Experiments：Accounting for Attrition in Administrative Data [J]. Evaluation Review，2012，36 (6)：449 –474.

种疫苗上可能就会一直拖延。

但是，因外部条件未打疫苗的问题比那些因为思想原因根本不想打疫苗的问题要好解决。对此，从供给侧和需求侧两方面来考虑，可以让接种疫苗更容易。从供给侧来讲，可以使接种疫苗的过程更简单。从需求侧来讲，可以给人们一个今天去接种的理由，也就是给他们一个激励措施。在形成这些简单的想法后，研究者马上付诸实践。

在印度，研究者随机选取了一个地区的134个村庄，将其分成三组。第一组是最简单的对照组，什么都不用变。第二组是实验一组，这个组的儿童可以在营地里接种疫苗，而不用再走几公里去疫苗接种点接种了。这其实是从供给侧角度做出改变，让接种疫苗更加简单。第三组是实验二组，这个组给每一个去接种疫苗的人发一公斤扁豆，为人们提供了一个现在就去接种的理由。这一激励方式并不是为了说服那些因为信仰而坚决拒绝接种疫苗的人，而是为了说服那些因为一些外部原因拖延接种疫苗的人。

实验发现，提供营地后，完全免疫率从每个月的6%涨到了17%，这已经是很大的进步了。提供一公斤扁豆后，完全免疫率从每个月的6%涨到了38%，提高了5倍多。也许会有人质疑，一直给扁豆是不可持续的。但是，从经济学上来讲，这是错的，因为要计算不同的效益。采取了给扁豆这种激励措施之后，有38%或者有更多的儿童能够去接种的话，就不会有那么多儿童得病去医院，也就不会有那么多账单了，这样比不给扁豆的效益更大，整个社会的经济负担、财政负担更小。

在这个实验中，研究者检验关于人们的偏好、知识/教育作用的假设，然后将干预的影响与其他因素剥离开来，只有营地和扁豆这两个因素在变，其他都不变。最重要的是，这个实验是在解构干预。[①] 一方面，看具体政策中哪个部分是有效的，具体的激励措施是什么，[②] 每个

---

① Heckman J. J., Smith J. A. Assessing the Case for Social Experiments [J]. Journal of Economic Perspective, 1995, 9 (2): 85 – 110.

② Shinn M. Methods for Influencing Social Policy: The Role of Social Experiments [J]. American Journal of Community Psychology, 2016, 58 (3 – 4): 239 – 244.

措施能涨百分之几的完全免疫率，每个措施能使完全免疫率涨几倍，每个部分的效益是多少。另一方面，看研究是否可以负担费用。

图 3－3 是飞机的黑匣子。社会科学中也有“黑匣子”的叫法，怎样将社会科学的黑匣子解开呢？某项政策执行之后，如果效果比较明显的话，大家一般是有所感受的。很多时候，关键的问题在于哪个部分是有用的。一项政策出台之后，它可能没有达到预想的效果。是政策整个不好，需要废除，另外制定一个新的政策，还是这个政策有一定的可取之处，只需修改一部分？① 这其实就是黑匣子。

图 3－3　飞机的黑匣子

上述激励儿童接种疫苗的实验把政策拆解开了。儿童疫苗激励政策本身可能就包含了多建疫苗接种点、给接种疫苗的人一定激励等措施。到底是哪个措施有用？如果把这两个措施放在一起的话，可能不太确定。而将两者剥离，就能知道哪个在起作用，以及如果都有作用，哪个措施作用更大。

在财政支出有限的情况下，可能需要做一些取舍。应该选哪个措施？解开这样的一个社会科学的黑匣子，实际上也是非常难的。儿童疫

① Bloom H. S.，Orr L. L.，Bell S. H.，Cave G.，Al E. The Benefits and Costs of JTPA Title Ⅱ-A Programs：Key Findings from the National Job Training Partnership Act Study［J］. The Journal of Human Resources，1997，32（3）：549－576.

苗激励政策可能相对比较简单，因为激励措施本来就是一个整体。再如，我国对新冠疫苗的接种也有一些激励措施。在需求侧方面，接种疫苗者可能会获得钱、鸡蛋、米、面等激励。在供给侧方面，为人们提供更多的接种途径，例如由刚开始的工作日接种到后来周末也可以接种，疫苗接种点由原来的几个医院扩大到社区医院、流动接种点，使疫苗接种更加方便。

（二）用于预防疟疾的蚊帐

在非洲很多国家，每年有 90 万人可能会死于疟疾，尤其是在撒哈拉以南的非洲。一方面，是因为当地蚊虫多，公共卫生条件比较差。另一方面，是因为当地没有疫苗，一旦患有疟疾就很难得到救治。死亡的大多数是年龄低于 5 岁的孩子，疟疾已经是当地 5 岁以下儿童最主要的死亡原因。

在非洲，怎样去防蚊虫？最简单的可能就是买蚊帐。一方面，蚊帐很便宜。另一方面，蚊帐不仅可以保护蚊帐里面的人不被蚊虫叮咬，而且可以防止外面的人被传染。但研究发现，只有 1/4 面临疟疾风险的孩子能够睡在蚊帐里。从供给侧的角度来看，可能是社会需要更多的资助来买更多的蚊帐，并且可以让人们免费使用。从需求侧的角度来看，可以给那些用蚊帐的人一些补贴。不光是免费提供蚊帐，还需要给他们一些钱，或者给他们一些吃的，让他们有更多的内在动力去用蚊帐。

第一个问题是，如果人们必需的蚊帐需要付费，他们还会买吗？第二个问题是，如果蚊帐是免费的，他们还会用吗？对此，可能会有人担心，如果免费提供蚊帐的话，大家就不珍惜了，就不会去用蚊帐了。或者，他们不会把蚊帐当成蚊帐来用，而是当成渔网，作为日常经济生活的一个工具。第三个问题是，免费的蚊帐会导致他们日后不再购买蚊帐吗？在经济危机时倾倒牛奶，是因为当牛奶免费时就没有人要了。与之类似，如果免费为人们提供蚊帐，他们以后会不会就不再正常买了？如果涨价他们会不会就更不会接受了？所以，卖方宁愿亏本，也不愿意降低这种类型的商品在市场上的价格。有一些奢侈品就是这样，坚决不打

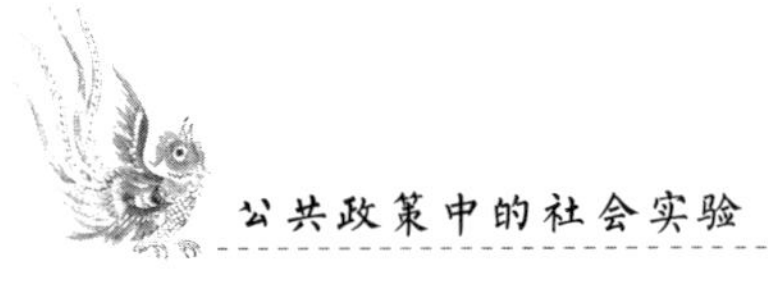

折，因为一旦打了折，消费者就会觉得这种商品只值打折后的价钱，最后卖方只会打折越来越多，不打折的话就不会有人去买了。这个问题是很重要的，因为如果人们习惯了免费的蚊帐，或者说习惯了这种援助，就会破坏买卖蚊帐的市场，这是很多人争论的问题。

怎么解决这些问题？做实验。很多实验都有相同的结果。其中一个是在肯尼亚做的实验，实验者到处走，分给当地的人优惠券，让他们用优惠券去固定的地方买蚊帐。优惠的额度是不一样的，有些人可能得到100%的优惠，有些人是20%，有些人是50%。如果人们不得不为蚊帐而花钱的话，蚊帐的覆盖率就大幅下降。即使有一部分补助，也只有20%的人有蚊帐，这样是不行的。当人们有蚊帐的时候，他们是会用蚊帐的，不管这个蚊帐是怎么得来的。如果是免费得来的，他们会用；如果是花钱得来的，他们也会用。长期来看，与原来没有得到过免费蚊帐的人相比，免费得到蚊帐的人，他们一年之后如果需要花一点钱（比如10块钱）再买一个蚊帐，他们更有可能会去买这个蚊帐。这说明，人们并没有习惯于接受救济、接受援助，而是习惯了蚊帐这个物品。这个实验结果告诉我们，蚊帐是可以免费发放的。免费发放蚊帐不会让人们对价格很敏感，他们只是习惯于蚊帐这个物品了，这就可以达到政策想要的目的了，即让人们去用蚊帐，进而降低疟疾的传染发病率。

（三）如何提高学校出勤率

这个例子可能更好地让人换位思考。如果你是决策者，需要做一个选择。可能很多事情都能达到某个特定目的，但哪个是最好的？

出于一些主观原因和客观原因，辍学情况仍然存在。为了实现提高学校出勤率这一目标，有许多事情可以做，例如降低学费、多建设一些基础设施、为学生提供日用品和书本等。凭直觉来看，这些应该都是有效的。最有效的是哪种方式呢？这些事应该都去做吗？可能我们国内是这样的，但是西方非常注重成本收益分析，关注成本能带来多少收益。决策者可能需要花最少的钱干最多的事，这样投票的时候大家才会去选他，这是很现实的。所以决策者要去思考，哪一种方式能花最少的钱，动用最少的人，达到最好的效果。[①] 这样他就能直接跟选民说，提高了多少出勤率。这同样可以通过做实验来解决。

比如，有一些钱可以用于刚刚提到的这些干预措施、干预政策。应该用哪个？首先是一些普通的假设，比如说多请老师、学校提供免费的优质午餐、学校提供免费的优质校服、学校给奖学金和助学金。这些都很好，通过这些方式，孩子的出勤率可能提高 10% ~30%。每多花 100 块钱，实验结果可能是小孩上学的时间（除去义务教育）多 1 ~3 年。但是，直接用现金来激励，即贿赂家长，就没有用，可能根本提升不了小孩的出勤率。家长不是因为钱才送小孩去上学的，或者，家长送小孩上学已经花了很多钱了，不会在乎这些钱。

被证明最有效的方法是什么？教育的作用。告诉大家教育的益处，可以让小孩多接受 40 年的额外教育。还有一种方法是巩固基础设施，在卫生条件不太好的地方除虫，能够让小孩多接受将近 30 年的额外教育。有人可能不会觉得这些是最关键的、最重要的方式，所有人可能都觉得要改革学校本身。实验是一种能够用于政策制定的证据。哪个方式有效？哪个方式多有效？或者都有效的情况下，哪个方式更有效？是需要通过实验来解答和帮助回答的问题。

作为研究对象，家长可能更了解什么对他们有好处，即教育。所以要告诉他们教育的好处，而不是直接给他们钱。同时，可以显示跨部门的影响，例如教育、宣传、不同的基础设施等的影响。

三　社会实验的优势与劣势

（一）社会实验的优势

第一，在成本、实施方式的选择上，社会实验可以明确地告诉研究者成本有多少、实施方式是什么。

第二，比较政策组成或组合的边际收益。政策的不同部分有什么作

---

① Cook T. D., Shadish W. R. Social Experiments: Some Developments Over the Past Fifteen Years [J]. Annual Review of Psychology, 1994, 45: 545 -580.

用？两个或多个不同的政策组合在一起有什么作用？有什么金钱上的收益？

第三，比较政策选择的成本效益（C/E）、成本收益（C/B）。收益是将所有的东西都用金钱来衡量，而效益更注重社会、文化、政治等方面的好处。其实就是通过比较政策选择的成本效益或成本收益比例，来决定面对不同的政策如何进行选择。

第四，测试传统智慧与不太明显的政策选择。社会实验是一种实验，可以测试传统智慧，即那些经验告诉你的或者直觉告诉你的、大家一直都是这样做的、墨守成规的东西。还可以测试不太明显的政策选择，即那些研究认为是这样，但是需要实践来证实。① 社会实验在这方面有优势，可以帮助我们测试这些政策选择有没有效果。

社会实验能够回答某个项目或者政策是否有效，排除相互矛盾的解释，并且能够明确定义干预，使其逻辑明确。② 在激励儿童接种疫苗实验中，干预就是一个营地，或者说是一公斤扁豆。这个实验可以非常明确地告诉政策执行者干预是怎样运作的，尤其是能够对不同的部分做出解答，证明哪个部分是有用的，哪个部分是没用的，会测试干预的可行性，并且在实践中来检验。此外，社会实验可以在启动大规模项目之前先试行有前景的想法。多数人都认为某项政策是有效的，但是它确实花费很大，所以先试点试行，这是和中国试点比较类似的想法。以精准扶贫为例，要考虑这个事情具体怎么干，从哪儿开始干，由谁去干。大项目要花费几亿元，所以最开始也是先试点试行。

（二）社会实验的劣势

需要正视的是，社会实验在以下五个方面存在不可忽视的缺陷。

1. 实验设计

前文提到社会实验的设计是最好的，因为它是因果推断的黄金准

---

① Riecken H. W., Boruch R. F. Social Experiments [J]. Annual Review of Sociology, 1978, 4 (1): 511-532.

② Boruch R. The Virtues of Randomness [J]. Education Next, 2002, 2 (3): 37-41.

则，但也存在以下两方面的问题。第一，效度的问题。因果推断是什么？其实就是内部效度，社会实验是因果推断的黄金准则说明社会实验的内部效度很强。但是效度分为内部效度和外部效度两种，外部效度关注实验的普遍性，即实验能不能推广。社会实验的外部效度是很有限的，因为实验要花大量的钱。政策本身要花钱，实验过程也要花钱，所以社会实验规模不会特别大。比如刚才提到的给蚊帐、建疫苗接种点、发扁豆，基本上都是在一个村子里进行的，不可能在全国范围内实现。村子和村子之间的差别可能非常大，某项干预措施在这个村子有效不一定在另一个村子有效，所以推广性是存疑的。拿来就用有一定的风险。比如在非洲做的激励儿童接种疫苗的实验是否在中国可行？中国的居民会为了一公斤扁豆去接种疫苗吗？第二，测量的问题。首先，随时可用的成果衡量指标即使有效，也可能与项目目标无关，二者只能牵强地联系到一起。其次，结果测量可能不够敏感，无法检测项目实施期间的干预效果和时效性。最后，需要测量干预措施，尤其是设计的干预与实施的干预的对比。设计中的政策跟实施中的政策是有区别的，比如：很多人不知道新建的疫苗接种点的存在；假设所有人都知道疫苗接种点，可能很多人不信任，美国人去非洲做实验可能得不到信任。

2. 实施管理

社会实验最难之处在于实施。第一，保持设计的完整性或一致性很难。在实验过程中，对照组不应受到干预，并应防止研究对象退出对照组。但是，在发扁豆给一个村子的人的过程中，其他村子里的人领了怎么办？监控不严就有可能造成这种问题。在药物治疗实验中，可能会出现对照组的研究对象退出实验的情况。这是完全合理的，伦理的准则要求研究对象可以在任何时候退出研究，研究对象完全可以自主决定是否退出，但是这么做的后果是很多人退出，导致人数不够。第二，随着时间的推移，很难收集到准确和完整的数据。一些实验时间太长了（例如前面的执法记录仪实验需要一年时间），实验数据有时很难收集，需要

花费大量的人力和物力，并且实验对象可能中途不愿意配合研究。第三，很难保留实施“日志”，或者很难实施台账管理。

3. 伦理问题

伦理问题非常重要，会在第四章具体讲解。第一，隐私和保密。研究者不可以在学术期刊或者大众向的报纸、杂志，以及网络上公布访谈对象的信息和访谈内容，不能透露具体的实验地点。第二，被研究者需要知情同意。研究者要最大限度地或者说用自身的专业知识保证研究对象明确知道自身所面临的危机。第三，公平。主要体现在实验组与对照组之间。比如在新冠特效药临床试验中，对照组的人如果因为不用新药拖成重症或者有急速变化怎么办？社会实验首先应该考虑伦理问题，保证所有参与者安全健康、不受伤害，而不是怎么来验证这个药有没有效。

4. 学科和认识论

就认识论来讲，不同学科的关注点不一样。首先，因果实验未能捕捉到因果关系的复杂性，可能中间的逻辑链条没有闭环。比如，执法记录仪实验从心理学的角度将自我感知和社会期望作为中间的逻辑链条，不一定就形成了逻辑闭环，可能还有其他的因果关系。所以，有的学科非常推崇定性研究，比如人类学，认为这样才能捕捉到复杂性。其次，未能捕捉到组织文化的复杂性。比如，在教育学领域，学校的复杂性没有在实验当中体现出来。每个学校的组织结构、运行方式都不一样，可能某实验在这个学校成立，在另一个学校就不成立，或者成立与否与学校本身特点有很大关系。再次，在现实世界中很难实现随机分配。如果研究对象不愿意被分到实验组或对照组，这就不是完整意义上的随机分配。最后，其他研究方法更不易引起实施人员的反对，并且更容易与组织的工作方式相融合。这还是实施的问题，也是人类学方面或者社会学方面的考量。如果要做大型社会实验（全国性政策），会有非常细的实施条例，这时实施人员会觉得不合理、很麻烦。

5. 社会和政治背景

第一，可能“污染”实验的政治因素。之前提到的污染是指实验组跟对照组之间会产生的污染，例如实验组的研究对象跑到对照组，或者对照组的研究对象接受药物干预。而这里提及的是政治因素。政治因素可能阻止实验进行，改变实验当中的干预政策，比如有目的地去选择实验的设计者，设计成对其有利或者其认可的实验，可能排除或者加上某些实验地点，而且可能会影响实验结果的传播，甚至最终可能操纵实验结果，等等。第二，虽然上述政治因素都有可能发生，但是有一定的质量保证和审查措施。比如，美国的政府问责办公室（Government Accountability Office）是一个立法的分支机构，提供审计、评估、调查服务，是政府监管机构，可以独立地进行数据分析。这样，数据分析和实验设计可以由两拨人进行。同行评审可以评估一项学术研究的质量过不过关、有没有受到政治的裹挟。

（三）进行社会实验的指导方针

> 更多关于适当性的全球性问题涉及以下问题：应该如何选择项目或政策进行实验？谁应该参与实验的设计，尤其是在目标的指定和要寻求的证据方面？如何决定实验地点和目标（参与者）人群？在使用结果时应遵循哪些程序？应为独立验证或重新分析结果做出哪些规定？这些全球性问题已在不同方面提出，但到目前为止，尚未从系统性的尝试探索或得出答案中受益。①

可以看到，1978 年的时候就有这样的考虑了，当时已经在做这样的实验了，但是程序不是很完善，现在已经较为完善。

① Riecken H. W. , Boruch R. F. Social Experiments ［J］. Annual Review of Sociology, 1978, 4 (1): 511 - 532.

第二节　社会实验简史

一　社会实验

（一）美国社会实验的历史

美国社会实验的历史最早可以追溯到1898年即100多年前的一个比较偏医学方面的实验。约翰尼斯·菲比格（Johannes Fibiger）做了一个治疗白喉血清的随机实验。他强调随机分配是实验方法论的中心原则。医学方面的实验是比较能够坚守随机分配原则的。原来的结论是：血清似乎是有效的，但是同时引入了患者隔离和卫生改善。这样就不知道是血清有效，还是患者隔离或者卫生改善有效。对此，菲比格根据入院的天数不同，将患者分配到血清组或者无血清组，从而形成两个可比较的组，并且实验的计划、实施和报告均为高质量的，最后实验显示血清治疗白喉有效。

第二个是20世纪三四十年代社会政策方向的新政。罗斯福是新政的实施者。在美国，新政也叫作新政实验，因为有不同的法案、政策、条例，它们统称为项目。这些项目都有比较朴素的实验的性质，都是基于罗斯福的思维来制定的。罗斯福认为经济大萧条环境下国家亟须大胆地实验，尤其是在政策领域，不管成功与否，最重要的是去做这些事情，出台一些政策。罗斯福新政做了非常多的实验，涉及以工代赈、基础设施建设、教育、就业等，很多沿用至今。弗朗西斯·查宾（Francis Chapin）回顾了"实验"方法在住房、犯罪和福利方面的应用受到的新政的影响。

1948年，第一个真正的随机临床试验是在英国医学研究委员会使用链霉素治疗结核病的过程中进行的。20世纪50年代，乔纳斯·索尔克（Jonas Salk）做了脊髓灰质炎疫苗临床试验。20世纪60年代，社会实验又回到政治领域。肯尼迪政府和约翰逊政府因当时的失业率高对社会实验产生兴趣，发起反贫困战争（一系列法律或者政策的组合），在就业、教育等很多领域又开始进行社会实验（见图 3－4）。

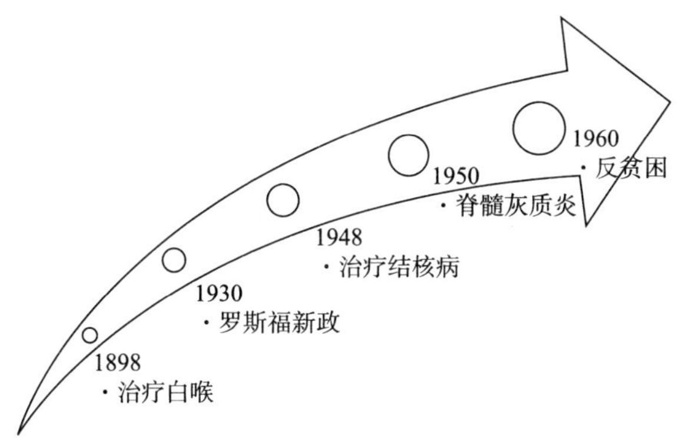

图 3－4　美国社会实验的历史

（二）不同学科的社会实验

不同学科对于是否接受社会实验这个概念，是否使用社会实验方法，是否能接受社会实验得出的结果，以及如何来运用这个结果等都有差异。2011 年，库克（Cook）提出“复杂性”论点，指出：“随机实验说明了一个简单的、可能过于简单化的因果关系理论，这种观点是有实质内容的。然而，许多教育研究人员说话和写作就好像他们接受某些无条件的因果关系——例如，小学校比大学校好……他们似乎也愿意接受一些具有高度限制的因果偶然性的命题——例如，减少班级人数会提高成绩（前提是这是一个‘相当大的’变化，并且每个班级减少到少于 20 名学生）……对因果关系的完整解释理论的承诺并没有排除一些教育研究人员的行为，好像非常具体的干预措施具有直接和立竿见影的效果。”“然而，实验的目的不是解释所有变异来源；无论学校、教师、学生或其他因素存在任何差异，都要探讨学校改革理念是否会产生边际差异。”① 但其实所有的解释不是实验的目的，也即实验的目的不是解释这种变异的来源，解释为什么会这样，而是证明学校、教师、学生等

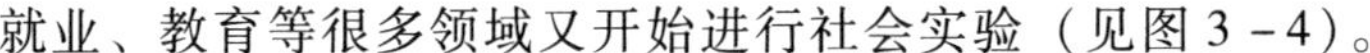

① Cook T. D. Why Education Researchers Reject Randomized Experiments［J］. Education Next，2011，Fall：63－68.

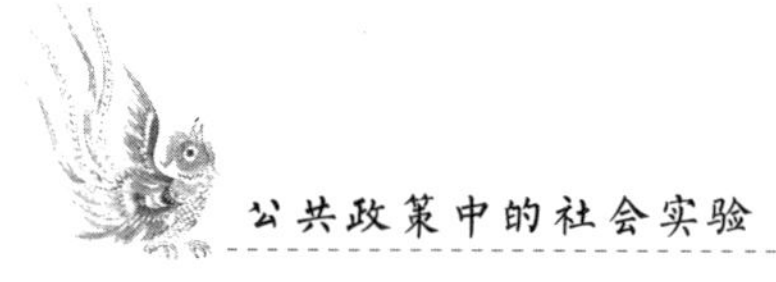

任何因素存在差异，都可能会对学校改革产生边际影响。所以，不能说小班就比大班强，可能不同学科有区别，不同学校的风格、具体小班教学方式有差异，孩子处在不同年龄段等，其实也就引出了这样一个问题——教育学在社会实验方面落后了。[①]

如图3－5所示，在2001年的时候，随机实验在社会科学领域的应用较多，但是教育学是落后的。图中最高的点是犯罪学（例如之前讲的执法记录仪实验），中间两条差不多的线分别是社会政策和心理学，教育学处于最低位置。刚开始时四个学科起步相同，20世纪五六十年代基本上都是没有，但是后来教育学的实验数量才几百个，犯罪学已经有5000多个随机实验了。这说明可能教育学不太愿意做实验，认为不需要做，不像犯罪学认为很多不同的情境要做不同的实验，所以教育学在社会实验方面就落后了。

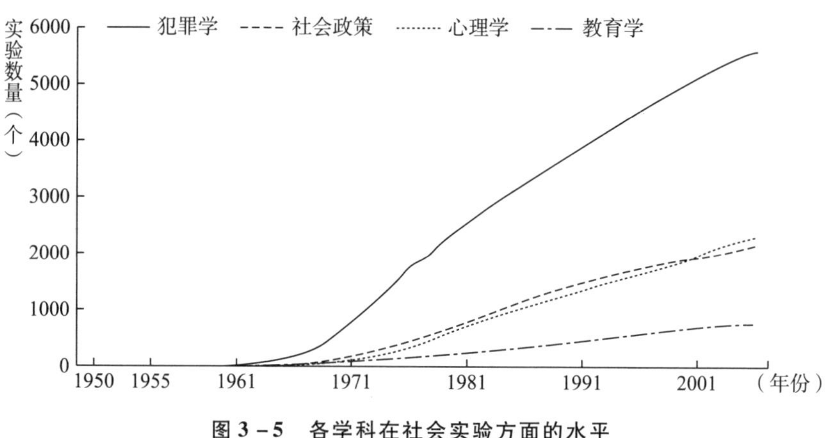

图3－5　各学科在社会实验方面的水平

在Cochrane（偏医学）和The Campbell Library（偏社会科学）两个数据库上搜索，发现有25万个医学实验，而社会实验只有1万个，这是近几年的结果（见图3－6）。

为什么实验设计在医学领域比在社会政策领域更加普遍？可能是因

① Baldassarri D., Abascal M. Field Experiments Across the Social Sciences [J]. Annual Review of Sociology, 2017, 43: 41－73.

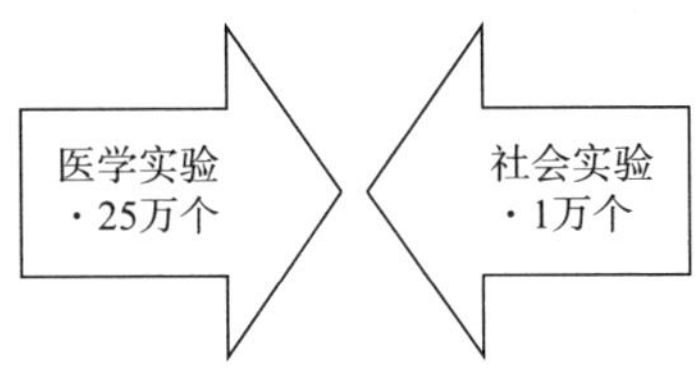

图3－6　实验设计在医学领域和社会政策领域的实验数量

为医学和公共卫生方面的道德保护更强，或者实验更适合医学中比较具体的问题，或者药物的副作用能更直接地在医学中体现出来。还可能是资金来源问题，在医学领域很多私人的资金，和社会政策以公共资金为主要来源相比，使用的限制不一样。还有实验的经济激励，在医学领域这种研究被视为一种科学的投资。还有法律授权，尤其是对于美国来讲，当然在中国也是很常见的，法律可以规定医学就是要做实验，但是社会实验用人做实验感觉不太合适，而医学可以用小白鼠。还有学科偏见，比如很多学科做了很多的实验，犯罪学做了很多，但是教育学做的就很少。从利益相关者的角度来讲，如果某项社会政策与政治相关，就很难做这个实验或者很难严格地去执行一个实验。社会政策中也很难定义变量，很难来区分实验效果和环境中的其他事物，因为社会比实验室医学复杂很多。也很难就某事是不是一个社会问题，也即值不值得去做这样一个实验来解决这个问题，达成共识。此外，还有认识论的差异，社会科学领域除了实证主义还有人文主义，人文主义可能不认可这种研究方法。① 还有可能对社会中的黑匣子的兴趣没那么多，觉得自己能够解答，不像医学一样完全是人类未知的自然科学的领域。最后，可能会有伦理问题。当然还有很多可能是根本没办法去做或者大家都不太了解等原因（见图3－7）。

---

① Huber M. Identification of Average Treatment Effects in Social Experiments Under Alternative Forms of Attrition [J]. Journal of Educational and Behavioral Statistics, 2012, 37 (3): 443－474.

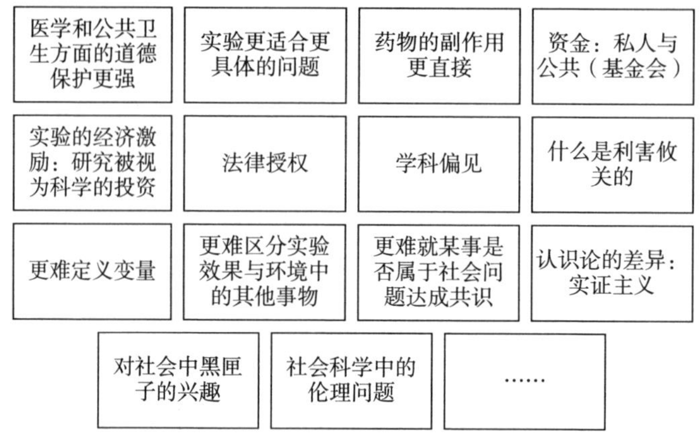

图 3-7　实验设计在医学领域比在社会政策领域更加普遍的原因示例

二　负所得税实验案例

（一）实验介绍

美国政府在 1968 年至 1980 年间进行了 4 次负所得税（NIT）实验，涵盖 8000 多个家庭。[①] 负所得税是在 20 世纪六七十年代很流行的一种类似于基本收入保障（BIG）的形式。与基本收入保障的不同之处在于，负所得税只给低收入者提供钱。然而，两者都是收入保障，因为它们保证每个人都有最低的收入水平。尽管这两项政策之间的差异很重要，但它们有足够的相似性，因此从 NIT 实验中学到的东西可以帮助我们理解基本收入保障项目的结果。

实验在约翰逊政府即将结束时在经济机会办公室（OEO）的指导下开始，在尼克松政府废除 OEO 后，实验在健康教育和福利部（HEW）内继续进行。实验的主要目标是确定劳动供给对收入保障的反应是什么。也就是说，如果引入负所得税，工作努力会减少多少。但随

① Levine R. A., Watts H., Robinson G. H., Williams W., O'Connor A., Wilderquist K. A. Retrospective on the Negative Income Tax Experiments: Looking Back at the Most Innovative Field Studies in Social Policy [A]. In the Ethics and Economics of the Basic Income Guarantee, 2005: 95-106.

着实验的进行，人们研究了更多的问题。第一次实验是 1968 年至 1972 年在新泽西州和宾夕法尼亚州进行的，对象是城市的双亲家庭。很快又增加了两个实验——一个是在印第安纳州的加里市，检验 NIT 对单亲父母的影响；另一个是在北卡罗来纳州和艾奥瓦州，检验 NIT 对农村人口的影响。最后，西雅图和丹佛收入维持实验（SIME-DIME）增加了一个更大的实验人群。20 世纪 70 年代后期，加拿大政府在曼尼托巴省进行了类似的实验。

这些实验是迄今为止进行的第一次大规模的社会科学实验，并已成为社会实验的模型。实验通过随机分配将实验对象分为对照组和实验组（在自然科学中很常见）。实验组被给予负所得税，而对照组则没有。研究人员收集了收入信息，并对两组人进行了访谈，以确定接受 NIT 的人与未接受 NIT 的人相比表现如何。这些实验最终包括了数千名被试者，并收集了诸如工作时间（针对所有家庭成员）、上学率、健康状况和婚姻状况等变量的数据。

任何一种基本收入保障都有两个基本特征：福利（B）或保障水平是接受者在没有私人收入的情况下获得的金额。边际税率（t）或福利减少率是当接受者赚取更多私人收入时福利减少（或对收入征税）的比率。私人收入（Y）是接受者在市场上的收入。可支配收入（Yd）是接受者实际可以花费的金额。它等于私人收入（Y）减去税收（tY）加上保障水平（B）。

$$Yd = Y - tY + B$$

如果受助家庭没有私人收入，他们的可支配收入就等于他们的福利。如果他们的收入上升到他们的税收等于他们的福利（$tY = B$），他们就会达到“收支平衡点”，他们的可支配收入就等于他们的私人收入。收入较高时，家庭成为“净纳税人”，也就是他们的所得税不再是负数。

保障水平和税率预计都会对劳动力供给产生负面影响，但实验的关键问题是它会产生多大的负面影响。影响大到该项目无法负担？影响大

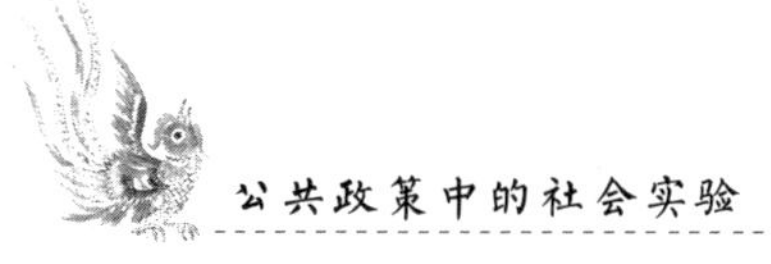

到某些领取人会停止工作？影响大到该项目在政治上不可行？大多数实验者都同意前两个问题的答案显然是否定的，但令人惊讶的是，前两个问题的否定答案并不一定意味着第三个问题的答案是否定的。

该实验的结果在政策界和大众媒体上曾被广泛讨论过两次。1970年，尼克松政府修改后的NIT版本，即家庭援助计划，在国会进行讨论。为了帮助其政策事业，政府敦促实验人员在他们准备好之前就公布他们的研究结果。虽然初步结果显示，由于工作激励效应，劳动力供应非常温和地减少，但国会反对者批评公布调查结果为时过早。

20世纪70年代末，在卡特（Carter）的改善就业和收入项目的听证会上，人们再次讨论了这一结果。工作的阻碍并没有大到使该项目负担不起，这一发现被另外两项发现蒙上了阴影。尽管实验者希望能发现一些消极的工作激励效应，并且对它们感到满意，但是许多报纸报道了结果，好像消极的工作激励效应的存在对这个想法是毁灭性的打击。此外，一项有争议的发现是，负所得税使离婚率提高了，这在国会和媒体上都引起了对该政策的愤怒。

在接下来的几年里，书籍和学术期刊上的数百篇文章对NIT实验的结果进行了讨论。2002年2月，美国第一届基本收入保障网络大会召集了四名原始实验者和一名历史学家，讨论了实验在今天的意义。会议的主持人是哈里斯（Harris），他是总统收入维护委员会的前执行主任以及城市研究所的前副主席。演讲者是莱文（Levine），兰德公司的高级经济顾问、《穷人不需要拥有你：扶贫战争的教训》的作者；霍利斯特（Hollister），斯沃斯莫尔学院经济学教授、《劳动力市场政策和失业保险》的合著者；沃茨（Watts），哥伦比亚大学经济学和公共事务名誉教授、贫困研究所前主任、《新泽西收入维持实验》第二卷和第三卷联合编辑；威廉姆斯（Williams），华盛顿大学公共事务名誉教授、《诚实数字与民主：白宫、国会和联邦机构的社会政策分析》一书的作者；以及奥康纳（O'Connor），加州大学圣巴巴拉大学历史学副教授、《贫困知识：社会科学、社会政策和二十世纪美国历史上的穷人》一书的作者。

本部分摘自他们的评论。

（二）实验的政治背景

在 19 世纪，经济学家们进行了一场激烈的争论，争论所谓的“价值”是由供给还是需求决定的。在世纪之交，一些聪明的人说：“为什么我们不用‘和’（and）代替‘或’（or），并使其成为供求关系？”美国政府于 1965 年首次正式提出征收 NIT 的五年减贫项目。NIT 很快就被认为与工作保障相冲突。但充分就业或基本收入保障的问题在莱文看来是没有争议的。这是当时的一些人的想法，莱文仍然认为这是正确的思考方式。但负所得税实验就源于这场争论。

部分政治背景是众所周知的，至少在这个深奥的圈子里是这样的。奥康纳在她的书中引用了莱文的话：当我们将负所得税的想法提交给 OEO 的最高指挥部时，国会关系主任说：“这不会是负所得税的实验，这将是如何将一个项目从国会山扼杀的实验。”值得赞扬的是，施赖弗（Shriver）对这一点不予理会，尽管他是一名政治家。他说：“不，这很重要，这很有趣，我们会继续做下去。”这是在 30 多年后仍在讨论的实验的政治诞生。

OEO 中 NIT 的一些政治背景并不为人所知。因为实验的资金是从社区行动示范项目（该项目从 1965 年 OEO 成立时就存在）中提取的，所以有数千万美元的巨额资金可用。一些更具争议的示范项目在芝加哥和密西西比州，大量资金被用于资助不仅在智力上而且在政治上被认为是激进的项目，它们在当时给 OEO 带来了很多麻烦。政府被指责资助政治权力。

然后，那些想做其他事情的“反动”经济学家参与进来了。在成为 OEO 的助理主任之前，莱文负责研究和规划部门。霍利斯特接替了莱文，威廉姆斯接替了罗布（Rob）。沃茨没有出现在序列中的唯一原因是在找到他之前他就回到了威斯康星州。他们想尝试一下“科学”地找出一些非常具体的东西，描述具体细节，但他们认为，负所得税的基本政治障碍是人们普遍认为它会扼杀工作激励。他们的出发点并不是

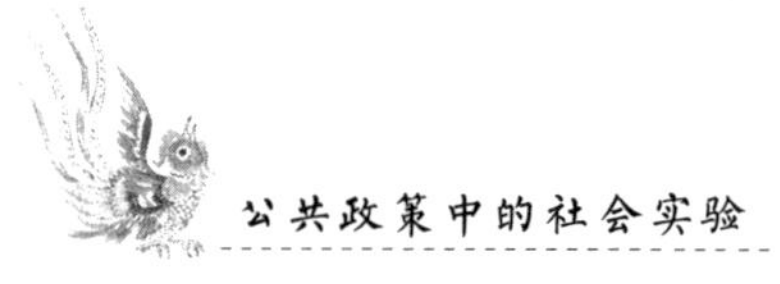

要证明它不会，而是要揭示它是否会。这是这个实验中非常狭窄的科学焦点。

他们设置控制组是为了获取关于这个特定主题的信息，而不是为了证明任何支持议程的东西。社区行动者从左翼攻击，国会的人从右翼攻击。那些攻击左翼的人相信“贫困文化”，认为收入与人们贫穷的原因没有多大关系。右翼的人不知道他们为什么想要得到这些信息，因为这个程序是不可能的。在施赖弗的帮助下，他们克服了这些障碍。

1968 年尼克松当选总统后，OEO 内部普遍认为，当他接任时，他将扼杀贫困项目。但他没有，他任命了一个名叫拉姆斯菲尔德（Rumsfeld）的新的项目负责人，这个负责人带来了一个名叫切尼（Cheney）的助手。拉姆斯菲尔德系统地邀请 OEO 人员到他的国会办公室与他交谈。莱文的印象是，他试图通过将其转向共和党的方向来保留该项目——实验而不是行动。这将把重点放在负所得税实验上。

（三）实验的构成

施赖弗说：“我们在威斯康星州建立了这个研究所，它们对其他任何事情都没有好处，所以我们为什么不让它们做实验呢?”沃茨认为这是一个严肃的建议。沃茨非常重视一套程序是否会产生一代无业游民的问题。这就是一个需要被检验的假设。所以第一个实验并没有关注福利人口，而是关注那些有工作的贫困人口。

负所得税可以看作有两部分：一次性补助（G）和减少的工资（$Y-tY$）。从静态经济理论的角度来看，这两种情况都应该减少工作的倾向。一次性补助应该产生更多的闲暇和更多的无薪工作。工资的降低，也会带来更多的闲暇：“休息更便宜，我们再买一些吧。”NIT 对工作时间的影响方向没有疑问，并且在实验中也不断被证实。但问题是定量的：NIT 会减少多少工作时间？同样的理论认为，人们肯定会倾向于减少工作，这也表明他们会变得更好，因为 NIT 增加了他们可用的替代方案。这一点得到了证实，因为几乎没有人拒绝参加该项目。经济理论的这一部分很有效。

但是需要一个实验来回答这些问题吗？拥有不同水平的非劳动所得和不同水平的净工资的人在街上四处奔跑。为什么不去看看他们在做什么呢？使用这些人的实验问题是，没有什么是从外部强加的，没有外生性的变化。该实验试图使收入和净工资率的变化成为外生的，这样实验对象的行为就能代表一个国家项目的效果。

工作时长效应（work-effort response）的规模是重要的，因为如果工作时长大幅减少，它将在很大程度上损害将 NIT 作为增加家庭收入手段的策略。如果领取人用他们的整个 NIT 来购买更多的闲暇，它成功地使他们过得更好，但这不是一个好的反贫困项目。

沃茨想强调这个实验可以最大化工作时长效应值的几种方式。首先，实验没有采取额外的措施来促使他们进入劳动力市场。实验必须检查他们的收入，以确定支付给他们多少钱，但如果他们不工作，并不予以批评。其次，这是一个短期的实验。在此案例中，基本上闲暇的销售时间为三年。当洗衣皂打折时，你会怎么做？你会买很多。你可能希望实验中的人以同样的方式行事。不是每个人都会，有一份好工作的人（可能工资不高，但很稳定）可能不想通过减少工作来解决这个问题，这种僵化也会融入他们的工作中。但总的来说，实验所研究的贫困家庭往往没有非常稳定的工作。有一些在普林斯顿有稳定的看门人工作，但在大多数情况下，并非如此，而且有一种抑制作用。人们，尤其是男性的工作量确实减少了，但从百分比上看，它往往是个位数。一些工作时长效应来自花更多时间找工作。一些来自减少工作时间，比如每周从 65 小时减少到 60 小时，这似乎不是很大的问题。沃茨不记得有任何人（基于逸事）一得到补助就离开劳动力市场，坐在门廊上度过三年。

OEO 的整体风格对政府来说是相当新的：愿意查看证据、进行一些检查、检查一些事实。

（四）实验结果

这部分讨论涵盖了三点。首先，回顾了关于劳动力供应的实验结果，这是驱动所有这些实验设计的中心问题。其次，讨论了在很大程度

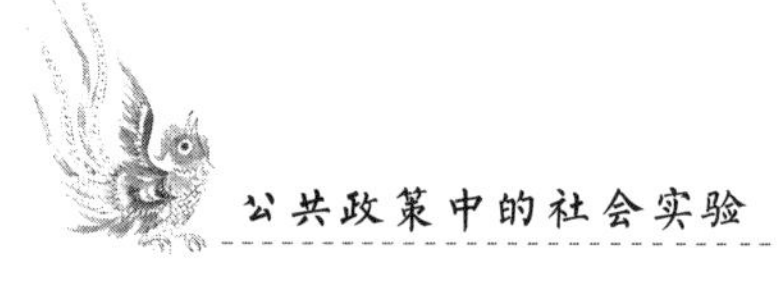

上被忽视的非劳动力供应结果，这些结果在许多方面都超前于时代，在很大程度上取决于获得基本收入保障带来的其他好处。最后，将实验的结果映射到我们从那时起的发现。

劳动力供应结果显示，从最初整个家庭每周工作 35 小时开始，整个家庭的工作量减少了约 13%。三分之一的工作时长效应来自家庭中的主要收入者，三分之一来自第二收入者，三分之一来自第三收入者。在大多数情况下，主要收入者的工作时间比第二收入者和第三收入者的工作时间长，因此，按百分比衡量，主要收入者的工作时长效应相对较小。家庭中的女性配偶和第三收入者的工作时长效应百分比要大得多。总体上最大的工作时长效应是女性劳动力供应减少，这主要表现为在离职后重返劳动力市场的速度放缓。这种劳动力供应效应使保障水平大约在贫困线上的国家项目的静态成本增加了约 25%。可以把这些结果看作半空的或半满的，也可以说 25% 是太多或不是太多。

最常提到的非劳动力供应结果是一些社会学家的错误发现（来自西雅图和丹佛收入维持实验的初步分析），即实验组中黑人家庭的离婚率比对照组高 57%，比白人家庭高 53%。当这些结果在国会听证会上公布时，曾是尼克松家庭援助计划支持者并撰写了一份非常有争议的关于黑人家庭不稳定报告的参议员莫伊尼汉（Moynihan），撤回了对保障收入的支持。这些特别的发现极大地扼杀了卡特政府的保障收入计划。在 20 世纪 80 年代，凯恩（Cain）仔细地重新分析了来自西雅图和丹佛收入维持实验的数据。结果在技术上相当复杂，但基本没有家庭破裂效应。一些结果从一开始就令人怀疑，因为这种影响似乎发生在保障率最低、自力更生动机最低的人群中——从分手中获益最少的受助人表现出最多的婚姻破裂次数。凯恩的研究发表在 1990 年的《美国社会学杂志》上，最初发现的学者提出了反驳，但随后的研究（以及其他 NIT 实验的研究）也发现 NIT 对婚姻稳定性没有影响。

在北卡罗来纳州和艾奥瓦州进行的农村实验收集了有关受教育程度的数据。在北卡罗来纳州，2～8 年级的出勤率、教师评级和考试成绩都有显著的积极影响。有关教育的文献表明，通过直接干预来提高考试成绩几乎是不可能的。然而，BIG 对南方农村最贫困家庭中孩子的考试分数有很大的积极影响。新泽西州的实验没有收集到关于考试成绩的数据，但发现 BIG 对继续上学有非常显著的影响。也就是说，BIG 是一个有效的反辍学项目。不过，如果看看那些试图直接降低辍学率的项目，会发现相当惨淡的场景。在加里的研究中，BIG 对 4～6 年级男性学生的考试成绩有积极的影响。在西雅图和丹佛，BIG 对接受继续教育的成年人产生了积极影响。

其中一些实验收集了关于低出生体重、营养和其他生活质量的数据。低出生体重与日后生活中非常严重的缺陷有关，而试图降低低出生体重发生率的项目在很大程度上一直无效。但加里研究发现，NIT 降低了高危类别的出生率。农村实验显示，NIT 对不同类别的营养充足性有显著影响。在新泽西州，农村实验和加里实验的第一年，住房所有权都显示出了显著的影响。

重要的是要将这些结果映射到最近的经验中，无论是实验性的还是非实验性的。后来的实验，如明尼苏达州的工作福利改革（MFIP）、加拿大的 SSP 和密尔沃基的新希望，往往与工作相关，并有强大的财政激励。想要获得福利的人必须工作几个小时，正如所料，这些实验项目激发了更多的工作努力。但在所有的实验中，第二收入者利用其中一些福利来争取更多的在家时间。使用所得税申报表进行的非实验性研究也发现了与 NIT 类似的效果。获得收入所得税抵免（EITC）的双亲家庭利用一些额外收入来增加在家时间；对第二收入者来说尤其如此。劳动力供应弹性的数量级与这些实验中的基本上是相同的。明尼苏达州的实验发现，这对婚姻稳定和减少家庭虐待有积极的影响。加拿大的实验发现，新不伦瑞克省的婚姻稳定性增加，而不列颠哥伦比亚省的婚姻稳定性下降。新希望实验发现，这对小学男性（实验组）的教育表现有一定的长期影响。

（五）实验信息的使用和误用

威廉姆斯非常担心在当前的政治环境中政策信息被越来越多地滥

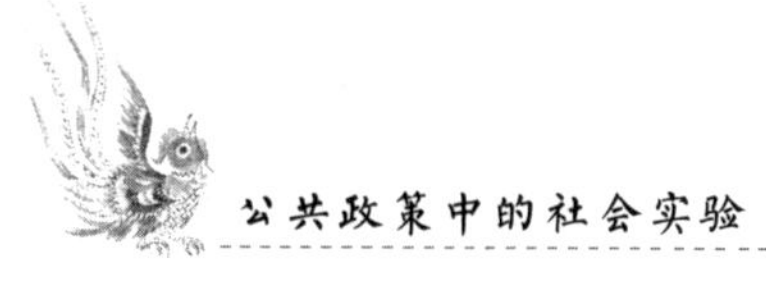

用。美国政府几个部门的杰出秘书理查森（Richardson）写道：“从某种意义上说，所有对水门事件的滥用都是对信息的滥用：窃取、歪曲、滥用、捏造、歪曲、隐瞒和镇压。”今天的努力并不新鲜，但除了窃取，今天的这些问题都比以前要糟糕得多。越来越多的信息滥用破坏了人民的知情同意，并最终削弱了美国民主本身。

威廉姆斯认为，负所得税实验为寻求可靠信息设定了标准，这应该是目前的做法，而他所在的 OEO 的政策分析工作人员也示范了良好的分析实践。这并不是因为相关分析人员比目前的从业者更正直，而是因为政治环境促进了这种努力。问题在于政治机构的恶化，而不是当今政策分析人员和研究人员的技能和标准。

OEO 的政策分析师不是以公共关系为主业，而是以学术为导向的社会科学家。他们明白，他们的一个比较优势是要去寻找关于负所得税的确凿证据。的确，OEO 分析人员希望接受负所得税的家庭不会显著减少其工作努力。他们寻求一个精心设计的最先进的实地实验，对负所得税支付接受者改变劳动力供应反应的程度进行严格的评估。而管理这项研究的威斯康星大学麦迪逊分校的社会科学家们则更关心达到最高的研究标准。

OEO 分析办公室的基本承诺是增加可靠、相关的社会政策信息的供应，并实行了广泛的研究计划来开发这些信息。例如，分析办公室建立并全面资助了威斯康星大学的贫困研究所，并在其初始阶段支持了密歇根大学对 5000 个美国家庭进行的一项至关重要的纵向研究，该研究持续了 35 年。OEO 开展了第一次重大的、严格的社会政策评估和大规模的实地实验。新泽西州负所得税实验的资助主要是因为 OEO 分析办公室在 1965 年夏天使机构主管施赖弗赞同了负所得税项目，他在当年提交给预算局的机构报告中向总统推荐了该项目。然后在 1965 年 10 月，该办公室向预算办公室发送了一份更详细、更准确的负所得税成本估计，旨在于 1976 年《独立宣言》诞生 200 周年之前消除贫困。

自 1965 年以来，美国的政治环境经历了翻天覆地的变化。在此期间，OEO 的分析人员可以对政策选项的利弊进行合理的分析，以支持机构决策。OEO 对良好信息的承诺肯定没有贯穿整个政府。但是，从那时到现在，所发生的变化一直是负面的。尽管强调可靠的数据对合理决策仍然至关重要，但多年来威廉姆斯发现，信息和政策分析存在越来越多的扭曲。随着时间的推移，故意使用欺骗性的统计数据和误导性分析的情况大大增加，现任政府使用扭曲的证据作为主要武器，误导公众了解其主要政策。

美国现在的政治制度一直在恶化，因为高层人士，包括白宫和国会的最高官员，一直在煽动那些往往不了解这些诡计的性质和程度的公民。以布什总统 2001 年的税收法案为例，收入分配最高的 1% 获得 30% 减税，而收入分配最低的 40% 仅获得约 15% 。然而，布什政府通过一场扩大宣传活动，谎称底层民众受益最多，从而通过了税收立法。

最重要的问题是，公众被灌输了扭曲的信息和基于这些信息的错误断言；然而，政客们缺乏恢复国家政治完整性的政治意愿或制度能力。正如威廉姆斯在《里根主义与代议制民主之死》中观察到的："在乔治·W. 布什任职的前三年里，在推销重大政策提案中欺骗性宣传的使用程度使布什与以往任何总统完全不同。"归根结底，问题在于公众是否在做出重大公共决策之前获得了足够的合理政策信息和解释，以便获得知情同意。如果没有，民主就会枯萎。政策分析师被指责夸大了有效信息的重要性，因此只能转向一个无可挑剔的消息来源——宪法之父麦迪逊所说："想要成为自己的统治者的人必须用知识赋予的权力武装自己。"总之，美国民主需要人民对重大政策选择的知情同意；只有当公民及时获得所需的相关政策信息以供他们考虑并同意所讨论的政策时，才能获得这种知情同意。

（六）实验的政治后果

当前所谈论的时期似乎是古老的历史；现在，不仅政策变化背后的调查缺乏诚信，而且很容易将反贫困视为一项严肃的政策目标而不予考虑。有时，当告诉学生发表了有关消除美国贫困的演讲时，他们会笑，

这是一个非常悲伤的评论。

NIT 实验不仅是根本上的科学事业，也是根本上的政治事业。在更广泛的政治背景下，需要将它们理解为实验，其设计、实施以及最终的意义都受到社会供给、社会福利以及社会公民的不稳定和快速变化的政治的影响。还可以将这些实验视为一种政治宣传形式——它们试图在缺乏广泛的政治意识或支持的情况下建立 NIT 的合法性。

作为一项科学事业，这些实验非常成功；但作为一项政治事业，这些实验却产生了相反的效果。它们被用来破坏 NIT/BIG 概念。更重要的是，它们向我们展示了将 BIG 理念狭隘地定义为具有高度针对性的反贫困措施而不是更具普遍性的公民权利，将其构建为具有劳动力市场效应的政策，而不是一种积极尝试重塑劳动力市场的干预措施。这些实验展示了政策制定方式的局限性，这种政策制定方式将这些实验视为政策创新的源泉。①

这些实验的政治性由三个不同的因素塑造。首先，当时的政治影响了这些实验。在 20 世纪 60 年代末，保证收入被认为是一个时机成熟的想法，但没有任何基层或主要选区团体（如劳工）被显著动员。取而代之的是，保证收入在极其多样化的倡导者中脱颖而出。有一群自由市场经济学家将其视为新兴福利国家的解毒剂。民权运动和日益壮大的福利运动中确实有一些人将 NIT 视为对劳动力市场中结构性失业问题以及种族主义和性别偏见的回应，活动家将其与公民权利的扩展概念联系在一起。但这只是运动中的一小部分。要进行这些实验，最重要的是，约翰逊政府内部的凯恩斯主义经济学家，特别是 OEO 内部的经济学家，开始接受将负所得税作为到 1976 年消除贫困的关键，正如 OEO 分析师制定的五年计划中所述。在这种情况下，收入保障被视为对消除贫困战争中采取的压倒一切的充分就业增长战略的补充。

---

① Druckman J. N. , Green D. P. , Kukliski J. H. , Lupia A. The Growth and Development of Experimental Research in Political Science [J]. American Political Science Review, 2006, 100 (4): 627 - 635.

实验者决心不提倡违反市场经济基本原则的东西。也就是说，他们并没有坚持认为 BIG 是对市场失灵甚至是对劳动力市场上某些阶层的人无法赚取足够工资的回应。因此，这些实验旨在证明 NIT 作为将收入提高到贫困线以上的工具的有效性，并证明 NIT 可以在没有大量工作抑制的情况下、在自由社会政策的范围内消除贫困这一预感（基于一些计量经济学研究）。持有这种观点的人认为 NIT 强调增长而不是再分配。他们不愿明确监管劳动力市场，并认为反贫困措施不是为了改变不平等的动态，而是为了扩大成为经济体系一部分的机会。因此，这些实验具有高度的针对性。它们关注的是最贫穷的人（高达贫困线的 150%），而不是更广泛的人群。它们不关心一些更广泛的劳动力市场的影响，比如基本收入保障如何影响工人去其他地方的选择和权利，也没有试图研究对劳动力市场的种族或性别分割的影响。在这些实验的框架内这些问题未被考虑。不得不说，这些实验只专注于个人行为和预测，而不是关于 NIT 的结构性影响。

其次，影响实验的另一种政治是为穷人提供社会保障的政治。从设计实验的经济学家的角度来看，收入保障的吸引力之一是它们是有效率的，并且会消除对受抚养儿童家庭的援助（福利）项目的一些低效率，尤其是对贫困工人更公平，因为它们不会明确针对有孩子的妇女。这导致了新泽西州实验中的一项政治决定，将重点放在双亲、男性养家糊口的家庭，假设领取福利的妻子——以及她们潜在的工作减少——在当时不会成为一个主要的政治问题（尽管事实上国会在 1967 年通过了 WIN“工作激励”立法，试图让更多的福利领取者工作）。同样，假设是双亲家庭，妻子潜在的工作减少不会成为政治问题。然而，事实上，尼克松后来在推动他的家庭援助计划以及他更加专注地努力打破伟大社会背后的政治联盟时，在双亲/单亲分歧上发挥了很大作用。通过将他的计划作为一个为了解决没有资格享受福利的“被遗忘的”双亲家庭的公平问题的计划来宣传。一方面，他在流行的、刻板的白人双亲工作贫困/工人阶级家庭之间做出了非常尖锐的、人为的区分；另一方面，领取福利的穷人在公众心目中越来越多地被想象为主要是黑人、吸毒者等——这些都不是真的。[①]

这些分裂的、种族化的政治很快就决定了这些实验的政治意义。它们成了尼克松时代福利改革战争中的政治素材。起初，这实际上看起来像是研究和政治优先事项之间的一致性时刻，因为毕竟尼克松的家庭援助计划（FAP）是 NIT 的一个版本，并附加了工作要求。在调查结果出来之前，在白宫顾问莫伊尼汉的极端压力下，调查者提交了一份支持 FAP 的报告，称没有任何抑制工作的影响。

然而，协调一致的时刻很快就过去了。支持 FAP 的实验的使用引起了公众和政治人物对实验的关注。来自新泽西州的参议员威廉姆斯是 FAP 的反对者，以此为契机，他就该实验向总审计署提出要求，声称这些家庭是双重倾斜的，应被起诉福利欺诈。他试图让国会进入实验办公室并查看实验家庭的档案。进行实验的克肖（Kershaw）基本上是为了防止这些国会调查人员破坏他与这些家庭的保密协议。因此，在看起来社会科学和政治之间存在某种一致性之后，随着福利改革战争变成了依赖战争，这些实验的结果实际上是被用来破坏收入保障的理念的。正如实验小组中的其他人所指出的那样，一旦更长期的结果出现，实验中最初的乐观情景就发生了变化，因为毕竟保证收入有一些可衡量的工作阻碍，尽管相对温和，部分原因是第二和主要家庭收入者的工作时间减少。随后也有一些具有挑战性的发现将 NIT 与家庭破裂联系起来。到 20 世纪 70 年代末，当卡特政府试图恢复 NIT 的一个版本时，甚至有一些前倡导者也转而反对它。莫伊尼汉在一个非常公开的场合战略性地适时地对国会说："看到这些发现并说我们科学家错了，我感到很震惊。"与此同时，右翼以默里（Murray）为代表动员起来，利用这些发现说，这些实验证明了收入保障是不可能的。

NIT 实验的最后一个政治层面是，它们被认为是具有高度创新性

① Burtles G. The Case for Randomized Fiel Trials in Economic and Policy Research [J]. Journal of Economic Perspective, 1995, 9 (2): 63 - 84.

的，不仅因为它们在测试这个“时机成熟的想法”，还因为它们代表了一种新的政策制定方法。人们认为，一个实验设计将为一个想法可行提供明确的证据。奥康纳认为这导致了意想不到的后果。这些实验开创了一个日益严格的时代，越来越强调项目规划和评估中的实验设计，但它们也帮助提高了标准，特别是创新的反贫困政策的标准，现在必须在通过之前证明它们的价值。反贫困和福利政策受到的审查并不适用于社会政策的其他领域，当然也不适用于军事政策，尽管军事成本要高得多。

总之，将 NIT 实验视为一项政治事业，这表明政治具有讽刺意味和反常性，它不断混淆用科学知识为政策提供信息的努力。因为即使社会科学家们正在整理和讨论实验结果的意义，政治反对者也在利用这些发现来讲述一个非常简单和熟悉的关于懒惰的穷人和家庭衰落的故事。需要指出的是，用实验结果来讲述一个不同的故事的重要性，以及用一个更复杂的选择来更加努力地改变这种流行的叙事的重要性。然而，这些更了解情况的人已经让这种更简单的叙述统治了局面。这也指出了关于收入保障的狭隘的反贫困理由的局限性。这些实验，就像随后扭曲了其意义的福利改革辩论一样，转向了穷人的个人行为；当将其归为一个行为问题时，则很少得到进步人士想要的结果。最后，这些实验指出了一种政策制定风格的政治局限性，它没有足够重视将研究与社会运动的需求联系起来。

（七）结论

整个小组的结论突出了几点。这些研究狭隘地将 NIT 作为减贫政策，较少关注广泛的不平等或劳动力市场重组问题，但从实验中学到了很多东西，不仅是关于基本收入保障的，还有许多结果，例如劳动力供给的收入弹性和替代弹性，这些东西可用于其他领域。这些实验为社会政策的形成带来了一定的科学严谨性。这可能以其他类型政策所没有的方式提高了社会政策的门槛，但各个领域的证据标准正在缓慢提高。作为社会科学家，当发现一项旨在帮助低收入人群的政策实际上没有效果时，同样需要高兴，以便可以将努力转向有效的政策，做出这样的决定

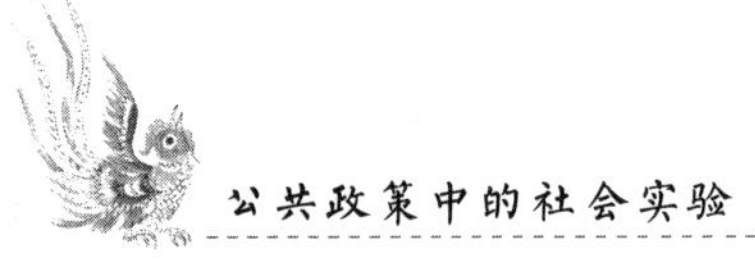

需要高水平的科学严谨性。社会科学家不能简单地回答："你们没有为国防工业使用良好的标准。所以我们不需要任何战胜贫困的标准，我们只是告诉你为什么战胜贫困是好的。"实验的政治影响不容忽视，但对科学严谨性的真正需要也不容忽视。也许有机会通过实验提出更广泛的问题，并将它们更有效地置于政治背景中，但实验的严谨性成功地增加了对贫困政策的理解。

第四章 社会实验的伦理问题

伦理问题是在社会实验中需要非常关注和重视的一个问题，因为社会实验不仅需要科学规范，也需要伦理规范。[①] 如前面讲到的基因编辑婴儿的医学实验，可能这个实验的质量是很高的，而且研究者的目的是希望能够通过这种方式探索治愈艾滋病或者其他长期性疾病的可能方法，但是它不符合伦理的要求，所以即使具备再高质量也只能是一个有害的研究，对社会其实是没有意义的。本章也会涉及一些实施的问题。实验的数据分析是比较容易的，大部分实验进行一个 t 检验将两组数据进行对比就可以。一个好的社会实验当然需要一个高质量的研究设计，这是基础和前提。实验的实施也是比较关键的，很有可能会遇到很多障碍。因为其中往往会涉及对于很多伦理方面问题的考虑。本章首先会介绍一般的、非社会实验的伦理问题。因为，不仅在社会实验中有伦理问题，在所有的研究中都有伦理方面的要求和准则。之后，本章会介绍社会实验中有哪些比较突出的伦理问题。

第一节 伦理审查机构与伦理培训

一 伦理审查机构

不仅是社会实验，所有研究的伦理审查，都需要机构审查委员会。

① Sieber J. E. The Ethics of Social Research: Surveys and Experiments [M]. Berlin: Springer, 1982.

机构审查委员会不是一个政府机构。伦理问题最早在美国被发现。美国要求所有进行研究的大学均设立机构审查委员会，基本上所有与人相关的研究都需要经过机构审查委员会的审查后才能开始进行研究，这是必须经过的一个流程。如果研究将以任何形式发表，即使不是发表在期刊上，在网络媒体等平台上进行在线发布也需要经过机构审查委员会的审核和批准。将研究结果向杂志社投稿之前，需要通过机构审查委员会的审查并获得一个批准号，获得批准号后杂志社才会接受投稿，否则杂志社直接拒稿。另外，一些用于学术研究目的的问卷也需要经过机构审查委员会的伦理审查才能发放。总而言之，各种类别的研究、各种层次的研究其实都是需要经过伦理审查的，包括本硕博的一些学生研究项目。欧洲基本上也是如此，我们国内还是比较少的，只有少数高校具有相关机构。美国的伦理审查由美国的联邦法律规定，并且相关的法条规定非常细致。机构审查委员会的规则由联邦法规制定（45 CFR 46）。

（一）审查类别

根据研究与人的相关程度、与人的接触程度或者涉及信息的敏感程度等划分不同的审查类别，主要分为全体委员审查、加急审查和豁免三种。

1. 全体委员审查

一些可能对人体有比较大影响的研究往往需要全体委员来审查，如心理学研究中测量脑电波，一些医学研究需要往人体注射一些药物以验证其有效性或者其是否会对人体产生毒副作用等。

2. 加急审查

正常情况下审查委员会是按照时间顺序依次审查的，但是在一些特殊情况下也可以加急审查。这一方面取决于研究是否很急，例如考虑到项目的时间、经费的时间。另一方面，需要考虑被试者的情况。例如，新冠疫苗的相关研究，就需要在一个很短的时间内尽快得到审批，尽快开始实验，因为新冠疫苗的研发是一件非常紧急的事情。再如，针对一些特殊群体的研究，如针对老年群体的研究，由于身体状况的限制，需要在他们患有一些慢性疾病或者老年病之前，尽早尽快进行研究。

3. 豁免

有些研究可以申请豁免，即不需要进行审查，当然也是需要得到批准的。例如，对公开二手数据的获取和使用往往是可以申请豁免的，因为二手数据很难再对人类被试者造成任何可能的伤害，其中的数据尤其是涉及隐私的信息都是经过处理的。①

以北京大学的CHARLS数据库为例，这个数据库每两三年利用暑假时间组织老师和学生挨家挨户地走访调研，每年收集几万个样本，收集到的这些数据经过清理之后就会被放到网络平台，使用者申请之后即可使用这些数据。使用者最后得到的数据基本上不涉及隐私信息，绝对不会有姓名这一项内容，基本上到县一级及之后的信息都被隐去了，代之以一些编号代码等。这样，即使询问了老年人收入、身体情况等非常详细的信息，也仍然无法通过这些敏感的信息精准识别到老年人个人，因此这对于他们的隐私也是基本上不会造成侵犯的。

（二）审查有效时间

在伦理审查时间规范上，一般而言，审查之后的有效时间不会太长，也就是说大部分研究经过一次审查后，如果一年还没有完成就要再申请审查，相当于续申请，这一般而言是比较快的。如果研究过程中涉及程序、方法、内容等的变更以及研究对象的调整也是需要重新进行审查的，重新审查主要审查变更部分的伦理问题，相对而言进度会更快。例如，研究者在正式研究之前已经设计出一份完整的问卷并且通过了伦理审查，但是随着研究的开展，研究者需要调整问卷内容，调整之后的问卷是需要重新接受审查的。

（三）涉及受保护群体的研究会受到更严格的审查

伦理审查会对某些特殊群体进行保护，从而与他们相关的研究会

① Mark M. M., Lenz-Watson A. Handbook of Ethics in Quantitative Methodology [M]. New York: Routledge/Taylor & Francis Group, 2011.

受到更加严格的伦理审查。这些群体主要是弱势群体，如儿童、精神疾病患者、孕妇、囚犯等。儿童属于未成年人，他们没有独立行为能力，可能不太清楚某研究是什么，也不清楚自己会受到哪些伤害，会得到哪些利益。因此，儿童应该受到更严格的伦理方面的保护。精神疾病人员在法律上是没有完全行为能力的人，所以他们可能也不太理解研究是什么，需要他们做什么，他们会失去什么、得到什么。孕妇的身体内有胎儿，而胎儿是需要格外保护的，孕妇的心理或者身体状况会在很大程度上影响到胎儿，对孕妇进行访谈或者其他研究都有可能对她们的心理或者身体造成影响，从而可能影响到胎儿，所以涉及孕妇的研究也需要更严格的审查来对她们进行保护。囚犯往往被剥夺了政治权利，甚至很多人身权利也被剥夺了。由于被拘禁在监狱里，他们没有人身自由，没有选择参加和不参加研究的自由，他们是否参加可能是由监狱决定的，如果监狱要求他们参加，他们就必须参加，尽管他们自己不愿意，这其实侵犯了他们的正当权益。这是一个很敏感的问题，也是很多关于囚犯的研究可能会触及的伦理问题，囚犯在监狱这一机构中的自由和利益应该得到保障。而且，很多囚犯往往患有一定的精神疾病，对其进行研究很有可能激化他们的情绪或者使他们受到不良刺激。研究的结果还可能会涉及其罪行的判定问题，一个杀人犯被当成正常人还是精神病人逮捕入狱，对于一些法律而言是有区别的。如果通过研究确实得出这些囚犯在儿童时期心理或身体上的创伤对其犯罪经历有显著影响，那么是否需要根据相应的法律规定对这些囚犯重新进行审判和定罪？有研究者就曾在波士顿的一个监狱里对囚犯进行精神健康方面的研究。研究者对监狱中二三十个囚犯进行一对一的访谈，与每个对象访谈时间为一个小时左右，以了解这些囚犯在儿童时期是否遭受过心理方面的创伤或者身体上的伤害和虐待，进一步研究这些儿童时期的创伤性经历是否对其成年后的犯罪行为或者倾向产生影响。这个研究中的研究对象其实是多层弱势群体的叠加。一方面，他们是囚犯；另一方面，他们往往在儿童时期已经遭受过心理或身体的创伤和刺激。[①] 这些对于他们而言其实都是非常敏感的话题和问题，可能很多人根本不愿意说，或者他们没有意识到他们儿童时期所受创伤的影响。而研究很有可能会唤起他们儿童时期的一些不良回忆，这很有可能会对他们的心理或暴力倾向产生一些消极的影响，所以对于此类研究需要非常谨慎。

二　伦理培训

在西方，从事研究的老师和学生都需要接受伦理培训。不论他们现阶段是否在做研究，只要他们在相关专业学习就要参加伦理培训，因为他们在日后基本上是需要开展一些相关研究的。所谓的伦理培训主要就是参加并学习一些相关课程。[②]

在美国，有一个多机构联合做的伦理培训项目，即 CITI（见图 4－1）。该项目为很多科研机构的学生、老师等科研人员提供研究和伦理层面的标准培训，整个课程系统包含十几门课程，构成了一个非常全面细致的培训体系。这样的培训其实是非常有必要的，因为如果没有这样的培训课程设计，或者没有这方面的要求，几乎很少会有人去主动了解或者学习这方面的内容。虽然美国联邦法律也对此进行了规定和要求，但是法律条文毕竟还是比较枯燥和晦涩的，所以通过这样一个培训项目来对相关研究者进行伦理方面的培训是非常有必要的，也是比较可行的。

培训课程分为以下几个板块，并通过明确定义、列举案例等形式帮助学习者理解和掌握。

（一）历史和伦理原则

这一部分讲的是美国的科学研究历史，尤其是社会学、行为科学和教育学这三个领域的历史，因为这三个领域比较接近，都默认将人作为

① Strohm K. K., Anderson S. K. Foundations of Ethical Practice, Research, and Teaching in Psychology and Counseling [M]. New York: Routledge/Taylor & Francis Group, 2011.

② Adair J. G., Dushenko T. W., Lindsay R. C. Ethical Regulations and Their Impact on Research Practice [J]. American Psychologist, 1985, 40 (1): 59－72.

图 4－1　伦理培训

被试者，与被试者的接触程度也比较相近。此外，这一部分还涉及伦理问题的历史与变革，以及关于伦理的立法和审查委员会的沿革。

（二）用人类被试者定义研究

这一部分首先对人类被试者进行定义，然后给予研究一个细致的定义。因为社会学、行为科学和教育学这三个领域与被试者的接触程度与医学、生物学等有较大差异。

（三）联邦法规

这一部分介绍联邦法规的沿革，以及现有法规在哪些层面或具体部分与人类被试者相关。课程也会通过一些例子来进行说明，如哪些情况或者怎样的研究可以申请伦理审查的豁免，哪些情况可以申请加急审核，哪些情况需要审查委员会全体进行审查等。

（四）评估风险

做研究的时候，首先要识别出风险，要知道对人类被试者有哪些方面的风险，这是研究者自己要识别出来的，然后再去评估。所谓评估就是把潜在的风险与潜在的收益相平衡，评估风险到底能不能比收益低。如果风险比收益高，就没有必要去做研究，被试者也没有必要参加研究了。因此，当研究者评估发现收益大于风险时，才能够去做这样一个研究，同时也要非常明确地完整地告知被试者其面临的风险可能有哪些、收益可能有哪些、评估的结果是什么。

但是风险评估还是有一定困难存在的。因为与生物医学和临床试验不同，社会科学不是自然实验，相关的风险其实是很难预测和评判的，很多风险是研究者甚至审查委员会的成员都预想不到的。因此，风险评估很大程度上是研究者要根据自己能够想到的风险，以及如何评估、解决这些风险，写一个方案出来，其实是相当于进行一种应急预案的准备。

（五）知情同意书

知情同意书并不仅仅是一张印有知情同意相关内容的纸张或者报告，重要的是要保证被试者完全理解其中的内容，尤其是帮助那些弱势群体理解知情同意书，并告知他们是有随时退出研究的自由的。如基因编辑婴儿这个实验，由于它的复杂性或者研究者的一些特殊目的和考虑，参与研究的家长往往很难对此完全知情，家长们看到知情同意书后，很有可能无法理解其中的很多专业术语，因此对于研究具体存在什么风险他们也并不是完全知情的。再如，将儿童作为被试者，这些儿童可能连知情同意书里的字都认不全，研究者就需要帮助他们完全理解，否则就是在利用弱势群体做研究。此外，在进行问卷调查时，研究者也需要在问卷的开头写一段话来说明研究的目的、内容、需要的信息等，向被试者解释为什么要收集这些信息，这其实也相当于一种知情同意的安排。

（六）隐私和保密

隐私和保密是非常关键的，首先需要分清楚哪些信息是隐私信息，哪些信息是需要保密的信息，有些信息虽然可能不是隐私信息，但是也是需要保密的。在如今的网络化信息时代，问卷星等线上问卷逐渐取代线下问卷成为主流，很多研究数据的收集是通过网络平台进行的，那么这些平台的数据安全和网络安全风险都是需要考虑和加以防范的。当收集的数据量比较大、涉及一些隐私信息时，如何确保信息的安全，保护被试者的隐私？在研究者申请进行伦理审查的时候这类问题是需要详细说明的，例如，如何保存这些数据（放在硬盘还是云端），如何确保这些数据的安全，如何保护隐私，同时如果发生意外如何处置等。当前的部分线上问卷要求被试者填写姓名，这是不合适的，也是没有必要的。一方面，这涉及伦理问题，收集被试者的姓名，如果对研究没有作用的话，就是一个无用的信息，并且侵犯了被试者的隐私。任何公开的研究数据都没有姓名这一条敏感信息，如果有也会被剔除掉才能公开。另一方面，如果设置询问姓名的题目，很多被试者会选择不填写问卷，这就会影响问卷的回收数量。

（七）囚犯研究

这部分首先对囚犯、囚犯研究、监管等进行定义。囚犯是在监狱这一机构当中被管理和限制的对象，很大程度上被剥夺人身自由，所以要看他们参加这个研究或者不参加这个研究是自愿的，还是整个监狱管理层面（如狱长、狱警等）对他们的强制性要求。

此外，需要人类被试者的社会科学研究往往是需要一些激励措施的，因为被试者参加访谈或者填写问卷都需要花一点时间，适当的激励措施可以让被试者愿意花这些时间来参与并配合研究的开展。[①] 例如，在将线上问卷链接转到微信群里邀请被试者填写时，往往需要发红包作为激励。这也同样适用于囚犯，如果囚犯不是被强制参与研究，而是能够自愿选择的话，那么肯定会有人选择不参加。所以研究者为了尽可能增大其样本量，往往需要采取一定的激励措施。对于激励措施也有相关的专门研究，首先，要在伦理准则的要求下给予激励措施，即研究本身要符合伦理标准，才能考虑怎么给激励措施，让更多的人参加。其次，激励不能过高，否则会让人觉得研究有一定的强制性或诱导性，就像收买被试者一样，这可能就不符合伦理规范。对于囚犯参与研究的激励，

① Erez E. Randomized Experiments in Correctional Context: Legal, Ethical, and Practical Concerns [J]. Journal of Criminal Justice, 1986, 14 (5): 389 - 400.

比较常见的是给予其一定数额的金钱，或者一些监狱批准的物品。在一些大型的、长期的、与监狱合作的研究中，甚至可以在刑罚方面给予参与研究的囚犯一定的减轻。[①] 例如，囚犯可以不做今天的劳动或者获得表现好的记录，甚至可能获得减刑。

（八）儿童研究

由于儿童是弱势群体且没有完全行为能力，关于儿童的研究，除了让儿童本人知情和同意外，还需要让其家长或者监护人知情和同意。例如，在国外，一个到小学做研究的学者在开展研究前，需要给每一位家长发放知情同意书，告诉家长这个研究要做什么、需要儿童怎样配合、需要花费多长时间、会有什么影响等。只有家长也同意了，这项研究才能进行。

（九）公立中小学研究

在美国，公立中小学是归政府管的，对此美国制定了《家庭教育权利和隐私法》专门针对家庭教育的隐私问题进行立法规范，制定《学生权利保护修正案》专门保护学生权利，这些都是需要遵循的。

但是在现实中，这种公立中小学研究往往很难征得家长的同意，因为这些研究很多都是教育学方面的议题，而教育学领域倾向研究大班教学效果好还是小班教学效果好，比如在小学或者中学里，50 个人的班级与 20 个人的班级相比哪个教学效果好。很多家长可能本来就觉得是小班教学效果好，而研究者非让他们的孩子进入大班去学习，他们就觉得这会影响孩子的教育质量，就不愿意让自己的孩子参与研究，所以这样的研究就很难进行。[②]

例如，BBC 曾经做过一个对比中英教育方法及其有效性差异的研

---

① Farrington D. P., Welsh B. C. Randomized Experiments in Criminology: What Have We Learned in the Last Two Decades? [J]. Journal of Experimental Criminology, 2005, 1 (1): 9－38.

② Falaye F. V. Issues in Mounting Randomized Experiments in Educational Research and Evaluation [J]. Global Journal of Educational Research, 2009, 8 (1): 21－27.

究，让中国的一些比较有经验的老师到英国的公立中学去教那里的学生一个月（四周），之后把英国这几个班的学生成绩与相应中国学生的成绩进行比较，看英国这些学生的成绩是否得到提升。这就是一个在公立中小学进行的社会科学研究，尽管它不是一个严格意义上的实验，因为进行对比的中国学生的班级和英国学生的班级不是由同样的老师上课，只是采用同样的教学方法，在一个月之后通过同样的试卷进行测试。这项研究需要经过参与实验的儿童的家长的同意才能进行，同时该实验也利用家长的反馈来评估教学效果，如采访那些家长，询问他们觉得自己的孩子回家或者学习有什么变化等，这些都是需要严格遵守伦理规范的。当然这可能是媒体做的比较严格的实验，实际上很多实验都是完全没有让家长知情，可能在学校里就自行做完了。但让家长参与到对孩子所面临的风险、收益的评估当中来，是非常有必要的。①

（十）国际研究

如今，越来越多的研究是跨国进行的，这种合作研究体现在不同个人之间、机构之间、国家之间。例如，美国要和欧洲的国家或者亚洲的国家进行合作研究，要适用的就不仅是美国的科研法律，还要考虑其他国家的相关法律，同时要考虑当地的社会、文化、政治等研究背景，因为很多研究不是在美国本土进行的，而是在其他国家进行的。同时，研究机构也可能不是一个，而每个研究机构可能都有自己的审查委员会，关于谁来主要审核，一般都有很详细的规定，例如按排名，或者有一个研究机构是负主要责任的，所以它要主要审核。此外，豁免的要求也是不一样的，在美国豁免可能要求比较严格，在其他国家可能比较宽松，豁免要适应各个国家的法律和伦理要求。

（十一）基于互联网的研究

之前提及的问卷星就是基于互联网的研究，当然还有专门关于互联

① Cook T. D. Randomized Experiments in Educational Policy Research: A Critical Examination of the Reasons the Educational Evaluation Community Has Offered for Not Doing Them [J]. Educational Evaluation and Policy Analysis, 2002, 24 (3): 175 - 199.

网技术的研究，只要是将人作为被试者的研究，都要适用这些伦理要求。怎么样在线获得知情同意书、怎么样在线获得被试者的知情同意、怎么样保护他们的隐私、怎么样对他们的信息进行保密、怎么样确保数据安全等问题，都是在伦理上至少要想到的。

（十二）社会和行为研究中的意外问题和报告要求

在研究中可能会出现一些意外情况，例如，一个收集了几万人数据的大型数据库遭遇病毒或黑客攻击而发生泄露。研究者本人并不能预测到这个问题，也没有主观的泄露意图，在面对这个意外问题时需要怎么做？法律和审查委员会对此有专门的规定，例如出现哪些意外问题，大概要怎么解决。首先，研究者需要报告，在发现问题后要向所在团队报告，向所在机构的审查委员会报告。对于不同的意外问题，有不同的解决方式，如果是很大的问题可能需要审查委员会开会讨论解决方案。

（十三）易受伤害的对象（涉及工人/雇员的研究）

在西方，工会可以去跟资本家/雇主进行谈判，例如要求医疗保险福利更好一点、增加薪酬、减少工时等，其筹码是罢工。依托于强大的工会，美国的售票员、水管工等蓝领阶层的薪酬很高。但是对于工人/雇员个人来讲，他们是容易受到伤害或影响的，因为个人处于不同的派别、种族、地域，可能会受到资本家或雇主的压迫。因此，在研究中要考虑到这些人的脆弱性。

（十四）需要额外考虑和/或保护的研究人群

一些人群不是囚犯，不是儿童，不是工人，也不是孕妇，可能在法条中没有规定，但他们也是需要被额外考虑和保护的。比如，在养老院中的老人，他们其实也是很脆弱的，也是需要被保护的，在研究中也需要格外注意这一点。

（十五）人类被试者研究中的利益冲突

大多数文章中都会写这样一段话：文章的作者与文章本身的问题没

有利益冲突。这是一定要写的，算是一个披露的机制。没有利益冲突，要写出来；有利益冲突，也要写出来，看怎么来解决。有偏见或与提供资金的基金会有利益冲突，都要进行披露。

三　政策研究中潜在的伦理陷阱

（一）弱势群体

很多政策都是为了帮助儿童、孕妇、患有精神疾病的人群、老年人等弱势群体而制定的，对于弱势群体的研究有可能会产生伦理问题。

（二）诱因可能是强制性的

像之前讲到的正向激励措施太强了，就有可能是强制性的诱因；或者群体效应，例如整个学校/小区里的人都参加了某研究，会使被试者有一种跟着群体走的心理，也选择参加此项研究。

（三）研究人员可以操纵

当研究人员希望研究的结果往自己假设的方向发展时，他们就有可能在其中进行一定的操纵，但是经过人为操纵的研究其实已经没有什么意义了，它的质量会严重下降。

（四）社区可能被利用/剥削

很多社会科学研究都是在社区进行的，这时社区就有可能被利用或剥削。[①] 在激励儿童接种疫苗实验中，作为对照组的村可能什么都没有得到，实际上就是被剥削了，这是不公平的。因为从伦理角度讲，这些村要么获得更多的疫苗接种点（供给侧），要么获得更多的食物（需求侧）。

（五）隐瞒关于干预福利/危险的信息

研究中的干预措施既有可能给被试者带来一定好处，也有可能给被

① Boruch R. F. Randomized Experiments for Planning and Evaluation：A Practical Guide［M］. Thousand Oaks，CA：Sage Publications，1997.

试者带来一定危害，研究者很有可能会主观或非主观地向被试者隐瞒关于干预福利或危险的信息。[①] 被试者由于缺乏相关的专业知识，可能不知道干预措施有哪些福利或危险。而研究者具有专业知识，知道干预措施会给被试者带来的福利或危险，但为了让被试者参加研究或者在研究中待的时间长一些或者操纵被试者的行为，研究者可能会隐瞒这些关于福利或危险的信息。

第二节　不合伦理的研究

历史上一些严重违反伦理规范的社会实验，推动了伦理规范的发展，引起了人们对研究伦理问题的重视，从而对其严加规范和控制。

一　塔斯基吉研究

这是一个臭名昭著的案例。塔斯基吉是美国亚拉巴马州的一个地名。该研究是一个政策性研究，是美国公共卫生局下属的公共机构进行的一个研究。

从 1932 年到 1972 年 40 年的时间里，来自亚拉巴马州塔斯基吉地区的 399 名黑人男性被招募，目的是研究未经治疗的梅毒进展。该研究的对象是病毒本身，但不是在培养皿里面研究，而是研究病毒在人身体里面怎样自然发展，以及传染情况等。与之类似的是，之前英国提出要进行新冠病毒的研究，即给没有感染的人注入新冠病毒，看病毒在人身体中的发展、人出现的症状（注射病毒前后人的身体状况的对比），类似于给小白鼠注射病毒观察其症状再用药，之后观察症状的缓解情况。但是，塔斯基吉研究的更可怕之处在于没有治疗，而只是主观故意给没有感染病毒的人注射梅毒病毒，看病毒在他们身上是如何发展的。该研

---

① Schulz R.，Hanusa B. H. Long-Term Effects of Control and Predictability Enhancing Interventions: Findings and Ethical Issues [J]. Journal of Personality and Social Psychology, 1978, 36 (11): 1194 - 1201.

究不是试验哪些药物有哪些作用，而是为了将病毒研究透彻，知道病毒在人体内几十年的发展情况，以便将来更好地制药。这些被试者被监视跟踪了40年的时间，也就是说被试者在这40年里一直处在被研究之中，最后很多被试者或者他们的伴侣因为梅毒死亡。研究过程如图4－2所示。

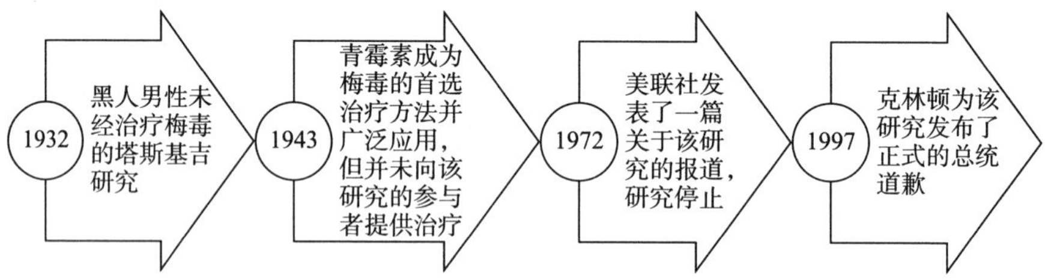

图4－2　塔斯基吉研究过程

在1932年研究刚开始时，该研究叫黑人男性未经治疗梅毒的塔斯基吉研究。但是未经治疗是非常严重、不人道的一个伦理问题，因此该研究后来改名为塔斯基吉的美国卫生部梅毒研究。最初600个被试者中，399个被试者是有梅毒的，其中还有201个被试者是没有梅毒的。除了没有治疗这个问题，还有一个很大的问题是该研究根本没有让被试者知情同意，而是采用欺骗的方式让被试者心甘情愿地被注射病毒。研究者告知被试者这是一个治疗坏血病的实验，并给予被试者免费的食物、丧葬保险、免费体检作为激励。而坏血病是当地的一种土患，被试者由于知识匮乏并不了解这些病，而且自身没有钱治病，以为自己在被治疗所以加入了研究。

到1943年，在青霉素已经成为梅毒的首选治疗方法且广泛应用的情况下，该研究并未向被试者提供青霉素进行治疗，研究者没有告诉他们可以治疗，而是残忍地放任梅毒在他们的体内发展。

直到30年后，1972年，事情发生了转折。具备专业知识且影响力较大的美联社在当时发表了一篇关于该研究的报道，加之民权运动盛行的背景，这一报道引发了公众关注和抗议。当时卫生部的助理部长就任命了一个咨询小组对该研究进行审查，最后得出了该研究在伦理上不合格的定性结论。

具体来说，与这项研究所涉及的人类被试者的已知风险相比，研究获得的结果或者收益是微不足道的，风险远高于收益了，所以研究没有必要进行。同年，该研究被卫生部叫停，但是距离研究开始已经有 40 年的时间了。

在 1973 年，即研究停止一年之后，知道研究真相的被试者开始用法律武器来保护自己，被试者本人或者已经死亡的被试者的家属进行集体诉讼，最后的结果是和解，他们一共得到了 1000 万美元的赔偿。放在现在来讲，几百名被试者用 1000 万美元和解是不可能的，但是当时很多被试者认为事情已经发生或者有些人已经不在人世，便接受了用 1000 万美元和解。

1997 年，时任总统克林顿正式为此发布了总统道歉。在此之前的补救措施包括：在 1972 年美联社报道、研究停止之后，1973 年，卫生部要求制定塔斯基吉健康福利计划，为幸存者提供一些必要的医疗服务。1975 年，这些医疗服务范围扩大到这些幸存者的孩子和他们的伴侣，不管参与研究的被试者是否在世，该计划都为他们的伴侣和孩子提供医疗服务。最后一位被试者是在 2004 年去世的，之后这些被试者的孩子还一直在接受治疗，这对他们的生活造成了很大的影响。

与此相似，还有一些不合伦理的研究也放在本节介绍。1946 ~ 1948 年，也是在法律出台之前，美国公共卫生医生故意用梅毒感染了 696 名危地马拉人，并用青霉素治疗他们以测试其功效。研究由美国国立卫生研究院（NIH）资助。该研究的被试者都是弱势群体，包括监狱囚犯、精神病患者和士兵，对于该研究被试者个人没有知情同意，但是其所在的机构（危地马拉的监狱、精神卫生医院、军营）是知情同意的。因为美国会给他们提供金钱、药品、设备等，所以他们就同意研究者接触这里的囚犯、精神病患者和士兵。对此，当时的一个外科医生帕兰说：“你知道，我们不能在美国做这样的实验。”他很清楚在美国是不能做这种实验的，所以才到别的国家去进行。除了实验可行之外，与在美国

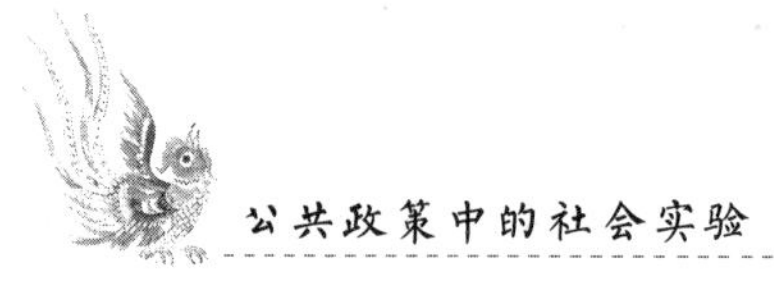

相比，在危地马拉会更便宜，这完全违背了公平原则，不把美国人跟危地马拉人当成同等人看待，美国人与危地马拉人同样是人类被试者，研究者却在知道不能对美国人做这些事情的前提下还对危地马拉人做。很讽刺的地方在于，该梅毒治疗研究是与美国以战争罪起诉纳粹医生同时进行的，这可以算是最高级别的双重标准了。同时，该研究的主导者是参与塔斯基吉研究的医学博士卡特勒（Cutler），从中可以看出该研究者没有伦理意识，没有道德标准。

二　贝尔蒙报告

塔斯基吉实验停止后，美国于 1974 年 7 月 12 日颁布了国家科研法来保护人体被试者，同样地，法律也规定成立保护参加生物医学和行为学研究的人体实验对象的全国委员会。经过委员会的审核、讨论，出台了贝尔蒙报告，直至现在做研究都在遵循这个报告，这个报告将法律以及委员会讨论的结果都精简其中。报告的主要目的是保护人类被试者，首先是要确立跟人类被试者相关的伦理原则及其应用。

（一）医疗与医学研究的界限

该报告明确了日常大家去看病的医疗与医学研究的界限，二者是有区别的，因为在医学研究中需要告知被试者的信息可能比日常医疗要更多，而且被试者需要自愿，而在日常医疗中很多内容不必告知得如此细致。

（二）基本道德原则

1. 尊重个人

要尊重他人的身体健康和生命，塔斯基吉实验不尊重他人的生命，很多被试者因为感染梅毒而死亡，这是非常违背尊重个人原则的。

2. 有益

首先是不伤害，尽量不要伤害被试者。同时，要尽量增加可能的好处和减少潜在的害处。在不伤害的前提下，或者有些伤害不能避免的情况下，要增加好处，减少害处。

3. 公平

对所有的被试者群体来讲，不同群体之间要公平。比如，对于由新冠患者组成的实验组与对照组，在实验过程中可能是给予实验组特效药，给予对照组安慰剂。如果该特效药经过实验证明是有效的，在做完实验后的几个月内，需要向对照组提供该特效药。这是伦理的要求，否则就等于剥夺了对照组这段时间治疗的机会，还不给对照组特效药，这是不道德的。

（三）应用

1. 知情同意

确保被试者知情同意，以显示研究人员对被试者的尊重。一是要为被试者提供全面的信息；二是要保证被试者能够理解，用被试者听得懂的语言，确保儿童、精神疾病患者等弱势群体也能够理解才可以；三是要保证被试者绝对自愿，即自愿参加、自愿退出。

2. 对风险和好处的评估

与有益一样，要对风险和好处都进行评估，才能知道该研究是不是有益的或者至少是没有伤害的。很多时候的确需要研究者做好评估来告知被试者。

3. 选择对象

在选择对象方面要确保公平，不同的群体之间得是公平的。被选择的对象要在年龄、性别、种族、社会阶层、受教育水平等方面有代表性。

三　斯坦福监狱实验

斯坦福监狱实验是 1971 年斯坦福大学心理学教授菲利普·津巴多进行的一个实验。该实验开展时，美国正盛行民权运动和反战抗议示威活动。20 世纪 70 年代越战十分激烈的时候，美国的民权运动和反战抗议示威活动非常盛行，很多年轻人由于抗议示威进入监狱，一些报道开始关注警察以及狱警的一些暴行。在此背景下，研究者想到要做这么一个实验。志愿者招募宣传单见图 4－3。

Working from own home, int. assignment doing charge acct. promotion for major Dept. Store. Good telephone personality required. No selling. Guar. hrly. Wage. Write Redwood City Tribune AD No. 499, include phone no.

Male college students needed for psychological study of prison life. $15 per day for 1-2 weeks beginning Aug. 14. For further information & applications, come to Room 248, Jordan Hall, Stanford U.

TELEPHONE CONTACTS
Sell security systems. New air cond. office, parking. Exc. location & understanding boss. $1.75 + comm. Call Mr. Nelson, 323-1339. Killmurray, 592-3950.

GET MORE OUT OF LIFE!
More money, more friends, more fun. Call now and learn about being an Avon Representative. Comm. 369-1965.

图 4－3 志愿者招募宣传单

（一）实验设计

该实验根据报名者的身体和心理状况，从 75 名报名者中筛选出 24 名本科男生。这 24 名本科男生没有任何犯罪记录和心理疾病或者身体疾病，是比较健康的，而且在年龄、教育、种族和社会阶层方面比较相似，可以看作一样的人。这些人被随机分配为狱警（12 人）和犯人（12 人）（见图 4－4），每人每天可以得到 15 美元作为报酬，这在当时来讲已经是很高的报酬了。实验是全程录像的，实验时每组只有 9 人，3 人后备。研究者把斯坦福心理学系大楼的地下室改造成一个模拟监狱而非真实监狱，分成三人间。为了让被试者没有时间概念，模拟监狱里没有钟表和窗户。

基于斯坦福监狱实验拍了许多电影，从这些电影可以看出，实验环境十分真实。同时，研究者采取了一系列行为帮助参与者尽快进入角色。犯人是在家里被警察铐上手铐、戴上牛皮纸头套，逮捕到模拟监狱

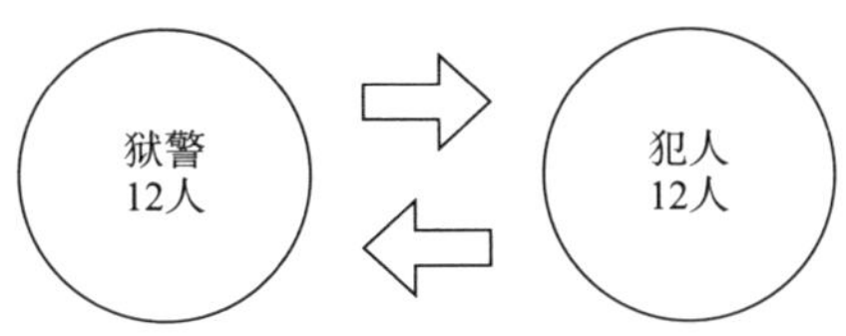

图 4-4　实验设计

里的。这会使参与者在心理上有一种羞耻感，即使他知道这是实验，但他周围的人不知道，会以为他真的被抓了，而且他们是真的被带到一个模拟监狱里了。模拟监狱的设置也比较逼真，狱警拥有象征权力的制服、徽章和墨镜，3 人一组，每组工作 8 个小时，三组轮换。充当看守角色的狱警没有被培训，只是被告知可以做任何维持监狱秩序和法律的事情。犯人进入监狱后会被搜身、脱光衣服、清洗消毒，穿囚服（像连衣裙一样的罩衫），右脚戴脚镣。戴脚镣其实很关键，后来接受采访时研究者说戴脚镣是为了让犯人在睡觉的时候能够随时提醒自己不是学生了（因为在睡觉的时候，人可能就会忘记自己现在的环境，他们可能觉得自己还是斯坦福大学的学生），现在就是个犯人，也是为了让他们能够迅速地进入角色。同时，3 个犯人住在由一个教室（比较小的研讨室）改的小隔间，只能在走廊里放风。犯人没有名字，只有编号，规定必须叫号码而不是名字，这就是非人化，是剥离犯人的社会性身份的一个步骤。[①]

（二）实验过程

实验开始的第一天晚上，负责看守的狱警就在半夜吹起床哨，让囚犯起来排队，实际上是为了验证自己的权威。他们很快适应了狱警的角色。在惩罚犯人时会命令他们做俯卧撑（在真实环境中用得最普遍的一种体罚措施），甚至有时候会骑在犯人身上。狱警有时候会把犯人的床、枕头拿走。所以到第二天，犯人们其实就有一点反抗了，他们把监狱的

---

① Armstrong T. A. The Effect of Moral Reconation Therapy on the Recidivism of Youthful Offenders: A Randomized Experiment [J]. Criminal Justice and Behavior, 2003, 30 (6): 668-687.

小隔断打通，用床堵住门，不让狱警进来，但是他们的反抗很快就被狱警控制住了。

在这个过程中，研究者关注的是人怎么样根据权力或者身份作为，他想研究环境的因素对人影响大，还是先天的因素对人影响大。反抗之后，首先是狱警对犯人很生气，同时他们对上一班看守也很生气，认为刚换班就遭遇反抗一定是上一班没管好。他们用灭火器喷射犯人，扒掉犯人衣服，揪出带头捣乱的犯人关禁闭，并恐吓其他犯人。后来他们意识到问题，3 个狱警无法妥善管理 9 个犯人，所以他们找了 3 个感觉比较容易服从的犯人，把他们单独放到一个隔间里，给他们比其他犯人更好的待遇。一方面，给予负面的激励，惩戒犯人，告诉他们不能这样做；另一方面，给予正面的激励，只要表现好，就可以穿正常的衣服、刷牙、洗漱、吃更好的饭菜，待遇更好。半天之后，狱警把这些表现好的犯人放回宿舍，再把带头捣乱的 3 个犯人也放到优待的隔间里，于是犯人互相之间开始不信任，狱警得以从内部来瓦解他们。

其间，有一个犯人精神崩溃了，所以研究者就让他先退出了。后来，狱警无意中听到犯人们有越狱的传言：之前被释放的犯人会带领一群人来解救他们。于是狱警和教授共同制定了一个计划，先把犯人脑袋套住，转移到其他地方，然后留一个人守在腾空的监狱，等待解救者，并告知他们实验已经结束，最后再把犯人转移回来。从这以后，狱警对待犯人更加严酷，经常不让他们休息，让他们做各种卑贱的工作，想出各种方法来惩罚他们。有时候狱警不让犯人上厕所，他们只能使用小屋里的水桶，而且还不按时清洗，让各种气味充斥在囚房里。

狱警会在夜里的时候更加虐待这些犯人，因为他们觉得夜里没有人监视，但实际上是全程录像的，而且他们代入了狱警这个角色，所以惩罚更严重或者采用各种新奇的惩罚方式，这就是一个很严重的问题。但是狱警其实有三种：一种是很严厉、很粗暴的狱警，但是他们还是比较公平的，会遵守监狱的规则；还有一种是相对好一点的狱警，他们会适当帮助这些犯人，也不太惩罚他们；但是，有 1/3 的狱警是很有敌意的，对这些犯人不是按规矩管理而是当成仇人对待了，会非常残忍地报复这些犯人，甚至去羞辱他们（见图4－5）。犯人一开始的时候就有了反抗，但是到后来惩罚越严厉、越粗暴的时候，犯人反而顺从了，接受自己是犯人的身份了。

研究过程中有一个编号819的犯人生了重病，痛哭流涕，表示不能坚持，研究者同意让他离开，并让他先在旁边房间休息，去帮他取个人物品。这时，狱警把所有犯人叫到走廊排队喊口号："819是个坏囚犯，因为他弄乱了我的牢房。"当研究者让这个生病的犯人离开时，他却拒绝了，说不能离开，因为他得证明自己不是一个坏囚犯。研究者很震惊，告诉他，他不是犯人，他的名字是×××，是斯坦福大学的学生，他才恍然大悟，离开了模拟监狱。从中可以看出，犯人或者狱警本身都已经把这个实验当成了真实的情况。犯人认为自己不是学生，就是犯人，不能随时脱身，得证明自己不是坏人才行，他已经不知道自己可以随时跟研究者说不参与这个研究了。

到了第五天，志愿者家长请来了律师。因为前几天曾有位牧师来监狱与犯人聊天，模拟真实监狱中的牧师工作，犯人们请求牧师找律师来解救他们。但是律师来到现场以后，表示无能为力，因为这仅仅是个实验，家长们的解救行动失败了。

实验在第六天终止了。一个来参观的博士在看到犯人戴着脚铐，脑袋上还套着袋子，被狱警吆喝着去洗厕所时，感到十分震惊，跟教授强烈抗议，指出实验不能这样虐待志愿者。这时教授才清醒过来，终止了实验。之前也有别人参观过这个实验，但没有人提出异议。教授可能已经把自己当成了监狱长，他自己也没有意识到这个实验不是真实的。

虽然这个研究一共才持续了6天，但是这期间对人性的影响是非常大的，参与者都发生了非常大的改变。对此，研究者写了一本书，叫作《路西法效应：好人是如何变成恶魔的》，后期还有报告、纪录片等。

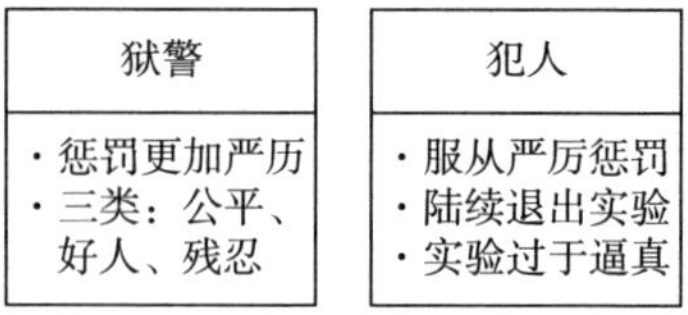

狱警	犯人
·惩罚更加严厉 ·三类：公平、好人、残忍	·服从严厉惩罚 ·陆续退出实验 ·实验过于逼真

图 4－5　斯坦福监狱实验

第三节　如何看待社会实验中的伦理问题[①]

最近，由各个政府机构赞助的大规模社会实验为社会科学家提出了某些伦理问题，这些问题一直是其他领域研究人员面临的问题：在什么情况下对人们的生命和福利进行实验是合乎道德的？应该如何使人们参与实验并补偿实验对他们造成的任何伤害？实验的好处何时足够大到让政府冒着伤害少数参与者的风险？政府应该如何以及以什么代价尽量减少这些风险？伦理行为与实验的研究质量完全不一致吗？社会科学家通常是一群务实的人，在早期的大规模实验中，他们尽可能地回答了这些问题，没有以任何系统的方式讨论它们。但随着实验数量的增加和伦理问题的复杂化，社会科学家进行这样系统的讨论变得越来越重要。[②]

一　实验伦理标准

在实验中，正如在其他所有活动中一样，政府有一项基本的道德义务，即保护受其行为影响的个人的权利和福利。在其正常的决策操作中，政府被认为可以自由地开展伤害个人或群体的活动，只要在这样做的过程中，它试图最大化某些集体社会福利的概念，并且不违反和损害

① 本节内容节选自 Gramlich & Orr L. L. The Ethics of Social Experimentation. In Rivlin A. M. , Timpane P. M. (eds.) Ethical and Legal Issues of Social Experimentation [M]. Brookings Institution, 1975。

② Rivlin A. M. , Timpane P. M. (eds.) Ethical and Legal Issues of Social Experimentation [M]. Washington, DC: The Brookings Institution, 1975.

某些基本原则和公民个人的权利。[1] 因此，只要政府认为总体国民福利会在此过程中得到改善，它就可以自由地征收会损害某些群体（消费者）的关税。但政府试图通过限制个人的某些基本权利（例如，自由或自愿结社权和契约权）来达到同样的目的是不道德的。

实验提出了一些不同的伦理问题，因为它们不是作为法定政策设计的，而是作为获取信息的工具设计的。[2] 由于受实验影响的人群在某种意义上与企业的要点无关，也由于实验者在设计和样本选择上的灵活性，政府社会政策实验满足更多人的习惯已经成为一种严格的道德标准。该标准类似于医学实验中使用的标准，它认为如果被试者自愿参与，实验者向被试者提供了所有必要的信息，并告知他们有随时退出的权利，实验就是合乎道德的。在自愿、知情同意这些条件下，个体参与者在任何时候都会感觉到实验导致他的福利发生了积极的变化——否则他将不会同意参与或保持注册。该实验可以被认为满足了永久的市场测试，因为参与者总是更看重持续参与的预期收益而不是成本。

自愿、知情同意的标准在两个方面比私人法律合同的标准更能保护公民个体的福利。一方面，政府制裁风险比大多数社会实验所涉及的风险更大，理由是个人应该自由地制定他认为有利的协议，即使最终证明并非如此。另一方面，与私人合同不同，社会实验允许参与者随时退出，从而撤销他们的同意。

当然，自愿同意提供的免受伤害保护并不能消除实验中的所有个人风险。社会实验对被试者的影响有不确定性，因此提出了预期风险和实际损失之间非常重要的区别。被试者同意参与并保持注册这一事实意味着他们在任何时候都认为继续参与的预期收益超过对他们造成的任何伤害的成本。这并不意味着他们不会受到伤害，因为这就是不确定性的本质。不应该因为这种不确定性而否定实验，但应该引导谨慎的实验者在

---

① Gottfredson D. C., Najaka S. S., Kearley B. Effectiveness of Drug Treatment Courts: Evidence from a Randomized Trial [J]. Criminology & Public Policy, 2003, 2 (2): 171-196.

② Gueron J. The Politics of Random Assignment: Implementing Studies and Impacting Policy [J]. Journal of Children's Services, 2008, 3 (1): 14-26.

实验设计中尽量减少个人损失。

要求实验者提供被试者为自己的长期最佳利益行事所需的所有信息，这带来了困难，因为大多数社会实验中的处理方法可能不能为被试者很好地理解。实验者应该通读关于被试者在给定实验中的确切权利和特权的长篇法律描述，还是应该尝试简化该描述以仅处理可能具有实际相关性的那些点？一方面，他们不想篡夺被试者的决策权，就像善意的人与穷人打交道时经常发生的那样；另一方面，他们不想给被试者太多的信息，以至于他们无法理解中心问题。无论如何，由此得出的结论是，实验者没有道德义务向被试者提供比他们为自身长期最佳利益采取行动所需的更多信息，特别是考虑到如果被试者只知道自己正在接受研究，他们可能会做出不同反应的风险。正如众所周知的霍桑效应可能暗示的那样。

解释实验伦理的公认条件的最后一个困难在于被试者是否理解他们自己对实验的同意。彼得·布朗（Peter Brown）认为，如果被试者无法看到足够远的未来以了解实验将如何影响他们，即使他们同意，允许他们参加实验也是不道德的。布朗对公认定义的扩展提出了一个问题，即在保护短视人群免受社会实验者的侵害时，即使他们出于非理性原因想要参加实验，阻止他们参与实验是否反过来又侵犯了他们的自由。这种保护可能与让实验者“简化”对穷人的权利和特权的描述一样不民主。除此之外，如果没有一些新的和出乎意料的心理突破，永远不可能确定一个特定的被试者是否真的理解他同意的内容，因此该实验实际上是否符合伦理、被试者是否知情同意的问题，基本上无法解决。

出于这个原因，布朗对“同意”的扩展定义根本不能用作操作指南。在它之下，一个试图以可靠的道德方式行事的决策者根本无法进行任何实验。虽然这可能是最可靠的道德方式，但这通常不是进行实验的最佳方式。如果政策的效果确实存在很大的不确定性，那么设计和进行替代计划的实验以确定政策的收益和成本，比在没有这些知识的情况下简单地进行国家计划要负责任得多。

然而，“同意”的狭义定义只是这样，并且可能会产生某些问题，即使是有能力同意的人也可能有盲点或不理性，特别是如果他们是没有受过教育的低收入人群，他们很可能成为大多数实验的调查对象。因此，虽然在社会实验中应该使用“同意”的狭义定义，但政府实验者应该向后倾斜，以尽量减少某些被试者的不知情同意可能导致的任何事后伤害或困难。在适当的保护措施下，实验者在狭义定义下运作。因此允许进行表面上不违反道德的实验，即使他们的工作以更严格的道德标准衡量，也不会造成太大伤害。

二　做还是不做实验

在什么情况下，政府应该冒着社会实验所带来的伦理困难的风险，从实验产生的信息中获得可能更大的好处？决策应基于实验收益和成本的比较，其中两者都被定义为涉及参与者（或受实验影响的其他人）的任何福利收益或损失。[①] 一方面，如果好处足够大，这条规则允许进行实验，即使它们可能对一些参与者造成伤害；另一方面，事实证明，伦理考虑和研究考虑都主张以对参与者造成伤害的风险尽可能小的方式设计实验。

实验的主要好处包括获得对一些政策行为的反应的信息（劳动力供应、医疗保险利用、住房需求、教育绩效），有了这些信息，政府将能够更好地制定政策，带来理想水平的收入支持、某些商品或服务的消费、教育改善或其他任何事情。实验的研究价值取决于实验在何种程度上降低对政策行为反应的不确定性以及衡量次优政策的成本。

除了对直接参与者的影响之外，正常的收益成本计算表明，如果一项实验的研究价值大于预算成本，则应该进行实验，否则就不进行。这样的标准很难适用，因为好处既涉及不确定性，也涉及对某些领域人们

---

① Oakley A., Strange V., et al. Using Random Allocation to Evaluate Social Interventions: Three Recent U. K. Examples [J]. The Annals of the American Academy of Political and Social Science, 2003, 589 (1): 170 - 189.

消费不足的重要性的判断，但这个困难显然不比社会政策更严重，如果政府愿意对立法政策进行直观的政治利益成本判断的话，它应该对实验做同样的事情。从个人的角度来看，自愿同意程序的应用可确保每个参与者都必须将参与的事前利益视为积极的。因此，所有科目的净参与收益也将是正的。因此，在决定是否进行实验时，政府可以放心地忽略对被试者净参与收益的计算，因为同意参与的被试者本身将基于这些理由接受实验。尽管这有点牵强，人们甚至可以争辩说，纯粹的研究收益成本计算不利于实验，因为它忽略了参与者的积极事前净收益。

虽然计算参与者的净收益似乎只是学术兴趣，但实际上这可能是社会实验中争论最广泛的伦理问题。由于这些实验通常涉及向有需要的人提供服务，当地居民代表提出的主要问题更有可能是为什么不能让更多的人参与实验，而不是人们是否应该或不应该参加。换句话说，他们假设事前利益是积极的，并希望将其扩展到更多人，或者至少扩展到更多有需要的人。如果这种观点背后的期望是现实的，那么对实验伦理问题的关注可能是错误的。

尽管实验中的所有参与者都期望获得积极的净收益，但可能受实验影响未获得同意的非参与者不期望。迄今为止，大多数大规模实验可能只给非参与者带来了微不足道的成本，但这些成本在未来的一些实验中可能会变得很重要。例如，在住房补贴供给实验中，整个实验城市的房价和租金很可能会被推高，这将使所有竞标相同住房的中等收入和高收入非参与者的处境变得更糟。在这种情况下，应将某种形式的同意原则扩展到可能受到影响的非参与者。很难确定应该如何进行，因为即使他们想被排除在外，实验者也可能无法将居住在某个地区的人排除在实验的影响之外；至少，实验者应获取这些被影响的非参与者的代表的同意。通过这种方式，实验至少可以满足受影响的非参与者作为一个群体（如果不是单独的）的共识伦理标准。

研究还主张将参与者的风险降至最低。如果实验包含极端风险或由于任何其他原因看起来不吸引人，则拒绝参与的比例或流失率可能很高。因此，实验样本对整个被试者群体的代表性较差，实验结果也相应地不太有用。实验者可能会尝试通过更高的现金激励来尽量降低拒绝参与的比例和流失率，但这将导致更高的预算成本，这再次使实验从研究的角度来看不太理想。

三　健康保险实验中的伦理问题

社会实验者试图最小化“事后福利损失”以及设计被被试者视为“事前净福利收益”干预的道德义务，这通常会引发重大的设计和操作问题。健康保险实验说明了实验中涉及的伦理问题和可能的解决方案的类型。

健康保险研究的参与者将获得一份保险单，该保险单规定报销各种承保服务的医疗费用，具有不同水平的免赔额和共付额。实验的范围从全覆盖政策（无免赔额或共付额）到具有25%或50%共同保险费率的计划，再到具有大量免赔额的计划。然而，在所有计划中，一旦家庭的医疗支出达到家庭收入的特定比例，医疗费用将得到全额报销。

该研究的一个主要目标是确定不同程度的费用分摊对医疗保健需求的影响。因此，有必要要求参与者放弃他们可能持有的任何现有健康保险计划的福利，以便他们仅对实验的政策条款做出反应。这增加了一种可能性，即参与者接受一项具有费用分摊要求的实验计划，该计划提供的福利远低于他们现有的保险，从而使家庭的经济状况变得更糟。

为了防止这种可能性，实验设计包括定期向参与者支付现金，以确保即使在最坏的情况下，每个家庭也不会因参与实验而遭受经济损失。实验计划下的“最坏情况”是家庭的费用分摊责任达到极限。为了计算家庭的年度现金支付，该数字减去在现有保险最慷慨的条款（通常是住院条款）下家庭在总支出水平下可能产生的费用分摊负债以及由家庭支付的保费。其余部分将以现金形式分期支付给家庭。由于这些现金将支付给参与者而不考虑他们的实际医疗保健消费，大多数家庭最终的财务状况将比现有保险条件下更好。没有一个家庭会更糟。

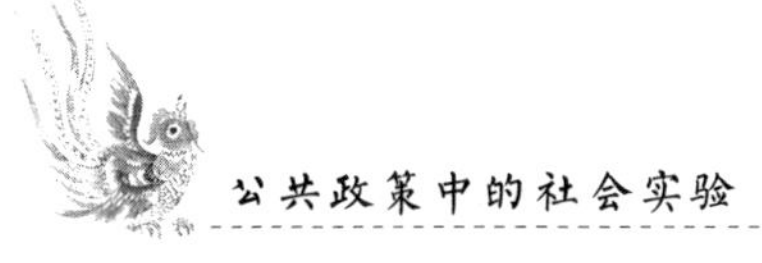

该研究还制定了特殊程序以避免与终止实验有关的伤害。很可能有少数参与者在实验过程中无法获得健康保险，面临重大的事后福利损失，因此他们没有被要求在注册时放弃现有的保险。相反，现有的覆盖范围将在整个实验过程中保持有效。该实验将为这些保单支付任何保费，并鼓励参与者利用他们可能有资格获得的新保险机会（例如，由于工作变动），但参与者将同意不针对该保险提出索赔。这些政策的好处将由家庭分配给实验，当索赔与实验一起提交时，实验将根据政策收回利益。收回的利益应包括支付保费的成本，以保持非实验性政策的有效性。

一个更隐蔽的伦理问题涉及在实验中面临高共同保险费率的参与者可能会消费不足的医疗保健，从而损害他们的健康。当然，这种风险的重要性取决于对价格的实际反应的程度，这是正在研究的中心问题，也是先验未知的。护理消费不足的概念本身是无法定义的。在实验中，选择多少护理费用仍然在医生的建议下由家庭决定，除非人们愿意对家庭“应该”消耗的护理费用采用某种家长式标准，否则很难挑剔他们的决定。这项实验使所有家庭都将拥有更高的货币收入，因此如果他们愿意，他们将能够花更多的钱在医疗保健上。此外，他们将受到保护，免于与其收入相关的灾难性医疗费用。实验参与者的健康保险风险并不是独一无二的。他们自由选择接受或拒绝实验性保险，就像所有家庭通常选择不同级别的健康保险一样——或者根本没有健康保险。然而，与其他家庭不同的是，参与者可以随时取消这一选择并恢复到之前的保险，无论他们的健康状况如何。最后，无论涉及何种风险，都仅限于那些参与实验产生的成本比保持原来状态产生的成本高的家庭。实验中的许多家庭将获得更高的覆盖率，并且几乎所有家庭都将获得更全面的服务范围——尤其是门诊和预防服务——而不是其他情况。考虑到所有因素，只有当人们不愿意让实验研究的参与者做出几乎所有家庭在正常生活过程中做出的相同类型的决定时，消费不足似乎才会在健康保险实验中构成伦理问题。

在健康保险实验中，为参与者提供他们为自己的长期最佳利益行事所需的所有信息尤其困难。使采访、报告、家庭分裂处理等通常的实验复杂性程度更高的是健康保险的固有复杂性、现有保险福利的分配安排和现金支付。实验者尽一切努力以参与者可以理解的语言全面而诚实地呈现实验的所有这些方面。在登记时，家庭将得到关于他们在实验下的权利和义务的口头和书面解释，包括涵盖的医疗服务、共同保险条款和灾难性保险、福利分配、他们在退出或终止时恢复现有保险的权利，以及他们提出索赔和参加面谈的义务。实验者提供家庭实验计划及其现有覆盖范围的详细书面比较，并请家庭成员推迟他们的决定，直到他们有时间研究这些材料，征求法律或个人建议，或联系任何政府名单上可以保证实验合法性的官员和社区领袖。一旦一个家庭选择参与，他们将被要求签署一份协议，详细说明他们在实验中的主要权利和责任。还提醒他们如果在实验过程中更换工作，他们有权用实验费用购买新的非实验保险，或退出实验。除了决定退出实验之外，协议中没有任何内容对家庭有约束力；但是，只要家庭继续参与，实验就受协议条款的约束。

健康保险实验还提出了关于实验者有责任告知参与者与实验本身无关的事实的问题。为了获得必要的基线数据，一些参与者在开始实验之前接受了身体检查。如果这项检查表明参与者需要立即就医，则实验者面临着他的科学目标与道德义务之间的冲突。如果鼓励参与者寻求护理，他们的健康可能会改善，但实验结果会出现偏差。虽然没有人会如此认真地对待这个实验，以至于拒绝通知那些重病患者他们需要护理，但在实践中最难决定在哪里划清界限，甚至可能在提供科目时出现问题。如果他们开始相信该实验正在维护他们的健康并且未能自行寻求诊断或预防性护理，那么他们会过多地被鼓励寻求医疗保健。该问题已通过向参与者的医生提供所有体检结果而得到解决；为评估这项检查对服务利用的影响，该亚组将与未接受体检的参与者进行比较。现在判断这些程序的有效性还为时过早。对一小部分家庭试点样本的有限经验确实表明他们对自己在实验中的利益和义务有相当多的了解。

虽然健康保险实验中遇到的许多问题是该实验所独有的，但它们确实有助于说明几个一般性观点。最重要的是，“同意”的扩展定义不能作为决定是否做实验的操作指南——如果没有其他原因，实验者不可能知道参与者是否彻底了解实验是如何进行的。从长远来看这会影响他们。实验者唯一能做的就是诚实而完整地向被试者提供与他们自己决定参与相关的所有信息——即使这也是一项艰巨的任务。除此之外，健康保险的例子说明了这样一个事实，即研究目标和伦理考虑并不一定冲突，因为诱导参与的必要现金支付的越少，事后个人损失的可能性就越小。最后，该实验证明了社会实验在最大限度地减少这些可能的事后损失方面有多大的自由度，从而满足非常严格的道德标准。

第五章　社会实验的设计

包括社会实验在内的研究设计有很多，所以本章首先是要明确研究设计都有哪些，如何给它们分类并划分为不同的层次，并明确社会实验在所有社会科学研究设计当中处在什么样的位置。其次，本章会介绍一些重要的概念。每一个学科都有自己的话语体系，这些概念就是社会实验方法的话语体系。很多概念有很大的区别，在运用时需要格外注意。此外，会有 4 个案例分析，这些案例不一定是研究设计很强的社会实验，重点是要分析这些案例的局限性在哪里，并思考自己做研究的时候应该怎样改善。

在此之前，需要先对“研究设计”这个名词进行辨析。研究范式、研究方法与研究设计是一个由宏观到微观的顺序。其一，研究范式。这是一个较为宏观的概念，也是一个偏理论化的概念。每一个学科都有自己的范式，人文、社会和自然科学这三大类学科，都遵从着不同的范式。基于不同的认识论，范式会上升到哲学的层面，比如实证主义的范式[①]、人文主义的范式。其二，研究方法。根据实证主义和人文主义，衍生出定量的研究方法和定性的研究方法。不同的学科分类有不同的研究范式和不同的研究方法。其三，研究设计。其定义是计划和实施一项研究的方式，以便回答特定类型的研究问题。研究设计是最具体的、最微观的一个概念，它基于不同的研究问题。研究问题不同，研究设计就不一样。研究设计是从研究方法中选取了最合适的方法来回答具体的研

① 李海荣，王琳．社会政策评估的哲学基础、实践形式与交互影响因素［J］．重庆社会科学，2020（6）．

究问题。比如，北京师范大学每个班都有雪绒花使者，研究问题就可以是在校学生对雪绒花使者的满意程度。根据这个研究问题需要做一个什么样的研究设计？可以从研究方法里面进行选择，例如，选择一个定量的研究方法。先设计一个问卷，发放给研究者感兴趣的所有群体，比如北京师范大学的大一本科新生。从中选一两百人，让他们回答问卷，之后分析数据，就可以得出大一本科新生对雪绒花使者的满意度，这就是一个研究设计。根据具体的研究问题，选择一个适当的研究方法做研究设计，它需要具体到研究群体、研究时间、希望得到的变量的类型、如何分析数据等。

研究方法本身是没有优劣之分的，关键在于能否回答好研究问题。研究设计是有优劣之分的，这取决于选择的研究方法是否适合研究问题。比如上面提到的雪绒花使者的问题，不用定量的研究方法，用定性的研究方法也可以做研究设计。例如，用访谈的方式，对 20 ~ 30 个大一新生每个人进行 20 分钟的访谈，得出他们对雪绒花使者的满意程度，这也可以回答研究问题。但同样是回答这一个研究问题，定量的方法好还是定性的方法更好？用定量的方法样本更多，很容易获得一两百个样本。而定性的方法很难得到这么多样本，因为访谈需要花费较长时间。当然，不一定样本多就是好的，因为还要考虑其他的现实问题。但是，对这个问题而言，样本多意味着研究对象更有代表性。因为大一新生有几千人，只采访几十个人，无法保证代表性。每一个具体的研究问题都可以有很多种研究设计，可以用很多方式，但是要选一个能最好地回答这个问题的研究设计。

研究设计的目的是探究“原因”对一群人的影响，这个“原因”可以是一个公共政策、公共项目。在社会政策研究当中，因变量就是社会问题，自变量是实施的或者改革创新的政策、项目。通过政策来解决社会问题，这就是自变量与因变量的关系。你希望政策对群体有什么样的影响？影响的方向、影响的程度有没有达到你的期望？例如，研究医保政策对低收入群体健康的影响。这就是研究设计需要回答的一个问题，需要考虑怎么用更合适的研究设计来更好地回答这个研究问题。

一个研究问题可以用不同的研究设计进行评估，但我们得到的结论有多精确取决于研究设计。在实际生活中要根据研究问题、预算和后勤问题，选择一个最可行的、最现实的研究设计。在真正做研究的时候，最大的问题是预算，因为社会实验是一个花费巨大的研究方法。笔者个人参与过但没有主持过社会实验研究方法的项目，因为缺乏足够多的经费。在笔者攻读博士期间，在研究方法课上，学到社会实验时，许多同学都对这个方法感兴趣，都想用这个方法做一个研究设计更强、质量更高的毕业论文。但是大部分人都被老师劝退了，因为成本巨大，花费时间长，研究难度很大。最后，只有一个同学用社会实验的方法进行研究，但他的代价是延迟两年毕业。他不是完全独立做的，而是和当地一个小学的校区合作，开展教育方面的研究。该同学是墨西哥裔，想研究怎样将西班牙语教学融入双语教学，以及这对孩子的学习质量，尤其是语文方面的学习质量有什么样的影响。其实这个问题比较简单，很多研究方法都可以解决，可以做很多的设计。但他当时兼职做小学老师，于是想和当地学校进行合作，使用社会实验的研究方法。在研究过程中，他可以提建议，但由于他不是支付经费的一方，不能独立决定实验的时间和规模。当地学校通过政府财政支出为实验支付经费，因为学校有很多墨西哥裔，当地学校想了解将西班牙语教学融入双语教学是否有好处。该研究等了相当长一段时间才得以开展，因为需要当地学校获得家长、学生、老师的同意。由于是和政府合作的公费项目，该研究很公开，很正式。研究把不同的学生分配到两个不同的班，一个是双语教学班，另一个是非双语教学班。实验采取随机分配的方式，在电视上直播了摇号的过程。实验最后得出的结果是双语教学是有好处的。对于家庭成员大多说西班牙语的孩子而言，教学语言如果存在割裂，可能对他的学业成就产生影响，所以双语教学很有益处。但是，即使该研究花费了两年的时间，最后的样本量也只有五六十个。当然，这已经是一个研究设计很强的社会实验了。在后勤方面，该研究需要有经费、时间、专业

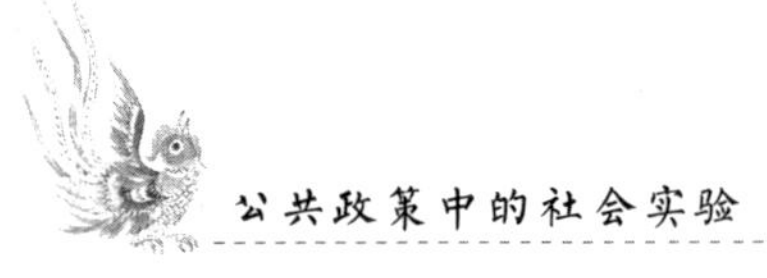

人员，基本上不可能一个人独立完成，需要有训练有素或者至少受过社会实验方面训练的人员去实行。因此，可行性是现实中非常重要的决定研究设计的一个方面。

最后，在解释研究结果和评估证据强度的时候，也需要考虑研究设计。比如在证据部分讲到的证据集，有6个不同的指标，指标都达到最好时研究是最有力的。

研究设计有优劣之分，通常社会实验研究就是最强的研究设计，只要预算方面能够满足。当然，有一些问题可能是专门需要定性研究来解决的。比如，雪绒花使者的问题，定量研究适合去大样本地收集数据，了解大家对雪绒花使者的满意度，但是定性研究（例如访谈）可能会很好地解决为什么大家满意度不高的问题。

第一节　观察性设计与干预设计

研究设计主要分为两大类，一类是观察性设计，一类是干预设计。

观察性设计，顾名思义，研究的参与者是被“观察”的，或者被问到关于他们日常生活的问题。例如，对雪绒花使者的满意度这样一个问题，如何进行观察？定性层面，有一种研究方式叫作参与观察式。研究者直接深入雪绒花使者群体当中去观察，或者深入本科新生群体中，去引导一个关于雪绒花使者的对话，观察他们的反馈。定量层面，比较常见的是用问卷的方法，这些回答问卷的人可以被称为被试者。他们是一个研究的参与者，不需要对自身生活进行任何改变，不需要额外做任何事情。当然，间接意义上，问卷有可能会对参与者的认知产生影响，使其更重视雪绒花使者，或者更多地去思考。

与观察性设计相对应的是干预设计，顾名思义，不只是观察参与者，还要对其进行一定的干预。研究需要参与者完成某些额外的任务，作为研究的一部分。参与者参与一个项目、从事一项活动，或者参与一个政策，都可能是研究的一部分。比如，参与一个补充医保（不是为全民提供的医保，而是由研究单独提供的额外福利），这就是一个干预，这个干预改变了他们的日常生活。

观察性设计和干预设计存在鄙视链。如果不看具体研究问题，一般来说，与观察性设计相比，干预设计的研究设计更强。

一　研究设计的层次

如图 5－1 所示，圆环由外向内，研究数量由多到少。数量的多寡与难易程度有关，越简单的研究设计，做的人越多，因为需要研究者花费的时间、金钱少。

（一）截面研究

截面研究是观察性研究的一种，是一次性的研究。比如针对雪绒花使者满意度这个问题，制作一次性的研究问卷并发出 200 份。这意味着研究者只做了一次性的研究，就叫截面研究。截面研究相当于把时间线截面，对其中一个点进行研究。对此，定量和定性的研究方法没有严格意义上的区分，都可以进行截面研究，上述的调查问卷是定量的方法，定性的方法可以是一次性的访谈。一次性的访谈不是指一次性做 20 个人的访谈，而是对每一个研究参与者都进行一次访谈。比如，今天对一位参与者进行一个访谈，明天对另一位参与者进行一个访谈，后天又对另一位参与者进行一个访谈，一共做 20 天的访谈，这也是一个截面研究。因为，从研究参与者的角度而言，这 20 个人中每个人都只进行了一次访谈。

（二）队列研究或纵向研究

队列研究或纵向研究也属于观察性研究，但不是一次性的，可以分为多次，且二者是有区别的。例如，今天发放 200 份问卷，假设收回 200 份，隔一个月再给这同样的 200 个人发 200 份问卷，就是队列研究。如果第二次发的 200 份问卷不局限于同样的 200 个人，就是纵向研究。

队列研究有很具体的参与群体，研究期间对他们进行跟踪。在此过程中，参与者可能因为自然疾病或者其他原因退出，甚至有死亡的情

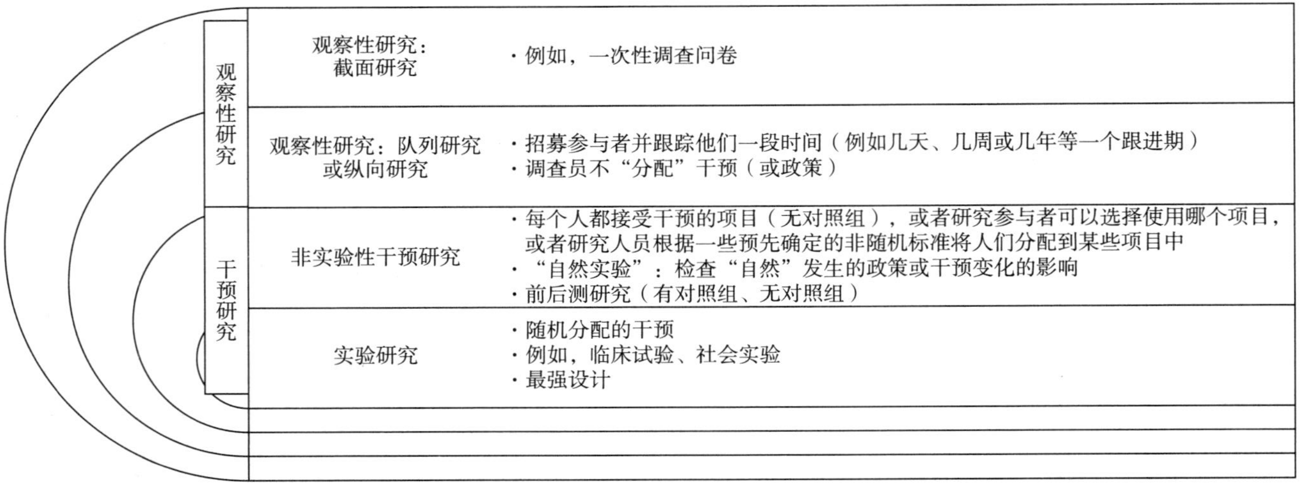

观察性研究
干预研究
观察性研究：截面研究
·例如，一次性调查问卷
观察性研究：队列研究或纵向研究
·招募参与者并跟踪他们一段时间（例如几天、几周或几年等一个跟进期）
·调查员不“分配”干预（或政策）
非实验性干预研究
·每个人都接受干预的项目（无对照组），或者研究参与者可以选择使用哪个项目，或者研究人员根据一些预先确定的非随机标准将人们分配到某些项目中
·“自然实验”：检查“自然”发生的政策或干预变化的影响
·前后测研究（有对照组、无对照组）
实验研究
·随机分配的干预
·例如，临床试验、社会实验
·最强设计

图 5－1　研究设计的层次

况，但是跟踪对象不会改变，在上面的例子中就是这200个人。跟踪时间一般是1个月、3个月或者6个月，因为研究者需要观察他们的变化，短时间很难观察到变化。比如雪绒花使者满意度这种认知上的问题，一般需要几个月才会产生认知上的变化，而跟踪几年时间则成本高昂。当然，美国有特别大型的生命周期研究，对上千个孩子，从出生跟踪到去世，持续了六七十年的时间，研究花费巨大。因此，根据具体的研究问题，政策实施之后，跟踪1个月、3个月或6个月的时间，是比较现实、可行的。

队列研究或者纵向研究有一个共同点，即它们并不由研究人员分配任何的干预或者政策，因为它们是一种观察性研究，不需要做额外的干预。研究者可能需要跟踪参与者，让他们每三个月回答一次问卷，而不需要将参与者分配进实验组和对照组。观察性研究之中的队列研究或者纵向研究的数据是面板数据，有多个时间点，至少两个时间点。时间点就是测量的次数，如果有合适的间隔，时间点越多越好，研究的次数越多越好。

（三）非实验性干预研究

非实验性干预研究是一种干预研究，主要包括每个人都接受干预的项目、“自然实验”和前后测研究，这三种研究的研究设计强度由强到弱。

1. 每个人都接受干预的项目

每个人都接受干预的项目没有对照组。比如全民的医保政策，每个人都会接受医保项目，就等于所有人都接受实验的干预，所以没有对照组。这种研究主要通过干预前后对比进行研究，即自己和自己比较。比如，在全民医保政策实施之前，做一个测量（问卷、访谈、医院的测试等），了解被试者的健康状况。在政策实施之后，1个月、3个月或者6个月再做一次测试。在没有对照组的情况下，将干预之前和之后的情况进行对比。但这存在一个问题，即无法保证这段时间被试者的变化是政策带来的影响，被试者身体状况的改善有可能是因为时间的推移，而不是因为医保政策。

社会实验的研究方法，要满足有干预、有对照组和随机分配三个条件。从数量上看，非实验性干预研究要比实验研究多很多。其中有经费的原因，有可行性的问题，还有可能是研究者无法操控的。研究者对“医保对人的健康影响”问题感兴趣，但是事实上很难建构对照组，只能采用非实验性干预研究。研究者根据预先确定的非随机标准，把被试者分配到某些项目当中。在之前的章节中讲过，随机的方法有摇号、抛硬币、Excel生成随机数等。非随机不是一个偶然性、机会性的标准。比如，在补充医保研究中，研究者需要进行干预，把一些人分配到补充医保，把另一些人分配到全民医保。分配的标准可以是年龄、受教育程度、性别或者地区经济收入水平等。这不是随机的标准，而是研究人员给定的固定标准，在很多时候是按需分配。例如，如果研究者觉得年纪大的人需要更多的医保支付，就会把年纪大的人分配到补充医保。

2. “自然实验”

“自然实验”之所以加引号，是因为它不是自然科学的实验，而是社会实验中自然发生、自然进行的一种实验。“自然实验”的定义是探究“自然”发生的政策或者干预变化的影响。“自然”发生就意味着不是研究者主动进行的干预和政策，是在外力之下进行的干预或者政策。从严格意义上而言，它不是一种真正的实验。

这种方式的研究设计非常多。图5-1是按照长期以来社会科学研究中不同研究设计的难易程度、数量多寡来划分的。但是，近年来“自然实验”的数量可能是最多的。因为在西方近十几年到二十年，在国内可能三五年，实验方法非常热门，但是存在很多可行性的问题，缺乏经费，操作复杂。而且在国内做实验难度大，如果用政策做实验，很多人不愿意接受，觉得用人做实验是有违伦理的，或者产生为什么要接受实验的想法，西方可能接受度相对高一点。所以，不能用“实验”这个名称，只能称之为“自然实验”。

例如，绪论中讲到的“新农保”试点就是一个“自然实验”。在

2009 年，“新农保”试点范围覆盖了全国 10% 的农村区县。覆盖的 10% 可以看作实验组，另外未覆盖的 90% 是对照组，因为不在试点范围内的人是不能参与“新农保”的。对于研究者来说，“新农保”政策是自然发生的、不可控的，不是研究者主观意图上产生的政策。研究者不可能要求农业部出台一项政策，只能在这个政策出台之后，或者在这个政策进行之前，知道有这么一个政策的存在，然后与政府合作，通过问卷或者访谈的方式进行研究。这个实验是研究者利用国家推行的政策进行的一个“自然实验”，不是真正的实验，而是准实验研究。

试点有一个很大的问题。从政策扩散角度看，接受试点的是实验组，不接受的是对照组。试点选取和扩散的标准是什么？它是随机的吗？这是非常重要的，因为是否随机是判断某项研究是不是实验的一个非常硬性的标准。[①] 试点的选择通常不是随机的，第一，地方本来就有这个项目，比如某地方创新了一种农村养老保险，省政府或者中央政府认可其价值，想在全省或者全国推行，但是又不确定这个政策是否在所有地区都有效，就要进行试点。第二，在没有先行的政策创新的情况下，国家在很大程度上是按需进行试点的。以养老保险为例，最先试点的地方是老年人多或者收入水平低的省市。第三，国家选取有代表性、典型性的一些省市试点。例如，从东、中、西每个区域根据不同的收入水平、人口结构、教育水平等选取 10% 的城市。这不是真正的随机，随机能解决的问题它不能解决。比如，收入、人口、行业结构、教育水平等因素，试点的 10% 与其余的 90% 是类似的，但是其他测量不到的因素可能不是类似的，例如基因、遗传、文化特性、人口特性等很多因素难以用一个定量的标准测量。但是，它们有可能产生影响，让实验组和对照组有群体上的区别，所以它不是一个严格意义上的实验。

这种“自然实验”为什么多？因为政策，尤其是试点政策，非常易于运用。在很大意义上，国内试点的目的分为试对和试错两种。试对

① 刘军强，胡国鹏，李振．试点与实验：社会实验法及其对试点机制的启示［J］．政治学研究，2018（4）．

是看该政策有没有效果，试错是看该政策有没有不良的影响。因此，国内试点非常多，既有全国层面的，也有各省层面的，可以拿来做“自然实验”。在西方，试点被称为政策推广或者政策扩散，其实也非常多，但是其主要不是为了测试有效性，而是因为预算，这是一个非常实际的问题。在国内，很多政策（如精准扶贫、乡村振兴等）是保障民生的项目和政策，经济成本可能很大。但是，在西方并不如此，因为政府的预算很有限。必须用有限的资金去做尽可能多的事情，经常能听到这样的消息，尤其是在疫情期间，美国政府要停摆了，政府要破产了，公务员没有工资而去开出租车了。这是西方很现实的一个问题，西方政府需要在保证政府正常运转的基础上，用有限的预算做实验。这种实验或者这种试点类的政策推广，类似于一种商业模式。如果政策有效，比如用100 万美元能够降低高犯罪率地区的犯罪率，实验报告便是进一步给予财政预算和拨款的依据。[①] 国外的成本收益分析就是一种可行性评估，考虑为什么要投入这些资金，收益值不值的问题。收益不只是金钱方面，也包括社会效益。

3. 前后测研究

前后测研究也是非实验性干预研究，因为它有可能有对照组，也有可能没有对照组，也没有随机的标准。它的特点是有前后测，即在实验之前有一个测量，在实验之后再有一个测量，或者是多个测量。前后测研究可以算是非实验性干预研究当中最简单的一种。许多全民的政策，比如“三孩”政策，可以被作为“自然实验”，它们是国家实行的政策，研究者本人无法控制，只能进行前后测。

假设在没有某项目的情况下会发生什么的一种简单的方法是，使用参与者在进入该项目之前的数据。例如，在职业培训计划研究中，可能会使用参与者申请该计划前一年的收入；在针对高中生的辅导教育计划中，可能会使用学生上一学年的成绩。然后，研究者将通过计划参与前

① Greenberg D., & Shroder M. The Digest of Social Experiments［M］. Washington, DC: The Urban Institute Press, 2004.

一年和后一年之间的收入或成绩变化来衡量该计划的影响。这种设计的优点是只需要参与者的数据。

但事前设计并不总是可行的。[①] 某些机构可能会阻止在干预开始之前收集相关数据，或者在预计划期间可能未定义研究者感兴趣的结果。例如，评估一项产前护理计划，主要关注的结果是婴儿健康，但某些变量的测量没有在预计划期间确定。

即使可以收集预计划数据，但由于多种原因，在项目进入之前的一段时间内的行为可能无法很好地预测在没有项目的情况下会发生什么。该项目的外部因素可能会在同一时间段内发生变化。例如，就培训计划而言，除了计划的任何影响外，当地经济的改善也可能会导致收入增加，前后测会错误地将收入的这种增加归因于该计划。

对参与者的测量结果也可能随着时间推移而改变。例如，假设我们希望衡量学前教育计划对儿童社交技能的影响。即使没有该计划，孩子的社交技能也有望随着时间的推移而提升。因此，将无论如何都会发生的社交技能的提升也包括其中，会夸大该计划的影响。几乎相同类型的成熟效应可能会影响进入就业市场的青少年的就业和收入。因此，岗前测量可能夸大了职业培训计划对青年工人的影响。

即使在大规模或成熟效应的人群的结果测量中没有明显的长期趋势，如果平均而言，计划前时期对参与者来说是非典型的，则前后测设计也会产生误导性结论。例如，个人通常在失业时申请职业培训计划。然而，即使没有该计划的帮助，一些参与者最终还是会自己找到工作。因此，在没有该计划的情况下，职业培训参与者的收入会从进入计划前的时期到进入后的时期呈现上升趋势。统计学家将此称为“回归均值”。

个人在兴趣结果异常低（或高）时参与公共计划项目的这种现象不仅限于职业培训计划。人们自然倾向于在他们最需要的时候申请社会项目。此外，社会项目通常根据需求选择参与者。如果即使没有计划的

① 和经纬．中国公共政策评估研究的方法论取向：走向实证主义［J］．中国行政管理，2008（9）．

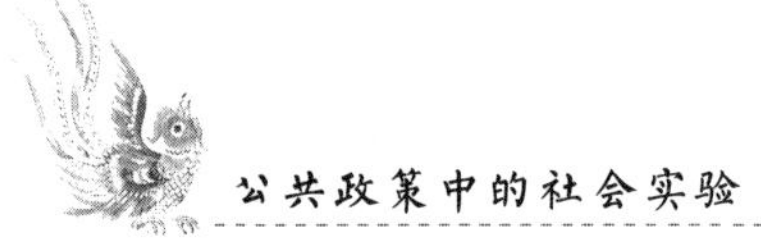

帮助，这些需求也只是暂时的，那么对需求的选择将导致“回归均值”，在计划进入时需求最大，随着时间的推移而下降。在这种情况下，简单地计算前后差异将夸大该计划的效果。

（四）实验研究

实验研究是数量非常少的一种研究，因为它成本巨大，很耗费时间，实施起来也相对困难。但它确实是因果推断最强的一种研究设计。

如前所述，实验研究需要随机分配，需要研究者进行主动意义上的干预，并且研究者能够控制这种干预，这也是实验研究与非实验性干预研究之间的关键区别。实验研究不仅应用于社会科学领域，临床试验也有非常多的实验研究。

综上，截面研究和队列研究或者纵向研究都是观察性研究。非实验性干预研究（或者称为准实验）和实验研究都是干预研究。研究设计存在一个鄙视链，图 5 - 1 从上到下，研究设计强度逐渐增大。这就是研究设计根据设计强度、设计质量的一个分层。

麻省理工学院 Jameel 贫困行动实验室（主要做非美国地区的实验）流传这么一段话：“影响评估的关键挑战是找到一群没有参与但与参与者没有接受该项目的情况非常相似的人。衡量这个对照组的结果将尽可能接近衡量‘参与者不接受会如何’。有很多方法可以做到这一点，每种方法都有自己的假设。”这一段话是在说实验研究。也就是说，首先要有一群参与的人和一群没有参与的人，二者非常相似，所以很多研究用双胞胎做实验。因为双胞胎被默认是最相似的两个人，他们在年龄、性别、受教育程度等人口特征方面，甚至在基因这种难以控制的成分方面都很相似。研究者要做的就是找到一群和参与者非常相似的人作为对照组，其实就是要构建一个反事实。[①] 参与者参与了这个项目是事实。反事实是该参与者不参加这个项目。有很多方法能够构建反事实，实验方法是最优的方法。在现实的限制下，某些准实验的方法也可行。每个

① 刘玮辰，郭俊华，史冬波．如何科学评估公共政策？——政策评估中的反事实框架及匹配方法的应用［J］．公共行政评论，2021（1）．

方法有自身的优劣。就像实验本身研究设计强度和质量相对较高，但是很多人提出反对，因为实验存在伦理问题，可行性低。

二　重要概念

（一）社会实验

社会实验需要有比较、有随机分配，以及干预。而且实验不一定只是两个组（一个实验组和一个对照组），实际上也可以有多个组。例如，先不考虑伦理问题，可以将被试者分成一部分人没有医保，一部分人有普通医保，一部分人有补充医保这三个组，比较不同的政策干预对被试者的影响，对照组不干预。

学术研究中多用随机对照试验（Randomized Controlled Trials，RCT）指代社会实验。社会实验还有 True Experiments、Randomized Control、Random Assignment Studies、Randomized Field Trials、Randomized Experiments、Randomized Controlled Experiments 等多种说法，但是比较通用的说法还是 RCT。

（二）干预

实验的关键是有一个研究者能够控制的干预，并且分配给对照组和实验组不同的干预。一般对实验组施加政策干预，对对照组不施加干预（给予其现有的政策制度）。从伦理角度讲，不能剥夺人现有的政策，比如参与者不参加研究就能获得医保，但是参加研究后反而失去医保参与资格，这是不符合伦理的。实验组的干预，可能会有多种的干预方式（感兴趣的项目或政策的变体）。比如，激励儿童接种疫苗案例中，一种干预是增加疫苗接种点，另一种干预是给扁豆，还有一种是既增加接种点又给扁豆，进而有助于发现是政策的哪一具体部分在发生作用。此外，干预也称为“调查员指定的暴露或干预”。“暴露”这个词来自医学，一般是说暴露在一种疾病或者病毒之下。

在干预的过程中，要区分好实验组和对照组，保证干预施加于实验

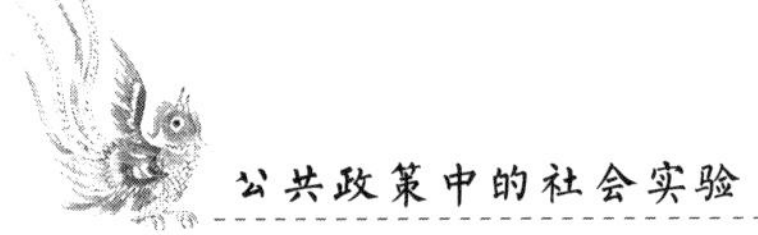

组且没有施加于对照组，要避免实验组和对照组互相“污染”。[①] 在雪绒花使者满意度研究中，介绍宣传推广雪绒花使者项目，例如讲座、在全校范围发传单、学校层面下发通知等，都可以视为干预。比如，研究想通过在全校范围发传单来提升对雪绒花使者的满意度，就需要明确传单发放人群、张贴传单渠道等，才能把传单只发给实验组的成员。

干预之外也存在“污染”的可能。例如，20 世纪八九十年代进行的福利改革实验，是由地方福利机构进行的，这不仅有利于减轻研究人员编写大量程序手册的负担，还可确保管理按计划进行。然而，对现有行政机构的依赖不应免除研究人员检查这些机构的做法、程序和理念，以确保它们与正在测试的项目一致。其中一项针对妇女的就业和培训服务的实验就存在“污染”，一个实施者、服务的提供者主动告诉妇女，不要接受就业。这就是干预之外的“污染”。实施者为什么要这样做？因为他自认为对这个项目很熟悉，知道如果妇女去就业，她们就得不到就业援助和就业补偿。这和项目的初衷、政策本身的方向相反，所以也是“污染”，是实施过程中出现的一个问题。[②]

因此，在干预过程中，除了给定实验组干预之外，还需要做好实施层面的监督，以确保干预只给了实验组而没有给对照组。在设计干预的时候，应该考虑监督怎么能比较可行？如果样本量比较大，怎么能够监督？实地考察、打电话、网络追踪都可以。实地监督难度较大，如果预算不足，可以考虑打电话或者网络追踪。可以在实验开始的时候提醒所有参加者，让他们在整个实验过程中优先处理实验人员、研究人员对他们进行的联系，要及时地反馈。

还有一个问题，比如上面提到的农村养老保险。农村养老保险在制度上对农村的所有县市村都覆盖了，但是没有做到人员的全覆盖，因为“新农保”是自愿参加的。原来农民没有养老保险，现在有一个自愿参

① Greenhalgh T. , Kristjansson E. , et al. Realist Review to Understand the Efficacy of School Feeding Programmes [J]. British Medical Journal, 2007, 335: 858 – 861.

② Orr L. L. Social Experiments: Evaluating Public Programs with Experimental Methods [M]. Thousand Oaks, CA: Sage Publications, 1999.

加的养老保险，会不会有农民不愿意参加？因为保险需要交钱，到一定年龄才能拿到养老金。这又有一个什么问题？简化来讲，在社会实验中，把被试者分为实验组和对照组之后，要给实验组干预，不给对照组干预。理想状态就是进入实验组的被试者都会得到干预，比如50岁的农民参加农村养老保险，这就属于服从者。但是，因为该保险是自愿参加的，不是强制性的，就可能会出现被分到实验组的老年人有资格参加农村养老保险，但是不愿意参加的情况。还有另一种情况，没有被分到试点区的老人，相当于他们被分到了对照组，不应该参加养老保险。但是可能因为户籍的问题或者管理的问题，该老人参加了养老保险，得到了干预，这和他分配到的组别不一致，这样的被试者被称为叛逆者。和分配状态不同的被试者是叛逆者，和分配状态相同的被试者是服从者。

还有两种情况，就是不管被分到哪个组，被试者都能接受到干预，或者不管被分到哪个组，被试者都不接受干预，不希望自己的生活被打扰。他们被称为永远接受和永远抗拒的两种人。根据不同组别的分配情况与实际情况，存在以上四种分类。所以，干预过程中会出现一个问题，即研究者能操控干预分配给谁，但是无法强制、无法控制实验组与对照组是否真实地接受干预。干预的分配情况和实际接受情况一般不会百分百一致，中间一定会有差异。[①]

当然，研究者最先需要明确的是干预具体是什么，是一个什么项目、怎么进行、在什么时间、有几个时间点、在多大规模的范围进行。在此基础上，需要考虑到分配的干预、理想状态的干预与现实中具体接受的干预之间的差异。比如养老金项目，专家认为这有利于老年人。因为农民原来没有养老金，现在所有人都可以有养老金了。但是在个体层面，在实验对象的角度，他不认为这个项目完全有益，相关调研在很大程度上证实了农民可能只在乎近几年能否得到钱。如果参加养老保险，

① Pawson R., Greenhalgh T., et al. Realist Review—A New Method of Systematic Review Designed for Complex Policy Interventions [J]. Journal of Health Services Research & Policy, 2005, 10 (Supp. 1): 21－34.

一般要先交15年的钱，之后才能每个月领钱，根据每个村的财政状况不同，养老金发放金额也有所不同。一般都不会很多，可能最开始是55元一个月，再往后可能是100多元一个月，像北京地区农村一个月有1000元左右，差距非常大。前15年交钱换来之后每个月100元养老金，于是有很多人不想参与。决策者希望政策实施的形态与政策真实实施的形态是有一定差距的，被试者接受干预也会有差距。但这不一定算是局限性，因为真正的社会政策不可能强制所有人参加，既然是自愿参加的项目，便会有人不参加。这种模拟真实政策的实验一般被称为“自然实验”。所以通过明确理想分配与实际干预之间的差距，可以模拟现实世界中公共政策实施的状态。

干预的设计是很复杂的，还有一种实施当中需要考虑的情况。比如，有些教育方面的政策（如双语教学）需要额外上课作为干预。这时，实验中间会有退出的情况，这是非常致命的。因为原本招募的人可能就不多，后期又因为各种原因被试者流失。例如，干预过于繁重，需要太多的时间和精力，短期内又看不到收益；或者被试者不认为学习成绩提高是收益，认为耽误了时间就是损失。再如，如果1分钟能做完问卷，可能会有很多完整的问卷作为回收成果；10分钟能做完的问卷，可能很少有人能做完，即使做完，可能质量也不高。所以，在设计干预时就要考虑到研究对象能接受的时间耗费，尽量保证其不中途退出。否则，样本量太小会使实验失去意义。

（三）分析单位

分析单位的定义是任何被分配到实验条件（包括无干预）的人或物。单位可以是个人或“高阶单位”。这种“高阶单位”，在教育领域可以是一个班级、一个学校；在医疗领域，可以是一个医生负责的病人、一个病房的病人、一个医院的病人。一般在教育和医疗领域，在学校和医院中，多用这种高阶单位进行分配，因为研究受群体的影响比较大。例如，中小学基础教育研究，以班级为单位进行授课，受班级的影响非常大；再如，把不同的支付示范点分配给美国不同的州或地区。

研究问题在一定程度上决定了聚合程度，决定了高阶单位的水平，决定了是用个人还是用高阶单位。比如：警务水平对社区犯罪率有什么影响？这个研究问题决定了要以社区为单位，不能以个人为单位。但是群组或者高阶单位要考虑研究设计、采样和分析问题。因为以社区为单位，采样必然会大大减少。一个社区可能有几百人，但是如果以社区为单位，一个市也就几十个社区，样本量就大大减少了。需要考虑样本量是否足够支撑研究者进行数据分析。再如，之前讲到的执法记录仪案例，警察的数量很少，作为分析单位不足以支撑数据分析，所以它的单位是轮班班次，这就解决了样本量问题。

（四）结果

从概念上讲，结果是项目参与者在体验了感兴趣的项目或政策后的行为和特征。在公共政策里，结果可能指代的是项目或政策意图影响的行为和特征。结果可能来自研究者个人进行的调查，也有可能来自行政数据。行政数据包括普查数据，也包括在民政部门、公安部门等储存的一些隐私性的敏感数据，这些数据的样本量比研究者自己做调查的样本量要大得多，几乎是全样本的数据。与高校合作，可能会拿到这些行政数据。但总体来看，这种行政数据使用得比较少，因为能有这种渠道的研究者非常少。[①]

具体来说，什么是结果？什么是感兴趣的项目或政策？如何测量？例如，最近出台了三孩政策，如果研究者想了解三孩政策对生育数量的影响，那么研究者感兴趣的政策就是三孩政策（因变量），最后得到的结果是平均生育数量。再如，养老保险政策中，参保率就是它的结果，比如以村、县、市、省为单位的参保率。结果也可以是平均收入水平、平均自评的生活质量、健康水平等，但需要和研究问题紧密结合。实验可以有多个结果，但是要明确如何测量。例如，在执法记录仪实验中，暴力执法的概念很好理解，但是如何测量，测量次数还是

① 应晓妮，吴有红，徐文舸等．政策评估方法选择和指标体系构建［J］．宏观经济管理，2021（4）．

程度，需要尽量明确。测量的结果需要能够明确指导研究者对研究问题的回答。

（五）影响

图5-2是一个假设，可以看作三孩政策的一个结果。横坐标是时间（假设单位为年），纵坐标是主要结果（假设数量为0~3），主要关心的结果是生育的数量。比如，纵坐标的生育数量随着时间的推移从一开始的0，增长到后来的0.5、0.6、0.7、1。1是政策开始的阶段，图中的竖线是政策节点的截面，在这个节点之后生育数量有一个飞速的提升。这个图能不能表达出政策影响呢?

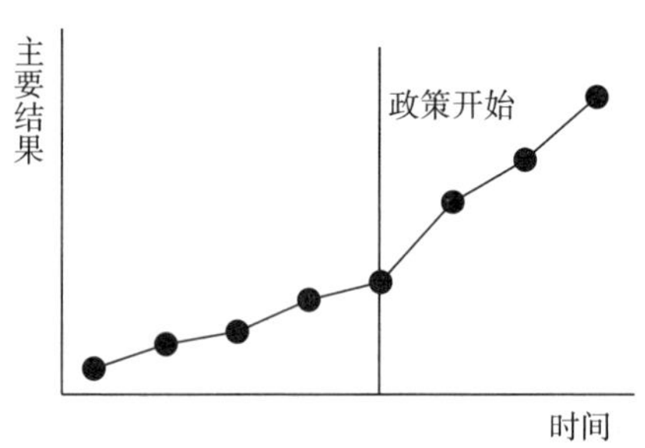

图5-2　结果

从图5-2中是无法看出政策影响的，从中只能看出结果，因为影响是一种比较。也不能单纯将政策发生前的曲线直接进行延长，作为反事实，与当前的结果进行比较。如果没有充足的证据，延长线就是反事实。因为没有办法排除其他有可能对结果、影响产生作用的事件，这些事件一般叫历史事件。例如，原本出生率要下降，但因为疫情居家的情况显著增多，出生率反而上升了。

结果和影响息息相关，二者的区别在于，影响是事实和反事实两个结果之间的差。结果是比较客观的，能用数据表明，例如子女数量可以直接测量得到；但是影响需要构建反事实来进行差异对比。影响比较的是项目推出一段时间后的结果（事实）与没有引入项目的同一时间点的结果（反事实），也即观察到的项目或政策干预后的结果与没有项目或政策干预的情况下的结果的差异。[1] 但反事实是一个不可能实现的情况，因为不可能同一时间点，又有政策，又没有政策。所以反事实是一个理想的状况，是需要设计出来、构建出来的情况。对此，在研究中，需要明确研究假设是什么。仍以三孩政策为例，依据已有研究，研究者可能发现，限制生育政策出台后，生育率下降了。那么，依此逻辑，研究者就可以假设放宽生育限制后，生育率就会上升。再细致一点，可以假设，对已经有两个孩子的家庭而言，生育率不会提升；对受教育水平特别高的家庭而言，生育率不会提升；对有父母或者其他亲属生病的情况的家庭而言，生育率不会提升。这实际上也是细化了研究问题，即假设三孩政策对不同人群的影响，因为政策很难对所有人群产生相同的影响，所以要关注其对不同人群产生的影响，下一步就能够更好地针对不同的人群，进行政策改良，或者重新设计政策。

事实与反事实的对比有三种情况（见图 5－3）。第一张图是第一种情况，反事实基本上就是一条延长线，说明如果没有这个政策，它与政策产生之前的发展情况、出生率、斜率是一样的，是一个平稳发展的过程。反事实与事实二者之间的差，就是该政策的影响，是正向的。第二张图是第二种情况，反事实是没有该政策，生育率可能更高。有了三孩政策后，由于职场配套政策没有跟进，部分女性会面临一些职场问题，可能更有顾虑，因此三孩政策的影响可能是负向的。如果只看结果，在政策开始后生育数量上升，研究者可能会认为影响是正向的，但是反事实告诉我们，没有生育政策，生育数量上升得更多，所以生育政策对生育率有负向的作用。第三张图是第三种情况，生育政策的影响依然是正向的。如果只看结果，在政策开始后，生育数量是下降的，但是反事实表明，没有生育政策，生育数量下降得更多，所以生育政策对生育率有正向的作用。

---

① Gueron J. M. Testing Social Policy Using Experiments: Lessons from the United States [C]. Colloque sur les Expérimentations pour les Politiques Publiques de l' Emploi et de la Formation. Paris, 2008.

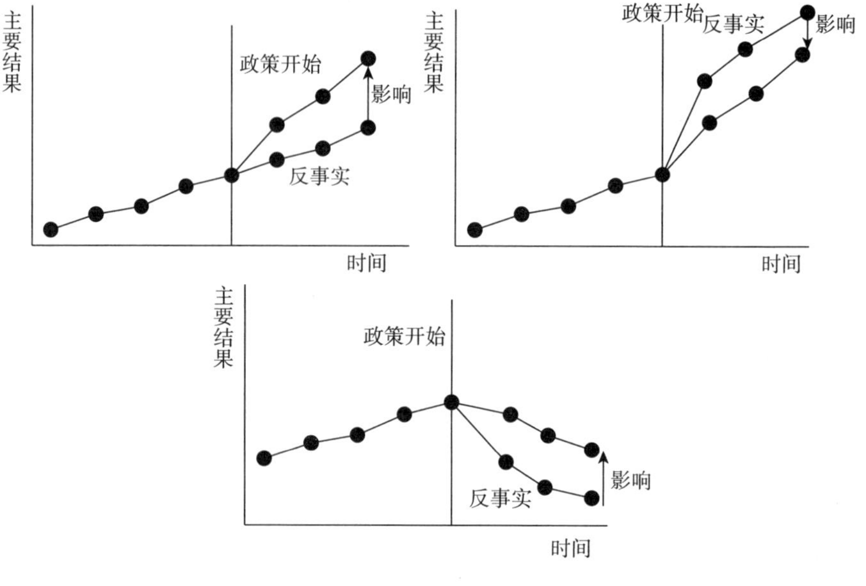

图 5－3　影响

（六）随机分配

随机分配是一种仅基于机会分布将被试者分配到实验组和对照组的技术。其关键词是机会。机会分布是偶然性的，排除了其他一切系统性的差异。例如，抛硬币是一种简单的随机分配，至少与年龄、性别、受教育程度、婚姻状况等人口特征都没有太大的关系，只要健康到可以抛硬币，就可以得到正面或反面的结果。再如，扔骰子或者体育彩票开奖都是随机分配，或者说是一个随机过程。

机会分布可以完全排除一些其他差异，可以解决选择偏差或是混杂的问题，目的是保证实验组和对照组之间唯一的系统性差异是政策干预。以养老保险试点为例，试点很难完全随机，而是基于一些特定的标准，这些标准可能不是公开的。养老保险试点一般是按需分配，选择老年人多的或者收入水平低的地方试点。这样，实验组与对照组之间的差异，不只是实验组有养老保险，对照组没有养老保险，还表现在其他方面。比如，实验组可能本身老年人比例就已经达到 20%，而对照组的老年人比例可能只有 5%，对养老保险的需求程度不高。或者实验组的人均收入水平低，需要更加全面的保障，但是对照组的收入水平很高，凭借家庭的工资收入足够生活，不需要政府每个月提供额外补贴。所以，本来的假设可能是有养老保险之后，收入水平会更高，但因为是按需分配，所以结果并没有提高。这个结果不能证明养老保险不能提高人的收入水平，而是证明研究设计有问题，这个设计不能保证研究者得出一个正确的结论，随机分配是用来解决这个问题的。

实验组和对照组完全相同，只是一组人被分配到有政策的实验组，一组人被分配到没有政策的对照组，除此之外，没有任何其他差异，这就是随机分配要达到的结果。不管是自愿分配（自己分配自己），还是研究人员分配，都可能达不到排除其他干扰的结果。一种最好的或者现实中使用最多的随机分配方式，就是在项目交付过程中“自然”发生的，例如使用抽签方式将项目名额分配给候补名单上的人。以母婴支持政策为例，该政策为准妈妈提供一套免费课程，在一个月的时间内，每周一次课，教授母婴知识。这套课程是免费提供的，授课老师资历深，很多人都愿意来上课，但由于经费有限，只能提供 100 个名额，所以就出现了候补名单。假设有 1000 个人报名，则这 1000 个人都在候补名单上，所有人基于自愿原则报名，愿意接受政策或者项目的干预，符合研究伦理要求。参与者一般不是先到先得，而是在 1000 个人都报名完成之后，从中随机抽 100 个人，这就是随机分配。一般情况下，依托于国家的大项目、大政策来做的研究多采用候补名单方式。当政策或者项目的供应远小于需求时，候补名单是进行随机分配的合理方式。

随机分配使干预（实验）组和未干预（对照）组“可互换”或平均水平完全相同，因此两组之间唯一的系统差异是干预。也就是说，随机分配可以解决选择偏差问题。完全相同不是指每个人完全一样，而是指两个群体的平均水平，比如平均年龄、收入水平、交易状况都是类似的。[①]

---

① Gueron J. M. , & Rolston H. Fighting for Reliable Evidence［M］. New York, Russell Sage Foundation, 2013.

理论上，随机分配时创建的实验组和对照组是由偶然性决定的。而其他分配方式大多是按需分配，因此难以明确最后的结果是由政策还是其他原因导致的。复杂度更高的研究会进行分层，即将每个不同的变量分层后再进行分配。[①] 其实，分层也是仿照随机分配的一种方式，目的是使样本更具代表性。大型的、全国有代表性的数据，一般都会用分层的方式，因为很难做到随机。而且，即使随机分配在全国范围内可以实现，也不太可能使所有人都愿意参加研究并服从分配，这时结果依然不是随机分配的。因此，实验者在最开始设计实验的时候就应该考虑这个情况，考虑怎么补救，怎么减少参与者在分配之后再退出。如果在设计层面能把随机分配做好，保证不出现或少出现退出、不服从的情况，数据分析就比较容易了。

在很大程度上，随机分配是区别实验和非实验的一个要素，也是能够决定实验是用于推断因果关系的最强研究设计。随机分配是实验非常关键的一个要素，但是在绝大多数研究中不能实现，因为要考虑成本等很多现实问题。

（七）选择偏差

选择偏差是一种选择个体进组的系统偏差，包括实验组和对照组之间影响结果的任何差异。除了随机分配，其他的分配方式，如按需分配、分层、个体自愿分配，都会产生选择偏差。如果我们尝试使用非实验性研究设计（无随机分配）来评估会出现什么样的选择偏差？

例如，研究禁烟教育项目对城市青少年吸烟行为开始年龄的影响。首先，禁烟教育项目是希望青少年禁烟，因为吸烟对身体健康有害。如果该项目用自愿原则招募被试者，不吸烟的人会更愿意参加，因为他们本身就认识到吸烟的危害；而且人是有惰性的，不吸烟的人参加这个项目也更容易。禁烟教育项目是一个教育宣传项目，可能会采用讲课、阶

① Sinclair B., McConnell M., & Green D. P. Detecting Spillover Effects: Design and Analysis of Multilevel Experiments [J]. American Journal of Political Science, 2012, 56 (4): 1055-1069.

段性测试、互评等形式。对于已经吸烟或有一两次吸烟尝试的青少年来说，参加这个项目他们就会接收到很多关于“自己以前的行为有负面影响”的信息，所以他们可能不愿意参与该项目。在这种情况下，可能招募来的都是没有吸烟的青少年。而测量的结果是禁烟教育项目对吸烟行为开始年龄的影响，由于被试者都是没有吸烟的青少年，所以得到的开始年龄就会比实际平均开始年龄更高。而且吸烟的青少年即使参与研究，也会选择进入对照组，因为不想接受禁烟教育。这样，不吸烟的青少年在实验组，吸烟的青少年在对照组，最后得出来的结果肯定是实验组比对照组吸烟行为开始的年龄大，这不能归因于禁烟教育项目的影响。因为，实验组和对照组本身有很大的差异，结果与项目可能完全没有关系。①

再如，研究育儿干预项目对 3 ~ 5 岁儿童阅读能力的影响。这是一个教育项目，干预措施包括有老师上课，采用新设计的读本，使用新的教学方法等。招募被试者时采用激励的方式，比如每个人给 20 元。在分组时假设研究者不干预，不采用随机分配的方式，而是让被试者自己选择进入实验组还是对照组。和禁烟教育项目相似，关心儿童阅读能力的家长，更愿意进入实验组来接受干预。因为这些家长本身就非常关心儿童阅读能力，他们的孩子可能已经进行过一些阅读训练，阅读能力比较强。进入实验组后，他们的阅读能力可能会更强，或者这个项目没有效果，他们的阅读能力维持不变。对照组的家长可能不重视孩子的阅读能力，或者只是为了获得激励而参加研究，他们的孩子的阅读能力可能本来就不如实验组的儿童。这时就会得到一个不真实的结果，会夸大项目的影响，所以这个实验是无效的。因为没有随机分配，分配设计不正确，所以最后的结论不正确，这就是选择偏差。还有一种可能是，研究者招募被试者时有选择偏差。比如，研究者认为育儿干预项目应该与自愿选择是反向的，阅读能力差的儿童应该参加该项目，阅读能力强的儿

① Orr L. L. Social Experiments：Evaluating Public Programs with Experimental Methods［M］. Thousand Oaks，CA：Sage Publications，1999.

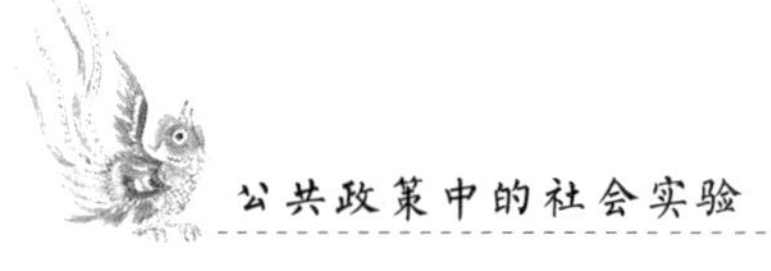

童可以进入对照组，其实这还是按需分配。研究者总是希望用研究经费帮助一些人，希望社会公平。但是，按需分配还是存在问题，阅读能力差的儿童进入实验组，阅读能力强的儿童进入对照组，两个组之间的阅读能力本来就是有差异的。如果这个项目真实有效，提高了实验组儿童的阅读能力，最后结果是两组之间的差异减小或者没有差异。只看这个结果，可能会觉得这个项目没有影响，因为实验组的阅读能力还是低于或者等于对照组的阅读能力。但这个项目是有效果的，因为两组之间的阅读能力差异变小。

再如，在职业培训计划研究中，假设从未开展职业培训计划的社区中选择了一个对照组。计划社区和比较社区的劳动力市场之间的差异可能导致对照组的就业和收入要么高估要么低估在没有该计划的情况下的结果。当然，可以尝试将实验组与对照组的年龄、种族、性别、以前的工作经历或等级（取决于实验的性质）、环境特征（例如，当地失业率）等个人特征与农村和城市环境相匹配。有时会使用此类匹配技术从国家调查数据库中抽取对照组，例如当前人口调查或十年一次的人口普查数据库。然而，只能根据测量的特性进行匹配。如果这两个群体在不可测量的特征（例如动机或本能）方面存在差异，则他们的结果可能会因与职业培训计划无关的原因而有所不同。

自己选择或者研究者选择都有可能产生选择偏差，扭曲项目本身的影响，也就是会误判项目的影响，造成项目的影响是有效还是无效、正向还是负向无法得到精准测量。

但即使项目参与是随机分配的，选择偏差也可能在之后出现。对于实验而言，最大的问题是被试者退出。以育儿干预项目为例，随机分配被试者进入实验组后，被试者退出了，这样就收集不到他的数据，实验组就少了一个人，可能还会有人陆续退出，实验样本更就少了。并且，退出是自愿的，不是随机的。仍以育儿干预项目为例，因为觉得项目难度过大，实验组阅读能力比较弱的儿童退出了 30%，剩下的 70% 和对照组之间是不可对比、不可互换的。因为，实验组退出的 30% 大多是阅读能力比较弱的儿童，剩下的70%大多是阅读能力比较强的儿童，这又造成了选择偏差的问题。这也是为什么实验在很大程度上需要对每一步都有严格的监督。比如，采用设计监督或者反馈机制，根据被试者的反馈对课程难度进行调整，减少潜在的退出者。退出，一方面会造成样本量变少，另一方面更大的问题是产生选择偏差问题。因此，没有做好跟踪、监督、管理也会影响结果。

表5－1是国外某个教育计划的数据，因变量是学生平均绩点（GPA）。前测是在项目开始之前的测量，后测是在项目结束之后的测量。第一行实验组的前后测差距有0.6。所以，如果是前后测的没有对照组的研究设计，得出的结果就是0.6。第二行对照组的前后测差距是0.2。实验组与对照组这两组之间的前后测差距的差是0.4。所以，双重差分的结果就是0.4。双重差分既包括前后测这一重差异，又包括实验组与对照组之间的差异。与单独的一组前后测相比，双重差分的优势是有对照，避免将GPA的增长完全归因于项目的实施，所以得出来的影响不同，是0.4而非0.6。但是，双重差分得出的数据也不是最准确的，依然会受到与实验组和对照组的选择方式相关的偏见的影响，即会出现选择偏差。从表5－1可以看出，对照组的前测是2.2，比试验组的前测多0.2，说明对照组与实验组在计划开始前就是有差异的。

假设理想上能够得到一个反事实的测量结果。被试者没有参与实验组，会得到2.5的成绩，而不是2.6的成绩。反事实与对照组的区别就在于，前测时，反事实的数值与实验组完全相同。这样，反事实与实验组的唯一差别仅在于是否有政策干预。反事实的后测结果是2.5，它的前后测差距是0.5，说明该项目最真实的影响只有0.1。所以，没有对照组的前后测和有对照组的双重差分，都夸大了该项目的真实影响。

表5－1　教育计划数据

类别	前测	后测	前后测差距	影响
实验组	2.0	2.6	0.6	—

续表

类别	前测	后测	前后测差距	影响
对照组	2.2	2.4	0.2	0.4
反事实	2.0	2.5	0.5	0.1

所有实验设计的目的都在于构建反事实，因为反事实在现实中不可能存在，同一个被试者不可能同时出现在实验组和对照组。所以，需要通过实验的方法或者随机分配的方法，构建出一个反事实群组。实验组与反事实进行比较才能得出最明确的差异。随机分配的目的也是构建反事实，因为随机分配之后，实验组和对照组可以完全互换，对照组就是反事实。

图 5 -4 是一个关于假设就业计划的平均季度援助金的统计。一般这种项目是为了帮助就业有困难的人，援助资金花费越少越好。这张图关注的不是项目援助了多少人、就业率提升了多少，而是从政府的视角出发，说明政府福利的支付款项减少了。之前，很多政府部门都用这种图证明项目或者政策有效，很多人对大数据政府治理的理解只是停留在数据层面，认为数据的分析就是数字化、量化，援助资金从 2000 多万美元降到 1000 多万美元就是项目奏效的佐证。背后的逻辑是，该就业项目在起作用，需要帮助的人越来越少了，所以援助金每个季度都在下降。

图 5 -5 能够很好地说明反事实的重要性。下面的线表示的是真实的平均季度援助金，上面的线表示的是反事实。两条线虽然没有完全重合，但几乎完全平行。这其实是对图 5 -4 的反驳。有些政府部门用图 5 -4 说明，就业计划实施后，平均季度援助金下降了，因为需要帮助的人少了，说明该项目奏效了。但反事实表明，即使没有政府部门实施的就业援助项目，平均季度援助金也会减少，或者需要资助的人本来也会减少。援助金的变化可能受季度变化的影响，也可能受其他历史事件的影响。例如，在这一段时间里，国家发布了宏观的就业促进政策；出现了新的行业，提供了更多的就业岗位。这个例子证明，只有前后测

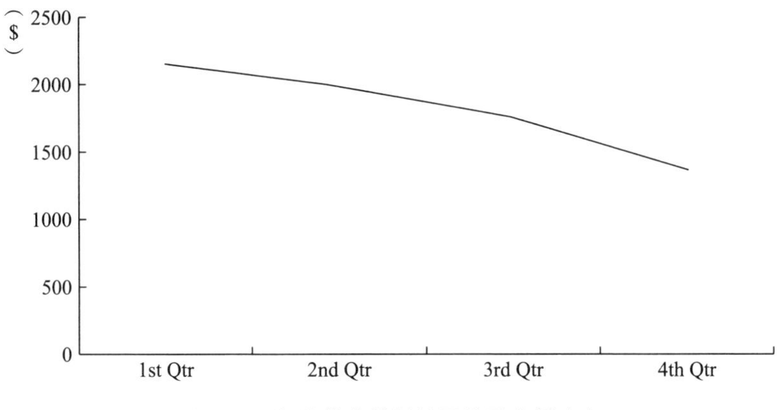

图 5 - 4　假设就业计划的平均季度援助金

没有对照组时，只将第一季度和第四季度的援助金进行比较，很难说明该项目产生了多大的影响。只有构建出反事实，才能证明实验政策有没有影响、影响有多大、在多长时间内有影响。该项目有什么影响？该项目有效吗？该项目是否会导致对公共援助的依赖减少？如果只通过前后测，对这三个问题的回答是明确的。而如果通过反事实，可能会得到三个不同的答案，这就是反事实的重要性。

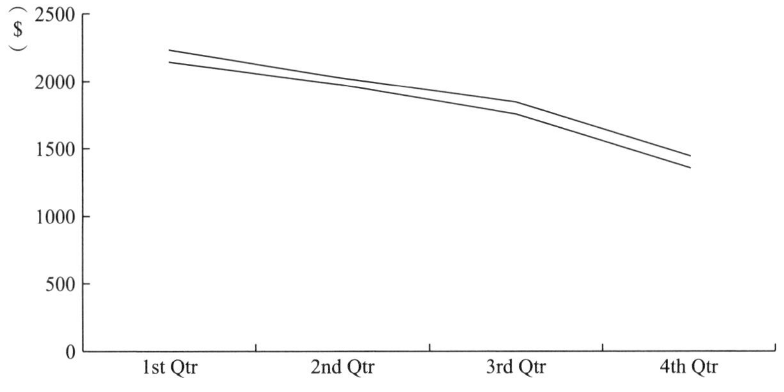

图 5 - 5　有假设就业计划（真实）和没有假设就业计划（反事实）的平均季度援助金

所有的研究设计的目的都是构建一个反事实，不同的是，构建的反事实与真正的反事实的接近程度。接近程度越大，就越接近真实的项目影响。

2007年新华社发布了一个关于“阳光工程”的总结汇报。“阳光工程”是一个给外来务工人员进行就业培训的项目，全称是“农村劳动力转移培训阳光工程”。这种报道在用数据说话，数据已经很翔实了。但是，数据分两种，一种是描述性的统计，一种是数据分析。这个报道是直接把数据摆出来，就是描述性的统计以及简单的数据分析，难以实现因果推断。看完这个报道，不能得出收入增长是因为“阳光工程”的结论。虽然有对比的想法，但对照组不是真正的反事实，因此得出的影响也不是该项目真正的影响。第三段中“八个省区市农民工务工总收入年均增长19.8%。其中宁夏2003年务工总收入6.7亿元，2005年达到30亿元，增加了近4倍；黑龙江省务工总收入从2003年的65亿元增长到2005年的129亿元，增长近1倍”，是在省内进行前后测的想法，但缺少了与8个省区市之外的对照组的对比。第二段中“接受‘阳光工程’培训转移就业的农民，人均月收入比未接受培训转移的农民工高出约200元，比在家务农高出约400元”，有对比的想法，并设置了对照组，但不是双重差分。尽管该报道存在一定问题，但在2007年的时候，就能用翔实的数据总结政策实施，是很好的做法。

在这种项目中实现真正的实验、真正的随机，是非常困难的。因为这种项目一般按需分配，首先保证真正有需求的人获得培训。在伦理方面，政府不可能仅仅为了研究目的，不把项目提供给有需要的人。因此，随机分配在国内实施难度大，尤其是对于有经费的国家级项目。

第二节　案例分析

一　社会实验的类别

收入维持实验、住房津贴需求实验和兰德健康保险研究等旨在估计“响应面”的社会实验的设计允许项目的两个或多个连续参数被测试在很宽的范围内的变化。例如，收入维持实验中的税率和保障水平在不同实验组之间差异很大。

对项目参数的响应估计至少在原则上可用于预测具有被测项目基本特征的任何项目的效果，即使项目参数的具体值不同。

与响应面实验相反，大多数社会实验只允许对测试干预是否有效进行“黑匣子”评估。也就是说，它们为不同的随机选择的个人群体提供不同的一揽子服务和激励措施（例如，工作培训、儿童保育援助和求职援助），然后确定结果（例如，项目后收入）是否因人而异。关于这些影响在多大程度上归因于服务包的特定组成部分或项目设计变化的影响，通常只提供有限的信息。响应面实验的结果在某些方面更灵活地预测未来政策的影响，但在实践中可能无法以两个或多个连续变量值的变化形式进行干预。

第二个重要区别是强制性实验和自愿实验之间的区别。如果个人不参与就无法享受某些好处，则必须进行实验。许多失业保险和福利实验都是强制性的。明尼苏达州所得税合规实验随机选择某些纳税人采取更高的审计概率，在更广泛的意义上是强制性的，因为个人没有申请任何特定的福利。

个人必须以某种方式申请参加自愿实验。而后面也证明了，个人选择参加实验的事实可能会使结果的评估复杂化。

如果替代干预在政府机构的普通行政裁量权范围内，政府机构通常认为自己在进行强制性实验时在法律和道德上是合理的。例如，随机选择某些纳税人进行审计是税务局的必要职能。自愿实验通常需要被试者知情同意。

实验之间的第三个区别涉及测试的政策干预类型。有三种可能性：可以测试新项目；可以测试对现有项目的增量更改；可用于评估现有项目，尽管这很少使用。

二　阅读印度

欧美国家的基金会非常喜欢在发展中国家做教育干预等方面的实验。“阅读印度”是美国 Pratham 教育基金会实施的一个大型阅读项目，项目的受众是印度23个省的3～5年级的儿童。该项目持续了几十年，主要是按照学期给儿童上课。该项目首先会对儿童的学业水平进行评估，然后根据评估结果将儿童分配到合适的年级，而不是完全按照年龄或者原有年级来分配的，这有利于因材施教。该项目由训练有素的全职教师领导，并招募和训练印度当地的志愿者作为协助，上课内容主要是阅读和基本算术两个方面。①

项目成本非常低，2013～2014年的成本约为250万美元，平均每个儿童的成本是10～15美元。项目融资由印度和国际基金会、公司和个人提供。项目的覆盖范围很广，直接覆盖42万多名学生，通过州或区政府合作（如提供针对印度当地儿童开发的课程大纲）间接接触超过600万名学生。

在阅读方面，儿童的阅读量增加了51%，无法识别任何字母的儿童数量下降了37%。在算术方面，能够识别数字的儿童数量增加了43%，能做加法的儿童数量增加了25%，能做减法的儿童数量增加了33%，能做乘法的儿童数量增加了33%，能做除法的儿童数量增加了28%。每一部分的增加幅度都是两位数，由此看出，该项目的影响是很显著的，可以提升儿童的阅读和算术能力。另外，该项目可以明确知道是哪一些方式提升了能力，是因为小班制，还是因为更换老师，还是因为不同的课程大纲，还是因为其他的互动效果。

这个项目的分析单位是个人。柱状图5－6和5－7从儿童是否懂字母、单词、段落、故事等不同层面，进行前后测比较。该项目是有对照的。图5－6是原本没有阅读能力的儿童的数据，这些儿童在参与项目后各方面都得到了提升；图5－7是本来就有阅读能力的儿童的数据，这些儿童参与项目后在单词、段落和故事方面的阅读能力有不同程度的提升。

① Dutt S. C., Kwauk C., & Robinson J. P. Pratham's Read India Program: Taking Small Steps Toward Learning at Scale [R]. The Brookings Institution, 2016.

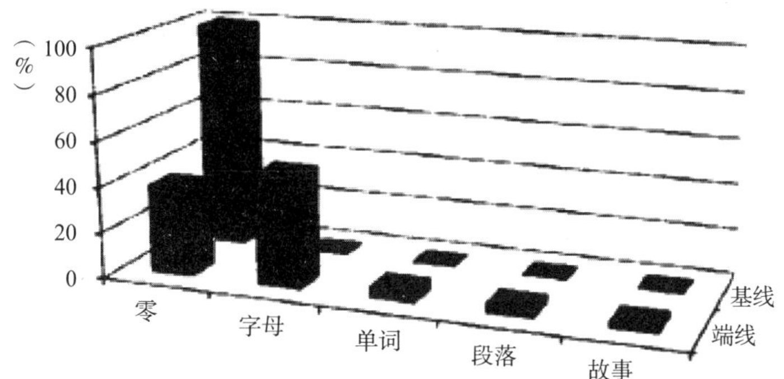

图 5－6　基线非读者（零）的终点分数分布

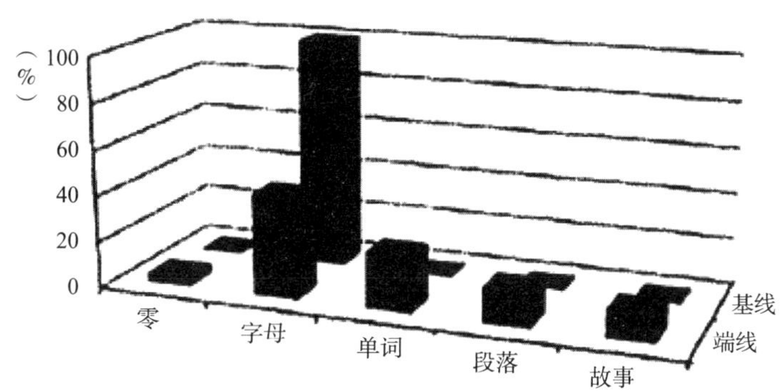

图 5－7　基线字母读者的终点分数分布

图 5－8 容易使人产生误解，没上过阅读课的儿童反而比上过阅读课的儿童的阅读水平更高。这其实是研究设计本身的缺失，因为它只有一个对照组，没有前后的对比，所以这个结果不足以说明该项目的影响。

在图 5－9 中，因变量是阅读水平和阅读进步。阅读班级是关键的自变量，或者称为感兴趣的自变量。“**”代表在统计上有显著意义。阅读水平和阅读进步的结果不同，前者是负的，后者是正的。－0.68 就意味着上课后儿童的阅读水平降低了 0.68。只看第一列和第二列数据也可以得出一个研究结果，因为设计问题，这个结果尽管有统计上的意义，实际上并不能代表真正的影响。因此，如果要了解阅读进步方面的数据，0.24 相对比较真实，在统计上有显著意义。

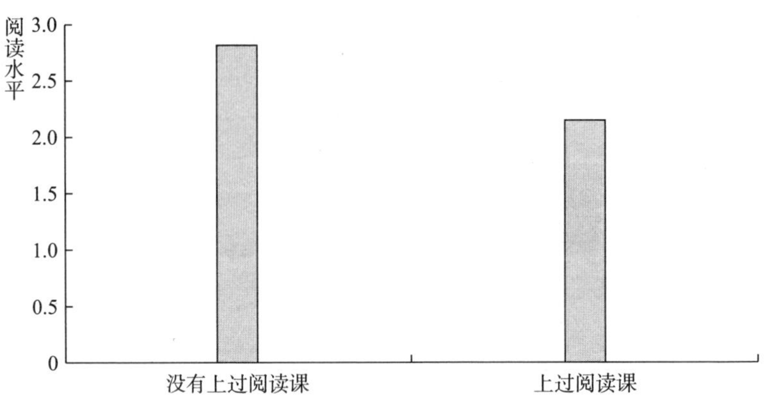

图 5－8　上过阅读课的儿童和没上过阅读课的儿童的阅读水平的比较

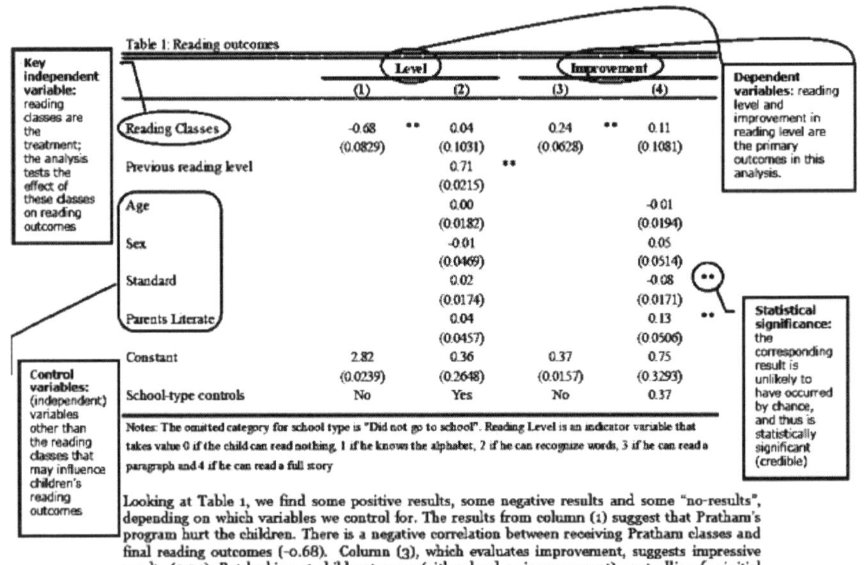

Table 1: Reading outcomes

	Level		Improvement	
	(1)	(2)	(3)	(4)
Reading Classes	-0.68 **	0.04	0.24 **	0.11
	(0.0829)	(0.1031)	(0.0628)	(0.1081)
Previous reading level		0.71 **		
		(0.0215)		
Age		0.00		-0.01
		(0.0182)		(0.0194)
Sex		-0.01		0.05
		(0.0469)		(0.0514)
Standard		0.02		-0.08
		(0.0174)		(0.0171)
Parents Literate		0.04		0.13 **
		(0.0457)		(0.0506)
Constant	2.82	0.36	0.37	0.75
	(0.0239)	(0.2648)	(0.0157)	(0.3293)
School-type controls	No	Yes	No	0.37

Notes: The omitted category for school type is "Did not go to school". Reading Level is an indicator variable that takes value 0 if the child can read nothing, 1 if he known the alphabet, 2 if he can recognize words, 3 if he can read a paragraph and 4 if he can read a full story

Looking at Table 1, we find some positive results, some negative results and some "no-results", depending on which variables we control for. The results from column (1) suggest that Pratham's program hurt the children. There is a negative correlation between receiving Pratham classes and final reading outcomes (-0.68). Column (3), which evaluates improvement, suggests impressive results (0.24). But looking at child outcomes (either level or improvement) *controlling for* initial reading levels, age, gender, standard and parent's education level – all determinants of child reading levels – we found no impact of Pratham programs.

图 5－9　阅读方面的结果

表 5－2 展现的是不同研究方法之间的对比。第一，前测后测。说明参加阅读培训之后，儿童的阅读能力提升了 0.60，在统计上有显著意义。第二，简单差异。实验组与对照组之间的差异属于简单差异，是－0.90，也在统计上有显著意义。第三，双重差分。双重差分实际上是将上述两种研究方法结合起来了，既有前测后测的比较，又有实验组

和对照组的比较，得出的影响是 0.31，也在统计上有显著意义。第四，回归分析。用关系式表示是 $y = ax + b$，分析 x 对 y 的影响是否显著。在这个实验中，回归分析结果是 0.06，是唯一一个不显著的。第五，随机实验。用随机的方法进行分配，构建出一个相对更加真实的反事实，得出影响是 0.88，是显著的，也是最真实的影响。

表 5－2　不同研究方法得出的项目影响

研究方法	影响
前测后测	0.60*
简单差异	-0.90*
双重差分	0.31*
回归分析	0.06
随机实验	0.88*

针对“阅读印度”这个学前教育方面的项目，可以有多种研究设计来探究项目的影响。除了列出来的五种，还有很多其他不同的统计方法、计量方法，可以得出不同的影响。但从研究设计层面来讲，随机实验是最真实的。不光要有好的项目，选择好的研究方法评估项目也很重要。如果选用不恰当的研究方法，可能得出不显著的结论，就无法突出项目的意义。至少在西方，运用好的研究方法对政策进行宣传、营销，对于在政治层面进一步实施政策以及政治家的选举都至关重要。

三　残疾学生的大专课程

美国对残疾的定义非常广，智力障碍、自闭症、阅读障碍、多动症，都被定位为残疾。残疾需要政府医保提供经费支持，商业保险公司或者残疾儿童家庭等都希望残疾能够纳入医保，希望政府能够出资进行各个层面的教育。

残疾学生的大专课程是一个过渡性的课程，不是真正的四年制大学课程，是一种帮助残疾学生就业的培训项目。

在 2013～2014 学年，大专课程的绝大多数学生的年龄在 18 岁至 25

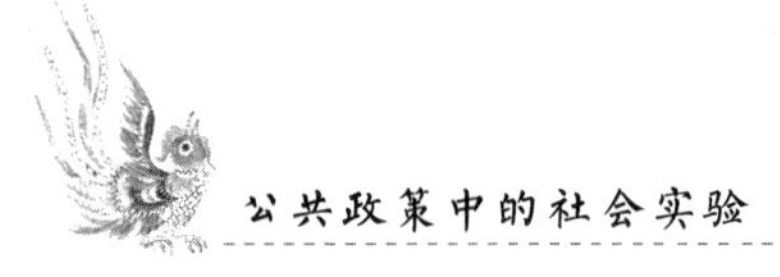

岁之间，几乎所有人都被诊断出患有智力障碍、自闭症或两者兼有。四分之一的人在接受当地学区的特殊教育服务的同时双重入学。

当年参加联邦资助的大专课程的883名学生中，39%有带薪工作。报告指出，学生入学时间越长，就业可能性就越大。入学第四年的人中，超过四分之三的人从事有偿工作、实习或其他职业发展活动。

相比之下，在2010～2011学年参加大专课程的学生中，只有30%有带薪工作。

最终，在2014年退出项目的人中，约40%有带薪工作。

“学生入学时间越长，就业的可能性就越大”，这句话隐含的结论有什么问题？这个是课程的影响，还是时间的影响，还是年龄的影响？有没有可能本来所有人都不上课，待业4年就是比待业3年更容易找到工作？因此，这个项目给出的数据不能作为项目的成果，不能体现项目的影响。

“成年后参加这些课程的人比那些双读高中的人更有可能在结束大专课程时获得有偿工作。”[①] 这里的“双读”是指残疾学生一边读普通高中，一边读大专课程，因为有些残疾学生在普通高中而非残障学校读书，但是普通高中可能没有专门为残疾学生设计的课程，所以他们希望参加这种专门为残疾学生设计的、从高中到大学或者从高中到就业的过渡性培训，能对他们的就业有帮助。但是，其中也存在一个时间的问题。成年后参加课程的这些残疾人本来就比双读高中的残疾人年纪大，比如在18岁或者21岁以上，他们找到工作的可能性原本就比正在读高中的残疾人要大。因此，这可能和项目本身的关系不大。

此外，这种项目很难构建对照组。因为不能保证这个项目能够比其他项目效果更好，不能要求被试者在研究期间不参加其他培训。对照组可能接受其他研究的实验或者其他的干预，甚至会比实验组的干预更好。

① Diament M. Post-Secondary Programs See Signs of Success [R]. 2015.

四　女性融入军队研究

随着男女平权运动的开展，倡导者希望扩大女性的参军机会，向女性开放军事战斗角色，将其纳入军队中训练和作战。在此背景下，海军陆战队成立了实验性混合性别特遣队，并做出报告说，一项战斗技能测试的长期实验发现，在大多数战术领域，全男性部队的表现优于混合性别的部队，并且女性比男性受伤更多。该报告引起了广泛的批评和争论。[①]

调查结果显示，在培训的这几个月时间里，全男性部队在134项任务中的93项任务中表现优于混合性别部队，比例为69%；在两项尚未确定的任务中，混合性别部队的表现优于全男性部队。全男性步兵班在每次战术运动中都更快，当除了标准的突击载荷外，还必须携带机枪等"船员服务"武器时，差异更加明显。全男性步兵班的射击精度更高，除M4步枪外，所有武器都有显著差异。没有参加过步兵课程的临时步兵排中男性的M4步枪射击命中率为44%，而在步兵学校训练的女性的命中率为28%。在处理障碍物和疏散伤亡人员时，全男性小队的表现明显更好。

对该研究最关键的一点批评是，该研究是用平均值得出的结论，即平均来讲女性比男性的作战技能水平低，比如射击准确率低，而伤亡率更高，所以认为女性不适宜加入军队。但是批评者指出，不应该用平均值来代表女性，因为男性与女性在基准上是存在客观生理差异的，所以从平均值来讲女性比男性差一些应该是一个很合理的而且可以预测到的状况。

在测量中，有一部分女性经过训练之后的各项成绩数值达到甚至超过了男性的平均值，也就是说，即使存在这种客观的生理差异，一部分女性的训练结果还是比男性更好，这就说明合理的训练能够让女性增强

① Kovach G. C. Marine Corps Study Says Units with Women Fall Short on Combat Skills [N]. LA Times. 2015-09-12.

战斗技能，合格地完成在军队战斗中的任务。但是，调查结果摘要中却没有提及这部分表现最好的女性。相反，该报告称它关注的是女性部队的整体表现受到女性自身较小的身材和其他生理差异、对获得战斗训练的历史限制以及枪支使用等文化因素的限制。

该案例反映的就是测量方面的问题。在很多时候，一个报道、一个新闻、一句话其实隐含了很多的含义，它的结论采用的可能是平均值，也可能是极高值或者极低值。大部分情况下，结论都采用平均值，这一研究就通过平均值引申出了进一步的结论：因为从平均值看女性比男性差，即使经过训练，女性在军队战斗方面的测量数据还是比男性要低，那么所有的女性都不应该进入军队。这是很多批评者对该研究诟病的一点，不应该用平均值来代替所有人，因为该研究其实纳入了很多水平很高的女性。

五　兰德医疗保险实验

兰德医疗保险实验（HIE）[①] 是有史以来最重要的医疗保险研究，它解决了医疗保健融资中的两个关键问题：如果免费提供，人们将使用多少医疗服务？对他们的健康有什么影响？

HIE 项目始于 1971 年，由卫生、教育和福利部（现为卫生与公众服务部）资助。这是一项历时 15 年、耗资数百万美元的努力，时至今日仍是美国历史上规模最大的健康政策研究。该研究的结论鼓励了私人保险的重组，并有助于提高管理式医疗的地位。

兰德医疗保险实验是美国历史上最大规模的健康政策研究，也是唯一关于费用分摊安排如何影响人们对医疗服务的使用、他们接受的护理质量、医疗服务质量、健康状况的实验研究。

为了进行 HIE，兰德公司开发了目前在世界各地使用的关于健康状况和护理质量的基本测量。现在，兰德医疗保险实验仍然是了解成本分

① Greenberg D.，& Shroder M. The Digest of Social Experiments［M］. Washington，DC：The Urban Institute Press，2004.

摊对服务使用和健康结果影响的黄金标准。

（一）实验简介

在 20 世纪 70 年代初期，费用分摊的影响成为美国关于医疗保健的辩论的中心议题。当时，辩论的重点是免费的全民医疗保健，以及这些好处是否足以证明成本是合理的。为了给辩论提供信息，由经济学家约瑟夫·纽豪斯（Joseph Newhouse）领导的兰德团队设计并实施了 HIE，其实地调查始于 1976 年，于 1982 年结束。

该团队从全国六个地点招募了 2750 个家庭，包括 7700 多名成员。这些家庭被随机分配到专为实验创建的五种医疗保险计划中的一种。第一种类型的医疗保险计划提供免费护理（患者费用为零）。在按服务收费的计划下，其他三种类型的医疗保险计划涉及不同程度的费用分摊：25%、50%或 95%的共付额（家庭必须支付的医疗费用部分）（见图 5－10）。第五种类型的医疗保险计划提供来自非营利健康维护组织（HMO）的免费护理。

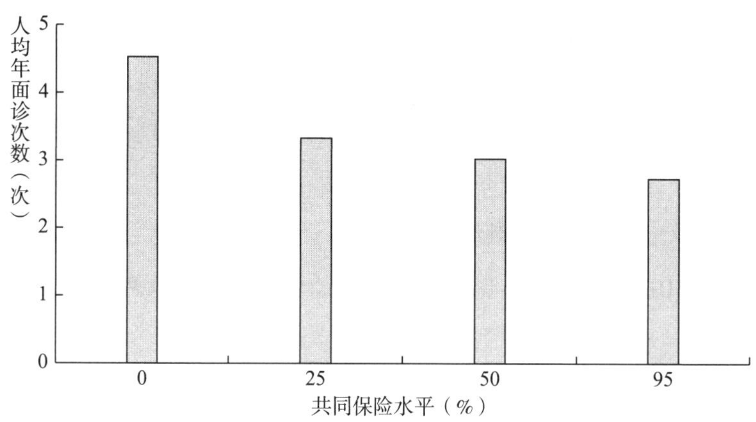

图 5－10　共同保险水平与人均年面诊次数

对于费用分摊计划中的较贫困家庭，费用上限为三个水平（收入的 5%、10%或 15%）之一或每年 1000 美元（如果从 1977 年到 2005 年的水平进行调整，则每年约为 3000 美元），以较低者为准。登记时成年人的年龄上限为 61 岁，因此在实验结束之前，他们都没有资格享受医疗保险。

为了评估护理的使用、成本和质量，兰德公司作为保险公司并监督索赔的处理。为了评估参与者的健康状况，兰德公司监督了全面体检的管理以及实验开始和结束时的调查。

（二）研究问题

与免费护理相比，HMO 的费用分摊或会员资格如何影响医疗服务的使用？

HMO 的费用分摊或会员资格如何影响所接受护理的质量？

从本质上讲，与要求患者承担部分费用的保险计划相比，免费医疗是否能带来更好的健康状况？

（三）研究结果

费用分摊减少了医疗保健服务的支出。

费用分摊的参与者在医疗保健服务上的花费较少。

费用分摊的参与者就诊次数减少，入院次数减少。

支出减少完全是因为较少使用护理；护理费用不受影响。

费用分摊减少了医疗保健服务的使用。

费用分摊对参与者的健康没有不利影响，除了病情最严重和最贫穷的患者。

（四）一项研究，两种观点

关于 HIE 与当今医疗保健辩论的相关性，可以采取两种截然不同的观点。

一方面，该研究表明，费用分摊可以帮助实现削减成本和减少浪费的基本目标，而不会降低大多数人的健康或护理质量。支付一部分医疗保健费用的参与者使用的医疗服务少于获得免费医疗服务的对照组。费用分摊对参与者接受的护理质量没有显著影响。

另一方面，该研究表明，费用分摊可能是一种灵活性较差的工具，以大致相等的比例减少需要和不需要的卫生服务。尽管费用分摊总体上对健康没有不利影响，但也有例外：在费用分摊情况下，对病情最严重和最贫困的患者的高血压、牙齿健康、视力和特定严重症状的护理会恶化。因此，该研究得出的结论是，对于穷人，尤其是患有慢性病的人，费用分摊应该是最低限度的，或者无须分摊。

（五）影响

兰德医疗保险实验的结果发表在许多报告和文章，以及约瑟夫·纽豪斯的著作《全民免费：兰德医疗保险实验的教训》中。该研究为20世纪八九十年代增加医疗费用分摊铺平了道路：在20世纪80年代初期首次公布调查结果后，费用分摊保险计划立即大幅增加。

兰德公司总裁迈克尔·里奇（Michael Rich）表示："医疗保险实验的影响范围很广。该研究的结论鼓励了私人保险的重组，并帮助提高了管理式医疗在美国的地位。其影响范围已经扩大延伸到中国，兰德公司在20世纪90年代初期进行了类似的研究，导致农村合作医疗制度影响了大约8亿人。"

现在，兰德医疗保险实验仍然是美国历史上规模最大、最全面、以证据为基础的健康政策研究，并继续被其他研究人员和新闻媒体引用。

反思HIE的影响："在我们今年暂停以纪念这项研究40周年之际，从医疗保险实验中吸取的教训继续产生影响……这提醒我们，创新研究和医疗改革不会在一夜之间发生。"

本章小结

本章讲述的几个案例各有不同的侧重点。

第一个案例是假设的就业计划，是为了让读者了解反事实的重要性。还有"阳光工程"的报道，这种新闻报道或者政策报告的语言暗含了它使用的研究方法，以及是否具有构建反事实的意识。

第二个案例是"阅读印度"。说明研究方法至关重要，它会影响到项目，最终影响到数值，影响研究项目或政策的效果。

第三个案例是残疾学生的大专课程。想说明的是，很多项目、政策

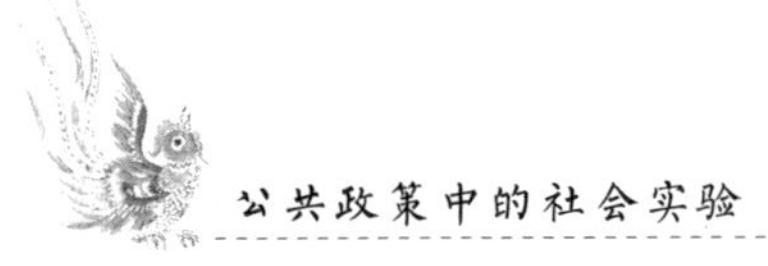

本身的意图很好，资金也很充足，设计也很专业，并且有很多专家参与，但是最终结果、影响的效果可能比项目本身的效果还要小。因为研究没有构建反事实的意识。这一项目尽管有比较对象，但比较对象不能凸显项目的影响效果，是一个不合格的反事实或者只是近似反事实。

第四个案例是女性融入军队。这个案例突出的是测量问题，该研究用平均值代替所有人的水平，一直遭人诟病，极具争议。

第五个案例是兰德医疗保险实验。这个案例展示了社会实验研究成果的实际应用存在广泛争议，是照顾大多数人或是群体平均水平的利益还是关注最弱势群体的权益。

以上几个案例，从因果到选择研究设计，到最后变量的测量，都体现了实验方法推断因果的优越性。

第二部分

案　例

第六章 学前教育领域的社会实验

第一节 启蒙计划

一 项目背景

（一）启蒙计划是什么

启蒙计划开始于1965年，是美国的一项学前教育政策，也是一项联邦计划，旨在通过促进认知、社交和情感发展来做好低收入家庭0～5岁儿童的入学准备。启蒙计划提供了一个学习环境，支持儿童在语言、识字、社交和情感发展等许多领域的成长。[①] 我国也有学前教育方面的规划和政策，如《中国儿童发展纲要（2021—2030年）》，提出适龄儿童普遍接受有质量的学前教育的目标。

启蒙计划关注的内容非常广，不只是教育，因为对于学龄前儿童而言，其个人、家庭、所在的社区都会对教育水平、教育环境产生影响。该计划最开始的服务对象是3～5岁儿童，而且针对的是低收入家庭，也就是弱势群体。后来，该计划的服务对象开始拓展到0～3岁儿童，被称为早期启蒙计划。因此，从整体来讲，启蒙计划为0～5岁儿童提供入学准备，为他们进入小学或者幼儿园做准备。

启蒙计划为0～5岁儿童提供了一个学习环境，该计划非常强调个性化的环境和培养方案，为儿童制定不同的学习计划、学习目标。同

---

① Yoshikawa H., Weiland C., et al. Investing in Our Future: The Evidence Base on Preschool Education [R]. Society for Research in Child Development, Foundation for Child Development, 2013.

时，该计划还强调父母是孩子第一任也是最重要的老师的角色，非常关注家庭教育，虽然该计划目前以机构教育为主。此外，许多启蒙计划还提供早期启蒙计划，为处于联邦贫困线以下的婴儿、幼儿和孕妇及其家庭提供服务。①

（二）谁有资格参加启蒙计划

主要依据是贫困线。美国政府每年都会划定一个贫困线，这个贫困线是动态变化的、非常精确的。启蒙计划根据每年的贫困线，来给贫困线以下的低收入家庭提供服务。也就是说，根据联邦政府发布的贫困指南，低收入家庭0~5岁的儿童有资格获得启蒙和早期启蒙服务。该计划的最终目的是让低收入家庭儿童能够更好地发展。

寄养儿童、无家可归的儿童和来自接受公共援助（贫困家庭临时援助或补充保障收入）家庭的儿童，都绝对有资格获得启蒙和早期启蒙服务。在美国，有很多无家可归的儿童，这是一个严重的社会问题。在我国，也有事实无人抚养儿童的概念，包括一些特殊情况，比如父母因为有重病，长期在医院，没有人抚养的儿童，父母或者其他主要监护人在监狱的儿童。②

随着启蒙计划的发展、资金的扩充，该计划的规模也不断扩大，最多可招收来自收入高于贫困线标准10%的家庭中的儿童。如果能够确保满足某些条件，该计划还可以为来自收入高于贫困线但低于贫困线130%的家庭中额外35%的儿童提供服务。

此外，孕妇也可能有资格获得早期启蒙服务。

二　项目机构与服务提供

（一）启蒙计划办公室

如前所述，启蒙计划不只是一个关于教育的项目，它关注的范围非

① U. S. Department of Health and Human Services. Head Start Impact Study：First Year Findings［R］. Washington，DC，2005.

② U. S. Department of Health and Human Services. Head Start Impact Study. Final Report［R］. Washington，DC，2010.

常广。因此，该项目的管理、监督、经费的下拨都是通过启蒙计划办公室（OHS）进行的。启蒙计划办公室是美国卫生与公众服务部儿童和家庭管理局下属的办公室，对 1600 个在当地社区提供启蒙服务的公共机构、私营非营利和营利组织进行拨款资助和监督。该办公室每年为美国各州和领地、农场工人营地及超过 155 个部落社区的超过 100 万名儿童提供服务，这一规模已经相当大。

启蒙计划办公室建立联邦政策指导、持续监督以及培训和技术援助（TTA）系统，以为符合条件的幼儿及其家庭提供综合服务。TTA 系统是项目实施中非常重要的一个环节，是启蒙计划办公室专门为提升项目的服务质量而设置的一个系统，专门有一部分款项会拨到该系统。

2019 财年拨款 100 亿美元，为美国城市、郊区和农村社区的中心、家庭之家和家庭托儿所中的近 100 万名儿童和孕妇提供服务，使 100 万个左右的家庭从中受益，帮助其解决育儿上的、经济上的、专业教育水平上的困惑。其中，96.5 亿美元直接授予公共机构、私营非营利和营利组织、部落政府和学校系统，用于在当地社区开展启蒙计划。为了提高为受助者提供的服务质量，TTA 拨款超过 2.39 亿美元，可以帮助该项目得到很好的实施。

启蒙计划办公室下设 12 个地区办事处，分别位于波士顿、纽约、费城、亚特兰大、芝加哥、堪萨斯城、达拉斯、丹佛、旧金山、西雅图等这些东中西部的大城市。其中，针对两类特殊人群有两个专门计划——美洲印第安人和阿拉斯加原住民（AIAN）计划以及移民和季节性启蒙（MSHS）计划，其区域办事处位于华盛顿特区。

（二）培训和技术援助

TTA 系统对项目实施非常有帮助，它分为国家、地区以及个人三个层面。

在国家层面，分为国家项目管理和财政运作中心，国家幼儿发展、教学和学习中心，国家家长、家庭和社区参与中心，国家健康、行为健康和安全中心，这四个中心各司其职，联合成一个团队，为所有的项目参与者提供各方面专业的服务。所有中心的共同任务包括：向受助人和专家传达最佳实践方式，并提供在各种现实环境中有效的、内容丰富的、实用的资源信息，在区域和国家的会议和机构中提供培训，支持区域 TTA 专家的发展，通过电子邮件、免费电话和其他形式的技术与本地项目通信。

在地区层面，12 个 OHS 地区办事处与各个地区的幼儿、受助人、健康和系统这四类 TTA 专家合作。其中，最关键的可能是幼儿专家，包括婴幼儿（0～3 岁）专家和学龄前儿童（3～5 岁）专家。这些专家的工作分为四类：入学准备；父母和家人的参与，父母是最核心的家庭教育主体；受助人员的专业发展，不仅是儿童，整个家庭都要进行全方位的发展；国家层面的合作，这样能知道什么是最佳的实践，怎样让地区最好地满足需求。每个启蒙计划和早期启蒙计划受助人都可以接触到一名幼儿专家，虽然不是一对一的。

在个人层面，本地受助人至少获得所有 TTA 资金的 50%，例如上面提到的 2 亿余美元，有 1 亿多美元直接给到受助人，其余部分会进入国家或者地区系统进行再分配，因此对受助人直接的资助金额是很高的。受助人根据他们的培训计划使用这些资金来满足当地计划的特定需求，包括提升教师资格、社区灾后与家庭合作、改善管理系统和学习环境、帮助父母在家提升孩子的识字技能。

（三）政府拨款

从政府拨款的情况可以看出该项目的规模之大，该项目持续时间很长，从 1965 年就开始开展，那时的拨款数目已经很可观，达到几十亿美元。大约从 80 年代开始，拨款数目迅速增长，已经增长至每年 10 亿美元，到 2019 年已经超过了 100 亿美元（见图 6－1）。在 50 余年的时间里，该项目已经累计为 3700 万名儿童和家庭提供了服务，由于美国的人口数量较少，这个数字已经相当可观。

（四）入学人数

1965 年，项目刚开始的时候，并不是一年制的项目，而是一个暑

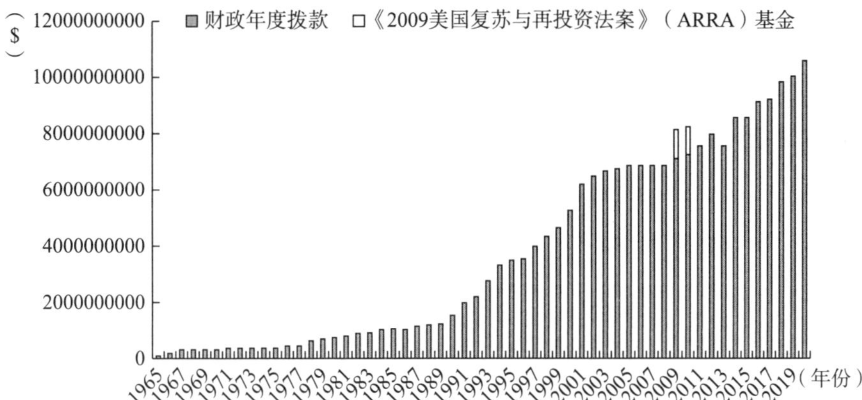

图 6－1　政府拨款

期项目，是小范围、短期的试点，只是在暑假进行了两个月的培训。从1966 年开始，就已经有正规的一年制的项目，基本上到 80 年代就没有短期的暑期项目了，都是一年制的项目。从入学人数上看，在 1965 年，虽然只是一个暑期项目，已经有 50 多万人参与，2019 年有 80 多万人参与，在 2011 年左右达到最大规模——将近 100 万人（见图 6－2）。在 50 多年的时间里发展到 3700 万人的规模，可以算作规模很大的一个学前教育项目。

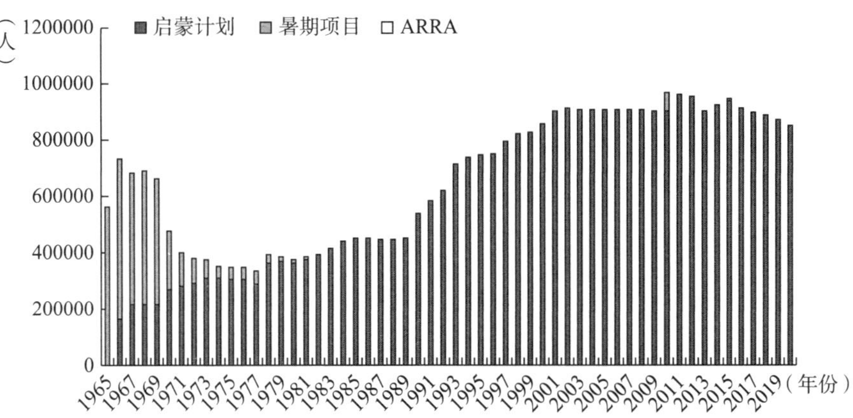

图 6－2　入学人数

（五）受助学生

大多数受助学生同时接受启蒙服务和早期启蒙服务，29% 的受助学生仅接受启蒙服务，13% 的受助学生仅接受早期启蒙服务，58% 的受助学生同时接受启蒙服务和早期启蒙服务。

大多数启蒙服务是在中心中提供的。如图 6－3 所示，在启蒙计划中，在家庭中接受项目的 3～5 岁的儿童约占 2%，在中心中接受项目的儿童所占的比重很大。在中心中接受项目的模式在不同地区的设定也不太一样，有的是每周 5 天、每天超过 6 小时，有的是每周 5 天、每天小于等于 6 小时，还有的是每周 4 天、每天小于等于 6 小时等，这些不同设定方案的占比不一样，但大多数还是每周 5 天、每天超过 6 小时的模式。这基本上可以看作一个育儿支持的项目，因为儿童在中心中接受 6 小时的项目服务可以帮助这些家庭中儿童的照料者解放一部分劳动力。在早期启蒙计划中，由于孩子年龄更小了，很多时候该计划只能在家庭中为其提供服务，所以受助学生在家庭中接受项目的比例相对较高，超过 1/3。而且，0～3 岁儿童更需要长时间的、更符合儿童特性的、能满足家庭需要的项目。因此，在中心中接受每周 5 天、每天超过 6 小时的服务模式的比例也比较高，超过一半。此外，还有 4% 的孕妇的项目，在妇女生产之前为她们提供一些支持（见图 6－4）。

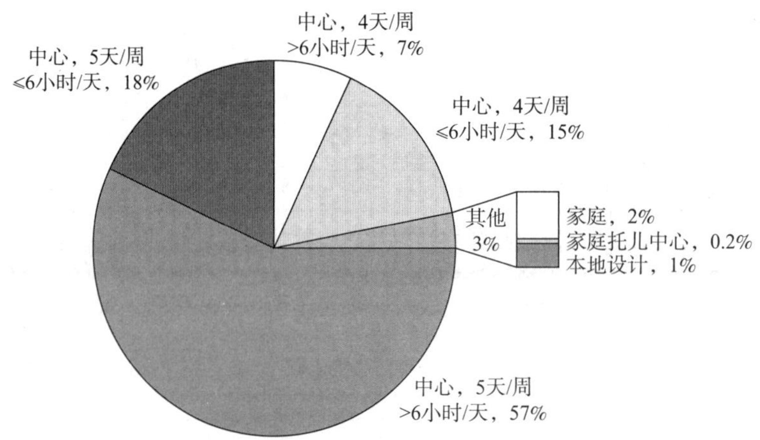

图 6－3　启蒙计划不同模式的入学儿童比例

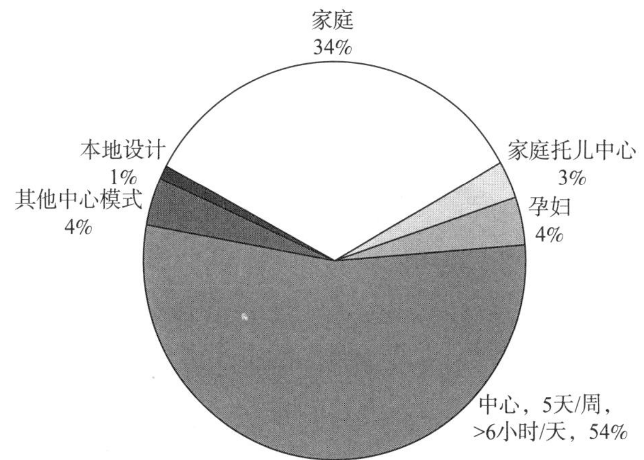

图 6－4　早期启蒙计划不同模式的入学儿童比例

图 6－5 为受助学生的年龄情况。绝大部分受助学生还是 3～4 岁，占比超过 70%。由于 5 岁的学生基本上可以上学前班，或者有些已经上小学了，很少有 5 岁的学生参加。2 岁及以下的学生比例达到1/4，这说明早期启蒙计划较好地覆盖了目标人群。

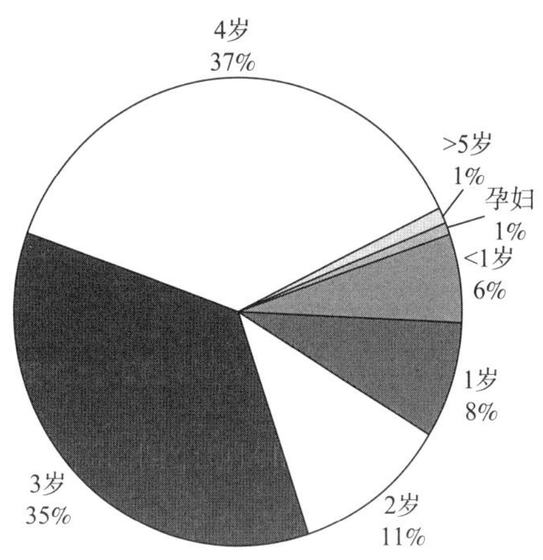

图 6－5　按年龄划分的累计注册人数

图 6－6 为受助学生的种族情况。美国是一个多种族社会，因此特别关注种族的情况。接受项目的绝大部分还是白人，占比高达 44%，黑人/非裔大约占 1/3，这一点也引起了人们对这个项目的诟病，人们

认为该项目存在系统性的种族歧视，因为低收入的黑人/非裔绝对不止30%。

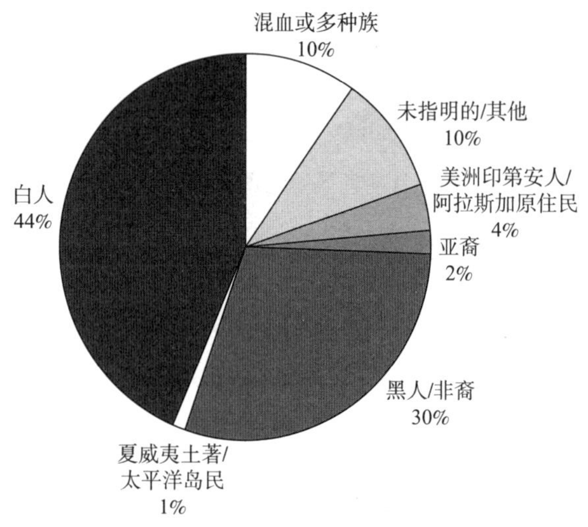

图6－6　受助学生的种族情况

图6－7为受助学生的健康状况。基本上在从入学（接受项目服务）到学习结束（进入小学）这个过程中，受助学生的健康状况都有一定程度的提升，这主要是用儿童是否有免疫、是否有健康保险、家里是否有药、是否有牙医等指标来衡量。

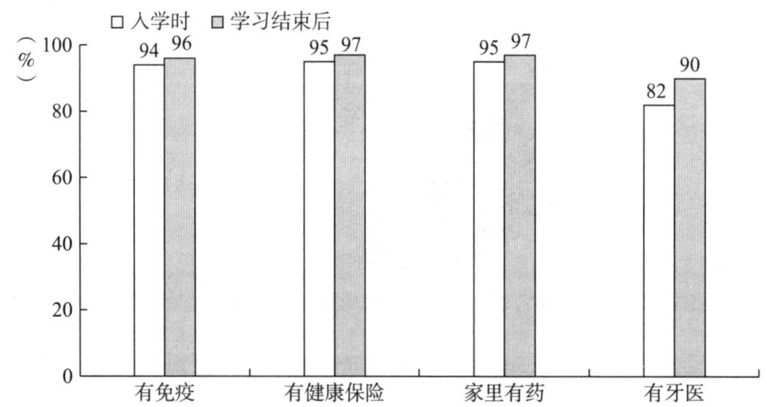

图6－7　受助学生的健康状况

（六）工作人员

启蒙计划雇用并与 273000 名员工签订了合同。大约 1061000 名成年人成为当地启蒙计划的志愿者，其中 749000 人是参加过启蒙计划的儿童的父母，他们更了解家长和工作人员各自的心态是什么，能够起到很好的沟通作用。项目中有 23% 的工作人员都是参加过这个项目的儿童的父母。① 这一方面说明这个项目比较成功，这些父母愿意继续为这个项目服务；另一方面也说明这个项目比较开放，每年可能需要上百万名志愿者，非常需要更多了解这个项目的人员来开展工作。大约 127000 名工作人员为儿童提供发展服务，这些工作人员包括教师、助理教师、家庭访客和家庭儿童保育提供者。在这些工作人员中，30% 的人精通英语以外的语言。

美国有一项法律，专门对学前教育老师的学历水平做出要求（本科及以上超过 50%），但这种学历方面的测量只能在机构中进行，无法在家庭中测量。图 6－8 为该项目工作人员的学历情况，可以看出，本科及以上学历的占比达 72%，超过了立法规定的 50%，大专占 23%。

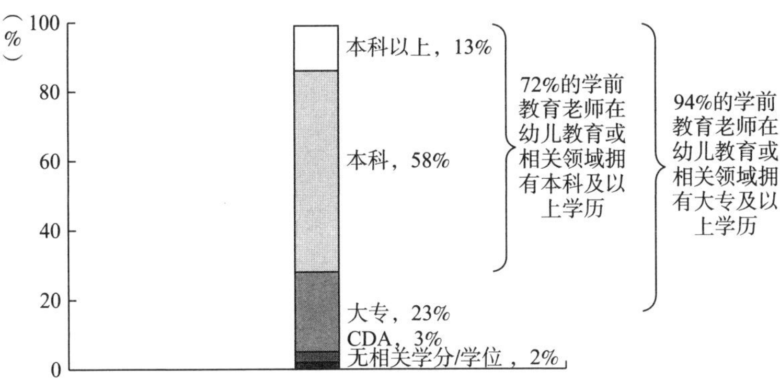

图 6－8　学前教育中心老师的学历

① U. S. Department of Health and Human Services. Head Start：What Do We Know About What Works?［R］. Washington，DC，1990.

（七）服务

启蒙计划提供早期学习和发展、健康以及家庭福利这三大类服务。

第一类服务是早期学习和发展，是该项目最为关注的，因为该项目是一个学前教育计划。该服务提倡通过个性化的学习体验促进儿童为上学及以后的学习做好准备，具有帮助儿童从家庭教育过渡到学校、机构正式教育的功能。提倡与成人的关系建立、游戏以及有计划和自发的指导，使儿童在社交技能、情绪健康、语言和识字技能、数学和科学概念等方面都得到成长。[①] 关注多样化，提倡早期学习经验包括文化和语言的多样性，与平等和公平相结合，其中最关注的是西班牙语，因为说这种语言的人数比较多。主张父母，或者祖父母、养父母和其他照顾者，是孩子的第一任老师，也是最有影响力的老师。同时，启蒙计划与家庭、学区和其他实体合作，促进每个孩子顺利过渡到幼儿园。

第二类服务是健康。启蒙计划后期非常关注儿童的健康。因为对于0～5岁的儿童来说，健康其实可能比教育更重要，只有拥有健康的心理和身体状况，才能获得更好的教育。该服务具体包括让所有儿童都接受健康检查，为他们提供营养餐，并且将家庭与医疗、牙科和心理健康服务联系起来等。其中，特别关注心理健康，因为低收入家庭中很多无人照顾的儿童产生心理问题的概率更大。

第三类服务是家庭福利。包括为父母和家庭提供住房稳定、继续教育和财务保障等服务，这样才能够保障儿童更好地在家庭中发展。因为如果家庭本身就是居无定所、住房不稳定，或者父母本身受教育水平不高、没有稳定的收入，儿童也不会有一个稳定的成长环境，心理可能会受到影响，健康营养也会受到影响，教育发展更会受到影响。同时，该计划支持和加强亲子关系，使家庭参与孩子的学习和

---

① Durlak J. A. The Importance of Doing Well in Whatever You Do: A Commentary on the Special Section, "Implementation Research in Early Childhood Education" [J]. Early Childhood Research Quarterly, 2010, 25 (3): 348 -357.

发展。①

为什么说这个项目是特别全面的服务？因为它不仅为3~5岁的儿童提供启蒙服务，也为0~3岁的儿童提供早期启蒙服务；不仅关注儿童的健康、教育，而且关注整个家庭环境的支持，是全方位的福利。启蒙计划提供的服务更多的是以家庭为中心，多采用家访的形式。启蒙计划配置了有专业素养的工作人员定期（大部分是每周一次）去家庭进行家访，对他们进行家庭教育指导，帮助他们解决问题，同时观察儿童的情况。②

此外，启蒙计划还有提供给原住民的特殊服务。如美洲印第安人和阿拉斯加原住民，虽然他们人数不多，但是他们仍然有需求，他们中的年轻一代可能说英语，但是很多年纪大的仍说土著语言，所以对他们的教育需要很特殊的设计。到2023年为止，尽管他们人数不多，但已经有4.4万名儿童获得了原住民启蒙计划的服务。根据当地社区的需求，项目为幼儿及其家庭提供传统语言和文化习俗等方面的高质量服务。

美国是一个农业大国，一些务农的移民（可以理解为外出务工人员）需要季节性地去全国各地寻找工作。移民和季节性启蒙（MSHS）计划为这些家庭的儿童提供特定服务。MSHS计划与每年迁移到多个地理位置的移民农场工人家庭以及永久定居在其社区但继续从事农业工作的季节性农场工人家庭合作。自1967年以来，MSHS计划为0~5岁的30000多名儿童提供了服务。

三　项目简史

1964年1月，约翰逊总统发表国情咨文，宣布“向贫困宣战”。美

---

① Ritblatt S. N., Brassert S. M., Johnson R., & Gomez F. Are Two Better than One? The Impact of Years in Head Start on Child Outcomes, Family Environment and Reading at Home [J]. Early Childhood Research Quarterly, 2001, 16, 525-537.

② Barnett W. S. The Battle Over Head Start: What the Research Shows [J]. National Institute for Early Education Research, Presentation at a Science and Public Policy Briefing Sponsored by the Federation of Behavioral, Psychological, and Cognitive Sciences, September 13, 2002.

国当时深陷越战泥沼中，整个国家虽然不是百废待兴，但是经济发展速度不快，水平也不高，失业率很高，所以国情咨文主要涉及怎么扭转贫困的局面，更好地进行国家社会建设，而研究可以发挥较大的决策依据作用。耶鲁大学一名从事儿童研究的老师就提出学前教育计划，通过研究发现早期干预计划可以显著影响低收入家庭儿童的认知和社会情感发展。当然，这与约翰逊总统个人经历也有关，他原来是得克萨斯州的一名老师，有教育方面的经历，因此他会比较重视教育环节，坚信教育是打破贫困循环的关键，这些都促成了他试行启蒙计划这一早期教育项目。他不仅关注短期的影响，更从长期方面来进行考虑，比如 3～5 岁的孩子在 15 年之后就可以工作了，他们可能是高质量的劳动力。

1965 年，正式开始对这个项目进行试点，这时只是暑期项目，只有 8 周的时间。项目报告书中的目标就是要打破贫困循环，这是一个远景目标。因为贫困是可以代际传递的，如富人本身有资本，他的下一辈继续富有的概率就更大；而穷人的孩子从小就没有一个良好的生长环境，也得不到优质的教育资源，所以他们长大后在贫困阶层的概率也就更大。

在试点取得成功的背景下，1966 年，启蒙计划正式启动，发布了正式的启蒙计划申请手册（见图 6－9），这个手册详细介绍了家长如何申请、管理层如何管理经费与人员等事宜。

1967 年，一名叫作潘乔（Pancho）的 6 岁墨西哥裔儿童被评选为“年度儿童”，这具有很大的政治或者宣传意义，因为潘乔非常具有典型性。他是一个墨西哥少数族裔，属于低收入人群，并且智力不正常、身体有一定残疾，1965 年入学时，他的智力发育在 18～24 个月，而且从 2 岁起身体就没有长大。家长没钱给他治病，所以接受了启蒙服务。接受启蒙服务之后，他在两周之内得到了医疗救治，情况好转，身高、智力、身体状况等都在慢慢接近正常 6 岁儿童的水平。

这个“年度儿童”其实很大程度上是这个项目成功的代表，并且具有一定的宣传作用。一方面，让国会能够每 5 年在立法中继续授权这

图 6 - 9　启蒙计划申请手册封面

个项目；另一方面，支持该项目扩大规模、增加经费。

1970 年，《珍妮是件好事》这部关于良好营养对启蒙儿童的重要性的短片被提名奥斯卡最佳纪录片短片奖。

启蒙计划最开始并没有对残疾儿童给予特别关注，1972 年，项目开始关注残疾儿童，国会修改了《经济机会法》，呼吁增加为残疾儿童提供启蒙计划的机会。该立法规定，启蒙计划的全国入学人数中至少要有 10% 的残疾儿童，这是高于美国残疾儿童平均比例的，因为项目本身就是关注弱势群体，所以残疾儿童比例高于全国平均水平是必然要求。2019 年，项目中的残疾儿童比例约为 13%。

1973 年，开始开展基于家庭的启蒙计划，并为此专门设计了一个 logo（见图 6 - 10），在此之前计划的开展多基于中心、机构。

1975 年，启蒙计划实施 10 周年，宣传海报中各个类型的孩子都有（见图 6 - 11），这表明该项目关注多样性。启蒙计划发布了第一个绩效标准，详细说明了为 3 ~ 5 岁儿童服务的指导方针。

1977 年，项目开始进行双语教学，但主要关注英语和西班牙语。

图 6-10　基于家庭的启蒙计划 logo

图 6-11　启蒙计划实施 10 周年宣传海报

当时一份关于四个地区的报告结果表明，随着时间的推移，四个地区的英语和西班牙语的比例更加协调，即更加双语化。

1979 年，卡特总统建议把项目移到教育部，全国范围内的启蒙计划社区对此非常反对，因为启蒙计划不只是一个教育项目，而是一个全方位发展的项目，家长的住房、成人教育、收入、就业等都是项目关注的内容，最终项目并没有被移到教育部。

1983 年，项目开始更加关注营养方面，出版了一本全面的营养手册，让家长和工作人员都能了解营养知识，明确营养的重要性，也让孩子养成良好的进食习惯。

1988 年，国会拨款超过 5000 万美元用于提高启蒙计划工作人员的工资水平，以留住更多学历水平高的工作人员。

1991 年，项目关注多元文化，尤其关注黑人、墨西哥裔。发布启蒙计划的多元文化原则，目的是让项目专注于个性化服务，让每个孩子和家庭都能感受到尊重，并能够在接受和欣赏不同的事物中成长。

1992 年，项目开始关注无家可归的人员，总统当时专门提出要为无家可归的儿童提供帮助，也增加了这方面的财政支出。[①]

1994 年，项目才开始对 0～3 岁的儿童进行早期启蒙教育，在此之前一直都是对 3～5 岁的儿童进行启蒙教育。

2003 年，启蒙计划实施国家报告系统（NRS），旨在以统一的方式收集标准儿童结果的信息，系统评估所有参加儿童的早期识字、语言和计算技能，目的是为项目评估做准备，提供数据支撑。此外，启蒙计划还进行启蒙儿童成果框架的推广，帮助项目规划课程并评估孩子的进步和成就，该框架由 8 个通用领域，27 个具体元素，以及大量儿童能力、知识和行为的具体指标示例组成。

2004 年，启蒙计划启动试点“我在运动，我在学习”（IMIL），关注儿童健康、肥胖问题，因为当时出现了很多 5 岁以下的肥胖儿童。该试点中规定了儿童每天运动的时间。

2006 年，启蒙计划启动幼儿学习和知识中心（ECLKC）网站，成为向信息化方向发展的一个体现。

2007 年，国会通过了《改善入学准备法案》，重新授权启蒙计划。

2011 年，启蒙计划发布了家长、家庭和社区参与（PFCE）框架，旨在让家长、家庭和社区等相关主体都参与该计划，而不只是儿童。

2012 年，整个东海岸的社区都被飓风桑迪摧毁，启蒙计划在帮助

① U. S. Department of Health and Human Services. Serving Homeless Families: Descriptions, Effective Practices, and Lessons Learned [R]. Washington, DC, 1999.

灾后的儿童和家庭方面发挥着重要作用。启蒙计划办公室发布了一份部落语言报告，详细介绍了部落社区在保护、振兴或恢复部落语言的各个阶段取得的进展和面临的挑战，强调了启蒙机构为支持儿童和家庭的文化和语言多样性所做的努力。

2013 年，在国情咨文中，总统提出了一系列新的投资计划，为儿童建立一个高质量的早期学习连续体——覆盖从出生开始到 5 岁的阶段。

2014 年，通过出生到五岁资助机会公告（FOA），鼓励申请人根据已证明的社区需求和他们的组织能力设计一个单一的、全面的提案。国会拨款 5 亿美元启动早期启蒙 - 儿童保育（EHS-CC）合作资助。这些赠款利用已有的儿童保育能力和基础设施，为全国的低收入婴幼儿提供全天和全年的高质量早期保育和教育服务以及持续的综合服务。

2015 年，总统的预算提议支持所有启蒙计划在整个上课日和整个学年运行。从该年开始，启蒙计划办公室通过与综合五年持续监督计划保持一致的监控系统评估受助人的合规性。

2016 年，启蒙计划自 1975 年发布以来首次进行全面修订，简化了启蒙计划绩效标准（HSPPS）。①

2017 年，启蒙计划在受飓风影响的社区的恢复中发挥着关键作用。启蒙计划提供了一个虚拟学习网络 MyPeers，以帮助启蒙计划和儿童保育人员与有共同兴趣和计划责任的人联系和学习。

2018 年，启蒙计划办公室致力于开展一项安全基础、健康未来运动（Safe Foundations，Health Futures），以消除儿童健康、安全和福祉面临的可预防风险。

2019 年，成立启蒙计划 - 公立学校合作示范项目。对于许多启蒙计划儿童和家庭来说，过渡到陌生的幼儿园环境并非易事。该示范项目在 13 个启蒙计划和公立学校之间建立了牢固的伙伴关系，以确保有效过渡。

① U. S. Department of Health and Human Services. Head Start Program Performance Standards [S]. 45 CFR Chapter XIII，Washington，DC，2016.

2020 年，COVID－19 严重影响了启蒙计划和早期启蒙计划、注册儿童和家庭以及社区。大多数计划停止了面对面的服务，取而代之的是提供虚拟或远程儿童发展服务以及其他家庭支持的组合。《冠状病毒援助、救济和经济安全法案》提供了 7.5 亿美元，用于支持计划并维持向儿童和家庭提供服务。

第二节　启蒙计划影响研究

1998 年，在对启蒙计划重新授权时，国会指示美国卫生与公众服务部在全国范围内确定启蒙计划对其服务的儿童的影响。启蒙计划影响研究主要研究三个问题：一是启蒙计划对低收入儿童的发展和学习的关键成果有何改变；[①] 二是启蒙计划对帮助儿童进行入学准备的父母的做法有何改变；三是在什么情况下启蒙计划会产生最大的影响或者说最好的政策效果。

一　研究设计

这项研究在设计上是独一无二的，与之前的幼儿项目评估不同，具有如下三个特点。

第一，随机对照。这项研究的国会授权有一个明确规定的目标，即产生因果调查结果，目的是确定启蒙计划是否会为参与的儿童和家庭带来更好的发展和育儿成果。为此，该研究将启蒙计划申请人随机分配到允许注册的启蒙计划组（实验组），或分配到不能注册的控制组（对照组）。[②] 这个程序确保了两个组在程序进入时的可比性，因此后来的差异可以归因于启蒙计划。

① Domitrovich C. E.，Gest S. D.，et al. Implementation Quality：Lessons Learned in the Context of the Head Start REDI Trial［J］. Early Childhood Research Quarterly，2010，25（3）：284－298.

② Sawhill I. V.，Baron J. We Need a New Start for Head Start［N］. Education Week，2010，29（23）：22－23.

第二，项目和儿童的代表性样本。在研究设计层面，外部效度是被人诟病最多的。大多数随机分配研究是在小型示范项目或少数运营地点进行的，通常是那些自愿参与研究的地点，这些样本可能并不能代表全国。相比之下，启蒙计划影响研究基于启蒙计划和儿童的全国代表性样本，这使得研究结果可推广到整个国家，而不仅仅是选定的研究样本。与大多数研究不同，它评估了代表全方位强度和质量的计划（最好、最差和完全实施的计划）的平均影响，并遵循既定的启蒙计划标准。

第三，随着时间的推移评估一系列综合结果。在该研究中，自变量只有一个，即是否参加启蒙计划，因变量非常多。该研究分别量化了启蒙计划在认知发展、社会情感发展、健康状况和服务以及育儿实践四个关键项目领域对 3 岁和 4 岁儿童的总体影响。这些影响是通过测量分配到实验组的儿童和分配到对照组的儿童之间的结果差异来量化的。

在解释研究结果时，还必须特别注意以下几点。①

第一，对照组儿童并非都待在家里。虽然对照组儿童不被允许参加启蒙计划，但是在伦理上不能阻止这些儿童去参加其他的早期教育，他们可以留在家中接受家庭教育，或者参加其他托儿所与学前班计划。因此，启蒙计划的影响是通过与家庭教育和其他早期教育项目的混合进行比较来确定的，而不是与人为阻止儿童在其家庭教育外获得托儿服务或早期教育计划的情况进行比较。大约 60% 的对照组儿童在研究的第一年参加了其他儿童保育或早期教育计划，对照组中 13.8% 的 4 岁儿童和 17.8% 的 3 岁儿童在第二年加入了启蒙计划。

第二，影响代表启蒙计划一年的影响。对于 4 岁的儿童，该研究提供了单年（他们有资格进入幼儿园的前一年）的启蒙计划的影响。对 3 岁儿童的影响反映了提前一年参加启蒙计划的好处，连续两年阻止 3 岁儿童参加启蒙计划是不可行、不合理的。因此，该研究无法直接评估接受一年与两年启蒙计划的差异。根据设计，该研究并没有试图控制孩子

① Nathan R. P. How Should We Read the Evidence About Head Start? Three Views [J]. Journal of Policy Analysis and Management, 2007, 26 (3): 673 - 689.

们在接受这一年的启蒙计划之后的选择。

第三，影响代表总体平均影响。该影响研究所研究的影响是对所有参加启蒙计划的儿童和家庭的平均影响。

设计这项研究的关键问题是：如果孩子们没有参加启蒙计划，我们如何确定会观察到什么结果？在许多研究中，研究人员通过将计划参与者与非参与者进行比较来解决这个问题。这些非参与者可能来自申请了启蒙计划但未接受服务的儿童的候补名单，或者来自未申请启蒙计划的低收入家庭儿童群体。① 然而，即使是构建这样一个可比较的非参与者群体的最佳尝试也会存在评估者所说的“选择偏差”。也就是说，为他们的孩子寻找或选择启蒙计划的家庭，或者更早选择启蒙计划的家庭，很可能在一些重要方面与其他家庭有所不同，因此，他们的孩子可能有不同的结果，而与启蒙服务的效果无关。由于无法解释这些差异，存在将在特定结果（例如紧急识字）上观察到的差异误认为受该项目影响的风险。为了避免这种选择偏差问题，启蒙影响研究将一个包括 3 岁和 4 岁儿童的启蒙申请者样本随机分配到实验组或对照组。实验组被允许参加启蒙计划，而对照组没有获得参与资格。在这种随机设计下，对两组的结果进行比较，可以对启蒙计划对儿童入学准备和之后的学业成功的影响进行公正的估计。② 如果随机分配以足够的样本量，则两组在随机分配时不应有平均差异。从那时起，两组之间的唯一区别将是他们是否获得启蒙服务的机会，因此，随机分配后观察到的平均结果的任何差异都可以归因于启蒙计划的影响。

二　样本选择

该研究使用过程较为复杂的多阶段抽样来选择具有代表性的启蒙计

① Abbott-Shim M., Lambert R., & McCarty F. A Comparison of School Readiness Outcomes for Children Randomly Assigned to a Head Start Program and the Program's Wait List [J]. Journal of Education for Students Placed at Risk, 2003, 8 (2), 191 - 214.

② National Forum on Early Childhood Policy and Programs. Understanding the Head Start Impact Study [R]. Center on the Developing Child, Harvard University, 2010.

划组，并且控制成本。就具有全国代表性而言，可能最好的一种方式是在全国范围内随机抽取不同的儿童，假设全美国儿童有5000万人，在这5000万人里面随机抽取1000人，但这种方法的可行性受到限制，不适合大型的项目。几乎所有大型的调研都要做分层。

启蒙计划影响研究的抽样过程如图6－12所示。

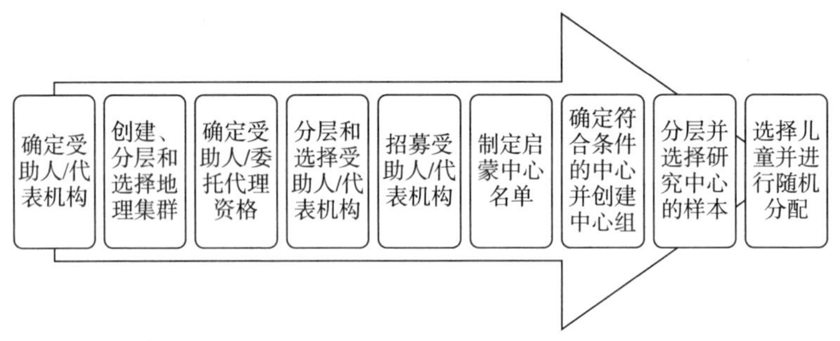

图6－12　抽样过程

第一步，确定受助人/代表机构。承担启蒙计划的机构，可能是个人，也可能是组织；可能是私营的，也可能是公立的。它们获得政府的资助后开始建立启蒙中心，单个个体或组织可能建立多个启蒙中心，然后在中心为不同的家长和儿童进行服务。使用启蒙计划信息报告（PIR）创建一份包含1715个在1998～1999财政年度运营的启蒙受助人和代表机构的列表，排除：①仅提供特殊服务的受助人/代表机构（移民和季节性启蒙计划、原住民计划，以及仅服务于早期启蒙儿童的站点），②参与FACES 2000研究的受助人，③根据咨询委员会报告（1999年）的建议，“对计划非常陌生”的受助人/代表机构。

第二步，创建、分层和选择地理集群。这个由1715个受助人或代表机构组成的列表随后被组织成161个“地理集群”。然后将这些集群分为25个层级，以确保在国家地区、城市/农村、种族/民族以及州学前班和儿童保育政策等方面有代表性。然后从25个层级中的每一层级中随机抽样，使抽样概率与入学率成正比，最后抽取了261个受助人/代表机构。

第三步，确定受助人/委托代理资格。为了符合纳入研究样本的条件，受助人/代表机构必须有足够的额外申请人作为候补名单，这是最好的天然对照组，但是很多地方很有可能没有候补名单。为社区中所有符合条件的儿童提供服务的计划（称为“饱和”计划或中心）不能被纳入研究，因为在这些地点创建对照组可能会导致接受服务的儿童数量减少，这是不符合伦理的。还要确定选出的这些机构是否存在，是否进行了合并等。这一筛选过程排除了在饱和社区中运营的 28 个受助人/代表机构（减少了 11%）。此外，还有 10 个受助人/代表机构已关闭或合并，使符合条件的机构进一步减少到 223 个受助人/代表机构。

第四步，分层和选择受助人/代表机构。为确保包括所有领先的受助人/代表机构，将较小的机构与同一集群中的其他机构合并，形成受助人/代表机构团体。在机构中再进行分层，加入的分层指标更加丰富。如种族的水平，包含西班牙裔和非裔入学比例；提供课程的类型，是全日制还是非全日制还是都有；3 岁儿童的入学率；学校资助的类型等。接着，从 25 个分层里，每个层级随机抽取大约 3 个受助人/代表机构/团体，概率与入学率成正比，最终选出来自 23 个州的 76 个受助人/代表机构团体，其中包括 90 个单独的受助人/代表机构。

第五步，招募受助人/代表机构。该研究做了一系列复杂的分层随机抽样之后才开始招募。高级项目工作人员在 2001 年夏季调研了这 90 个选定的受助人/代表机构，以获取进行解释研究、验证研究所需的信息，并获得这些受助人/代表机构参加启蒙影响研究的同意。3 个机构（1 个最近关闭，另外 2 个与联邦资助的启蒙质量研究中心 25 联盟正在进行的一项研究重叠）被取消，留下 76 个受助人/代表机构团体中的 87 个受助人/代表机构。

第六步，制定启蒙中心名单。因为每一个受资助的机构下可能有多个中心，可能是营利的，也可能是非营利的，所以需要联系这些机构制定一个启蒙中心名单，最后产生了一个包括 1427 个启蒙中心的列表。

第七步，确定符合条件的中心并创建中心组。即需要再确定符合条件的这些中心是否饱和，这一阶段排除了 169 个被确定为饱和的中心，以及 3 个饱和的受助人/代表机构。在 84 个受助人/代表机构中，合格的 1258 个中心中的小中心与附近的中心相结合，形成中心组。

第八步，分层并选择研究中心的样本。进行分层是因为要保证样本的代表性，此外每次抽取的概率就是入学的概率，这是一个固定的数值，要考虑经费限度以及研究需要的样本量。从每个符合条件的受助人/代表机构中选出 3 个中心组，从而在 84 个受助人/代表机构中形成了 448 个中心的主要样本。其中，103 个中心不符合纳入研究的条件，又增加了 38 个替代中心，最后产生了 383 个启蒙中心样本。

第九步，选择儿童并进行随机分配。最后得到的儿童样本量接近 5000 人，有 2783 人在实验组，1884 人在对照组。这其实是到最后才告知家长，而实际上因为每年的申请率不同，预测的申请率可能比实际的申请率要低，所以会出现样本变小的情况。在每个选定的启蒙中心，家长们被告知，2002 ~ 2003 启蒙计划学年的入学程序将有所不同，并且关于入学的决定将使用“类似抽签”的方式做出。2002 ~ 2003 学年，随机分配到非启蒙组的儿童不得参加启蒙教育。那些 3 岁组的人被告知，他们可以在 2003 ~ 2004 学年重新申请启蒙计划。

研究人员与受助人/代表机构合作，确保家长收到学习信息。这些工作人员获得了 2002 ~ 2003 学年所有申请的数据，以确保所有申请者都被随机分配。在大约 18000 份申请中，只有 276 份被排除在外。

该研究旨在分别测量两组儿童，即新入学的 3 岁和 4 岁儿童。这种设计反映了这样一个假设，即不同的计划影响可能与进入启蒙阶段的年龄有关。出现 3 岁儿童在某些受助人/代表机构中的入学人数增加的趋势，可能是由于 4 岁儿童的学前选择越来越多，差异影响尤其令人感兴趣。

因此，该研究包括两个单独的样本：新入学的 3 岁组（将通过两年的启蒙计划参与、幼儿园和一年级进行研究）和新入学的 4 岁组（将通过一年的启蒙计划参与、幼儿园和一年级进行研究）。[①] 3 岁组比 4 岁

---

① Ludwig J., & Phillips D. The Benefits and Costs of Head Start [R]. Social Policy Report XXI (3), 2007.

组规模稍大，以防止因对年幼儿童额外一年的纵向数据收集而产生的更高的研究流失的可能性。

尝试在383个随机选择的启蒙中心进行随机分配。其中，只有5个中心（1.3%）无法完成随机分配，因此最终样本中有378个中心成功进行了随机分配。但是，如上所述，无法在每个中心获得完整的所需样本，由此出现以下情况。

第一，获得完整样本。随机分配在173个启蒙中心（45%）完成，提供了完整的儿童预期样本。

第二，获得较小的样本。随机分配在150个启蒙中心（39%）完成，提供的样本小于预期（因为新申请率低于估计值）。

第三，获得更大的样本。在55个启蒙中心（14%）为比原计划更多的儿童完成了随机分配，既要利用新儿童入学率高于预期的情况，又是为了弥补新入学率出乎意料的低的其他中心。

总共有4667名新入学的儿童被随机分配并纳入了启蒙影响研究。

三　定义干预

在定义干预方面，并不是简单地使用是否接受项目服务，而是3岁接受还是4岁接受。该研究关注启蒙计划对儿童进入小学的过渡是否有帮助，对于0~6岁的儿童来讲，每一年都很重要，因此3岁接受还是4岁接受是有差别的。该研究首先要看3岁和4岁进入该项目各有何影响，再对比3岁和4岁之间有没有差异，默认时间都是1年。

新入学的3岁和4岁启蒙计划申请者被随机分配到第一年可以获得启蒙服务的启蒙计划组（实验组）和第一年不能获得启蒙服务但是可以接受其他早期教育服务的对照组。该研究将3岁组儿童和4岁组儿童作为两个独立样本，分别进行测量。

本章小结

本章以启蒙计划为例，介绍了学前教育领域的社会实验。第一节介绍了启蒙计划的历史。1965 年，在“向贫困宣战”的大背景下，启蒙计划开始试点。之后，通过一系列重要的时间节点，介绍了该项目的发展历程，该项目逐渐将残疾人、无家可归的儿童、少数族裔纳入服务范围，并逐渐开始进行评估和数据收集。第二节介绍了如何定义干预和选择样本。这个问题说起来似乎很简单，但是真正要明确定义项目的干预、如何操作、如何进行设计、如何进行研究等都是比较复杂的，其中也很有可能会涉及伦理问题，因为连续两年拒绝符合条件的人参与这个项目是不公平的。所以该项目只关注 3 岁接受和 4 岁接受之间的区别，并不关注多接受 1 年有何影响。在样本选择方面，该实验具体通过九个步骤进行抽样，使样本具有全国代表性，几千人的样本能够代表几百万人的总体情况。这就涉及随机抽样的学问，与分配是有区别的，尽管两者都是随机，但是问题导向是不一样的。随机抽样就相当于做了一锅汤，怎么样尝一口使得喝到的这一口能够代表整锅汤的口感，而不是正好那一口就咸了或者淡了。一般来讲，需要先把整锅汤充分搅拌均匀，这样不管舀到哪一勺，尝到的味道都是一样的。

第七章　收入激励领域的社会实验（一）

第一节　新希望项目

如前所述，社会实验中的证据既可以是定量的，也可以是定性的，两者都能够为政策决策提供高质量的证据。之前介绍的案例大多采用定量研究方法，本节通过介绍新希望项目这一案例，来阐述在社会实验中如何将定量研究和定性研究相结合。[①]

一　收入所得税抵免

New Hope，这里译为“新希望”，是一个收入激励项目。该项目是一种收入所得税抵免（Earned Income Tax Credit，EITC）项目，是与税收相关的，主要针对中低收入的个人或者家庭，可以帮助他们获得税收减免。

什么是税收减免？中国有一个“个人所得税”App，个人在里面可以查询到自己每个月交了多少税，一年下来应该报多少税。西方实行报税制度较早，不同收入的税率是不一样的，如个人所得税率、增值税率、兼职收入税率等是有差异的，每一项收入打到银行卡上时，已经根据不同的税率计算好了。那么，税收减免或者抵免的目的是什么呢？举个例子：个人所得税申报，怎么样可以减免呢？家中有 60 岁及以上的

① 本节内容节选自 Brock T.，Doolittle F.，Fellerath V.，Wiseman M.，Greenberg D.，& Hollister Jr. R. Creating New Hope：Implementation of a Program to Reduce Poverty and Reform Welfare［M］. New York：Manpower Demonstration Research Corp，1997。

老人，有养老的需要，是可以减税的。因为它默认家中的医疗或者养老支出比较多，而且养老有一种社会化倾向，可以算是政府或者社会养老，但是具体的责任是放到每一个家庭中的。减税，如原来的税收起征点是6万元，如果家里有一个60岁及以上的老人可以减税，那么税收起征点可能提高1万元，相当于从7万元才开始交税。假设某人年收入10万元，原本有4万元需要交税，而减税后只有3万元需要交税。此外，在育儿方面，如果家里有3岁以下的儿童也是可以抵免税的。在教育方面，继续教育需要交学费，这部分人也可以获得减税。这其实是国家的一个导向，即国家重视和提倡育儿、养老、继续接受教育等。

税收减免资格取决于多种因素，包括家庭人数、报税身份和收入。在收入方面，美国每年都会有动态变化的低收入线，在报税系统中对收入是否达到低收入线会有很明确的提示，那些在低收入线以下的个人或者家庭才可以获得税收减免。

在家庭人数方面，美国的福利非常看重生育，即使该国已经通过国外移民解决了老龄化问题。在美国，家庭中有一个孩子、两个孩子还是三个孩子，获得的税收减免是不一样的，其差别不是线性的，而是指数性的。也就是说，有三个孩子的家庭基本上不用交税，政府反倒会退税，相当于交的税已经多了。比如，按照个人所得税来看，税率应该是一样的，但是家里有三个孩子，政府就会按比例给钱，一个孩子的时候多少钱，两个孩子就相应更多，三个孩子就更多了，到最后核算出来个人所得税都不用交了，政府会再补给这些家庭钱，也就是退税。美国每年4月进行报税，个人需要补的税就用支票寄给政府，退税的时候政府直接把支票寄给个人。

在报税身份方面，一般情况下需要是美国人。另外还有一种情况，外国人在美国待的时间足够长，例如累计超过5年，那么在税收上其身份就等同于美国人，是可以获得项目参与资格的。

低收入工作者可使用抵免来减少所欠的税款，而且当收入所得税抵免超过所欠税款时，就会增加退税。这些低收入工作者可能存在欠税的情况，也就是没交够税款，需要补税。但因为他们是低收入群体，所以政府要对他们进行兜底保障，减少他们需要补的税，当减少到一定程度时，政府反而还有可能要退税。当然，并不是所有低收入的人都会获得政府的退税，主要针对的是收入极端低、需要救济、无家可归等情况的人，算是一种保障性的政策。

二　项目背景

新希望项目是在美国威斯康星州密尔沃基市的两个区开展的，是一个相对小型的项目。威斯康星州位于美国中部五大湖地区，不是特别发达；密尔沃基是该州最大的城市；两个区（南区和北区）是按邮政编码定义的，是位于市中心的经济萧条、贫困程度比较高的两个区。该项目开始于 1994 年，产生背景主要有以下三点。

（一）强劲的劳动力市场

新希望项目作为一个全方位的收入援助和就业帮扶政策，是在密尔沃基市劳动力市场很好、失业率很低的情况下进行的，但该项目的开展依然是必要的。这是因为密尔沃基是有分区的，主要分为城市中心区（又称核心区、都会区等）和郊区，而失业率是整个城市的平均失业率，并不是分区的。因此，就会出现劳动力与新增长的就业机会存在空间错配的问题。具体而言，美国的中产阶级大多居住在郊区的别墅或者独立住宅，郊区环境好，没有空气污染，也没有拥堵，人口密度比较低，居住更舒适，所以郊区的房子往往也比较贵。而城市中心区居住空间小很多、交通拥堵、喧闹、空气质量也相对较差，是大多数中低收入群体选择居住的地方。在此背景下，在郊区有非常多的就业机会，例如适合中低收入群体的修水管等工作。但是，这些中低收入群体很难通过公共交通到达郊区，他们往往也没有私人交通工具，因此郊区的就业机会与中心区的劳动力就出现了错配的情况。

（二）福利体系快速变化的时代

抚养未成年子女家庭援助（AFDC）是一个比较传统的大型的针对

家庭的援助项目，主要关注有小孩的中低收入家庭。在美国，这种类型的援助项目有很多，其缺陷是这些项目大多针对有小孩的中低收入家庭，中低收入个人、没有孩子的家庭无法申请这些项目的援助，他们获得援助的需求难以得到满足。此外，当时威斯康星州由于财政问题取消了一些针对单身个人的现金援助计划。因此，当时需要一个新的不仅针对家庭还针对个人的项目，帮助这些中低收入个人保障自身生活，从而使他们更好地转变为劳动力。

同样由于财政问题，该州 AFDC 的项目审批也越来越严格，需要的家庭越来越多，但是最终能够通过资格审核的家庭越来越少，所以出现了公共援助项目的缺口。

（三）新希望项目的独特福利

1. 资格认定更广泛

新希望项目不再局限于有小孩的家庭，而是把单身的低收入个人、没有小孩的家庭都纳入进来，赋予更多的人接受新希望项目援助的资格。①

2. 以工作为条件

直接给予补助金的意图是好的，但很有可能会引起一些争论和问题，如近年来美国会给那些受疫情影响的中低收入报税人发放数额不小的补助金，这就造成很多人出现工作倦怠、懒散的状态，即使后来疫情有所缓和开始慢慢复工，很多人也选择不去上班。因为他们失业能获得不少补助，这些钱甚至能够与一些人的工作收入相当，即使收入有一些落差，很多人也是能够接受的，进而导致许多州出现复工后无人上班的情况，必须提高工资才有人去上班。这其实反映了长期以来社会福利哲学方面的一个思考：通过什么样的手段才能够让福利真正地帮助人？直接给予现金补贴，数额太少可能没有什么帮助，数额多了就容易让人产生没有必要工作的想法。

① Duncan G. J., Huston A., & Weisner T. S. Higher Ground: New Hope for the Working Poor and Their Children [M]. New York: Russell Sage, 2007.

因此，新希望项目设计为不直接给现金援助，而是提供以工作为资格和条件的援助。具体来说，该项目要求个人每周工作 30 个小时才能领取福利，而不是简单的只要失业就给现金援助。如果有人找不到工作怎么办？该项目可以为那些找不到工作的人提供一些岗位，主要是一些社区服务的工作岗位，这些岗位专业性不强，即使没有任何技能也可以胜任，比较适合文化水平普遍较低的中低收入群体。此外，提供这些岗位的前提是参与项目的成员在 8 周之内没有找到工作。因此，该项目的独特之处就在于它是工作激励导向的，是鼓励人们去工作的，与直接给予现金援助的项目相比具有独特优势。

3. 严格的研究设计

该项目在开展之初就和美国本土的一个实验研究组织 MDRC 签订了合同，也就是说，从一开始该项目就被作为一项实验研究进行设计，这样才能得出强有力的证据，证明该项目是否有效以及哪些部分有效。

三　项目简介

新希望项目是自愿参与的，参与资格取决于收入和每周至少工作 30 个小时的意愿。该项目的资格认定范围较为宽泛。一方面，该项目关注到了没有孩子的中低收入人群，成年人无论是否有孩子，都符合参与资格；另一方面，该项目与其他公共援助不是互斥的，而是独立于整个公共援助体系，是在原有的现金援助、就业援助、家庭援助这些援助之外的一个项目，不会因为参与者参加了其他项目而取消其参与新希望项目的资格。

该项目提供的福利和服务主要包括以下四项。

第一，帮助参与者获得工作，包括获得有时间限制的最低工资社区服务工作（CSJ）。如果参与者失业或想换工作，该项目可以为其提供个性化的求职服务。如果参与者在 8 周之内在就业市场找不到工作，该项目可以为其提供社区服务工作，而且一个人在项目开放的三年时间里最多可以累计做 12 个月（1 次最多连续做 6 个月）的社区服务工作。

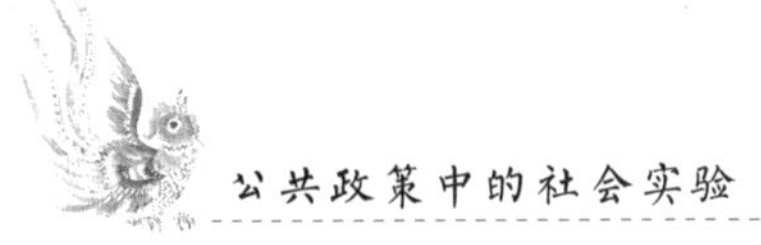

社区服务工作支付最低工资，可以是全职或兼职。该项目的目的不是鼓励参与者去做社区服务工作，而是通过给予福利，让他们能够凭借自己的能力找到别的收入更高的工作。

第二，发放每月的收入补助，与 EITC 相结合。参与者每周工作 30 个小时之后的收入可能还是低于贫困线标准，该项目就通过发放补助的方式，使其收入高于贫困线标准。此外，这种收入补助也与国家的、州的 EITC 相结合，因为这些中低收入者往往也会收到政府的退税，这相当于另一方面的补助。

第三，补贴医疗保险。该项目为每周工作至少 30 个小时但不受雇主医疗保险或医疗补助计划覆盖的参与者提供医疗保险计划，参与者被要求按照他们的收入和家庭规模支付一部分医疗保险费，新希望项目补贴其余部分。

第四，补贴托儿服务。很多中低收入家庭有育儿的大量支出，该项目为有 13 岁以下子女且每周工作至少 30 个小时的参与者提供经济援助，以支付儿童保育费用。参与者被要求根据他们的收入和家庭人数支付一部分费用，其余部分则由新希望项目覆盖。值得一提的是，补贴医疗保险和补贴托儿服务是动态变化的，并不是一成不变的或者永久提供的，也即，如果家庭收入、人口数量、儿童年龄等发生变化，这些服务和补贴也会随之发生变化。当参与者的收入足够高，该项目就不再为他们提供这些福利。该项目希望通过这种方式鼓励参与者自己去找到能够提供医疗、育儿等全方位福利的，能够获得更高收入的工作，这也是该项目设计得比较巧妙的一点。此外，参与者必须在有营业执照的家庭或育儿中心获得育儿服务，才有资格获得新希望项目补贴，这其实是为了保障育儿教育的质量，同时防止欺骗伪造行为。

新希望项目的目标是为政策制定者提供有关该项目的有效性、实施方法、成本等可靠信息，在该项目被评估为有效的前提下，希望政府能够通过政府购买服务或直接运营的方式，将已经成型的新希望项目纳入现有的公共援助体系之内。该项目由社区非营利组织“新希望项目”

设计和运营，在项目开展之初，该项目就与 MDRC 签订了实验研究的合同，进行独立评估，评估内容包括：新希望项目服务实际使用多少，获得新希望项目服务的人是否比获得现有服务供应的人获得更好的结果。项目的宣传很关键，需要让人们知道有这样的一个项目，并且知道如何去申请项目、如何去使用服务，这就是我们常说的公共服务可及性。在对服务效果进行比较的时候，需要与接受现有公共援助的效果进行比较，而不是与没有接受任何公共援助的状况进行比较。因为与没有接受公共援助相比，接受该项目的结果显然是更好的，只有当政府了解到这个项目的效果比原来实施的公共援助项目的效果更好，政府才有可能将其纳入公共援助体系之内。当然，除了项目的效果之外，项目的实施方法、实施成本等都是政府关心的内容，这些信息新希望项目都可以为政府提供。

四　项目设计

（一）项目原则

第一，确保愿意并能够全职工作的人有机会工作。整个项目很重要的目标导向就是让人们去工作，确保愿意工作并且能够工作的人，也就是那些每周能够工作 30 个小时及以上的人，有机会去工作。

第二，全职工作的人不应该是穷人。这是一个价值观方面的判断。该项目认为全职工作的人，即每周至少工作 30 个小时的人，不应该是穷人，其收入不应该在贫困线标准以下。所以，如果全职工作的人的收入在贫困线标准以下，该项目会进行弥补，使收入不低于贫困线，这也体现了该项目鼓励人们工作的导向。

第三，工作时间长的人应该多拿工资回家。这听起来理所应当，但是很多工作并不是这样的，可能工作时间不同，工资却差不多。该项目其实也是一个激励措施，保障工作时间越长的参与者的工资越多。

第四，全职工作应该使人们在经济上比在福利上更好。这并不是把经济（可支配收入）与福利对立，而是因为工资收入与实际可支配收

人之间要经过几轮的扣除。工作时间长的人，可能工资会高，但他们交的税也高，可能需要更多的钱支付育儿、医疗等补贴，最后拿到的工资（可支配收入）可能跟工作时间短的人差不多。所以，对于每周工作30个小时及以上、没有单位提供医疗或者育儿福利的那些人，该项目会补足这些福利，从而使他们拿到的可支配收入相应增多。

正是根据上述四个原则，该项目才设计出了四项福利和服务（见项目简介部分）。

（二）设计目的

该项目设计的最根本目的是让参与者工作，让参与者增加工作时间和赚取更高工资。但是，参与者的收入每增加1美元，总收入不会增加1美元，这是因为新希望项目的收入补贴和健康保险、育儿等方面的补贴会随着参与者的收入增加而缓慢下降；并且，参与者的工资收入与最后的可支配收入中间，一定要花费掉很多必需的支出，如育儿支出、医疗支出，除非参与者不工作。而参与这个项目的条件就是要工作，按照项目设计，参与该项目的人的收入每增加1美元，总收入至少增加0.3美元，所以该项目实际上还是会让参与者总收入增加的情况比现有的公共援助好一些。因为该项目不仅考虑收入，还考虑整体的福利情况，福利、补贴的下降是一个循序渐进的动态调整过程，从而确保参与者的收入在贫困线以上。

从现有的公共援助来看，参与者的收入每增加1美元，就会少获得1美元的补助，因为美国的公共援助基本上都是根据收入动态变化的，收入增加了，援助也相应减少了。这其实也会产生一个困境，即虽然美国各方面的公共援助项目很多，但是有一个群体永远困在被援助当中。这并不是因为他们习惯这样的生活，而是他们自己去找工作时，得到的福利可能还低于他没有工作时享受的福利，例如他们工作单位给予的医疗保险很差，自己就要再花钱，可能花的钱比工作挣的钱还要多。

（三）项目灵活性

新希望项目采用实验研究设计，非常灵活，所有参与者可以随时参加项目，也可以随时自愿退出项目。该项目也不限制参与者接受其他的公共援助，项目中的几项服务也可以随意组合使用或者选择不使用。例如，如果参与者觉得另一个单亲家庭的公共援助项目对他的帮助更大，那么他就可以选择用该项目的服务，而不用新希望项目的服务。此外，项目工作人员还会向参与者提供有关该项目的运作、好处、替代方案等各方面的完整解释，帮助参与者根据自身情况更好地利用该项目和其他公共项目。

第二节　新希望项目的实施

新希望项目从 1994 年 7 月开始实施，历时 16 个月，由于经费限制，为每个人开放三年的时间，当然很多人并没有全程都在使用该项目提供的服务。该项目一共招募了 1357 名低收入者，678 名被分配到实验组，679 名被分配到对照组，样本量不算大，因为这个项目本就是偏小型的项目，只在威斯康星州密尔沃基市的两个区里进行。如前所述，该项目的资格要求很简单，只要住在这两个区里、年满 18 周岁、每周工作 30 个小时及以上且收入低于贫困线即可。该项目后来把范围拓宽了，从低于贫困线标准到低于贫困线标准的 150%，意味着中低收入者都有资格参与。

第一，该项目提供了多样性的研究样本。97% 的人在过去一年之内收入低于 15000 美元，算比较低的水平，而且他们有租房等花费；43% 的人没有高中文凭，这也能在一定程度上解释他们为什么低收入或者失业；71% 的人在过去一年内接受过公共援助或者医疗补助，因此大部分参与者都已经接受过其他公共援助，但它们与新希望项目并不互相排斥。这也在一定程度上说明，原来的那些项目不能帮助他们全面地解决自身面临的问题，所以他们希望这个项目能够全方位地帮助他们，对新希望项目的期望更高，参与度也会更高。此外，70%的样本都是有孩子的家庭，这也与美国其他公共援助的对象相一致。

第二，该项目的人员招募是一项艰巨的挑战，虽然很多项目都是如此，但该项目尤其明显。因为该项目在一开始就签订了实验研究的合同，导致该项目不仅是一个公共的福利项目，还是一个研究项目，因此项目的要求与普通的公共项目有差异。研究项目希望有一个多样化的样本（如不同的教育水平、年龄、种族、性别、家庭情况、健康状况等），而不是像普通公共项目那样，只需要将符合资格的人纳入项目中。因此，研究项目需要更广泛地招募，但研究人员在招募的过程中面临着一系列困难。一是该项目的研究人员通过报纸、电视、广播等媒体进行宣传，但效率较低，宣传结束之后有高达86%的符合资格的人仍然不知道该项目，对该项目的了解程度不足。二是项目信息的频繁冲击导致信息过载，使人们自动屏蔽这些新的项目，认为项目太复杂，不愿意再接收新的信息。三是该研究需要随机分配也会影响人们加入项目的意愿，因为很多其他的公共项目是不需要随机分配的，只要具备资格就可以参与。人们可能接受不了进入项目还需要被随机分配，就不愿意参加，因为即使申请了他们也可能被分到对照组而接受不了任何福利。虽然研究项目本身的特殊性给招募带来了很大的困难，但是该项目的福利很广泛，所以如果能够与有需要的人进行充分的交流和沟通，大部分人还是很愿意加入该研究的。

第三，在项目实施过程中“项目代表”（工作人员）发挥了很重要的作用，因为他们需要帮助有意愿参与项目的人了解项目内容，向他们介绍项目的服务，帮助他们计算收益等。一般而言，每个“项目代表”大约负责对接75个参与者。尽管做出了这些努力，但参与者在理解新希望项目的各个部分如何运作时仍存在一些困难。

第四，随机分配影响研究设计已成功实施，提供了一种了解新希望项目对关键结果的净影响的方法。

第五，项目的使用情况是项目影响的重要方面之一，也是政府决定是否将该项目纳入公共援助项目的重要参考依据，因此对项目的使用情况进行评估就显得尤为重要。在福利使用比例方面，有72%的参与者使用了收入补贴，也就是说，72%的参与者每周工作30个小时之后的收入仍然没有达到贫困线标准；有38%的参与者使用了医疗保险补贴；有24%的参与者接受了项目提供的社区服务工作岗位；有23%的参与者使用了儿童保育补贴（见图7－1）。该项目在福利使用方式上也比较灵活，完全不使用福利、连续使用福利和间歇性使用福利的参与者大约各占1/3（见图7－2）。因为有71%的人参与了其他的援助项目，所以他们可能没有使用新希望项目的福利，也有可能是因为他们没有完全理解该项目的福利内容，或者在申请上出现了问题。比较好的一点是，至少有2/3的人使用了该项目提供的福利（包括连续使用和间歇性使用），这其实体现了该项目最大的一个特征，即项目福利的使用方式是非线性的，参与者并不是一直在使用其中的某一个或几个福利或者补贴，其使用是很复杂的。正如人们继续享受和关闭福利、获得和失去工作、进入和摆脱贫困一样，他们对新希望项目福利的使用也会发生变化，以反映生活中影响他们使用新希望项目福利的这些动态因素。例如，有一些人可能通过使用这些福利提升了其在职场上的竞争力，收入也因此提高，之后就不需要再使用这些福利，而另一些人对这些福利的

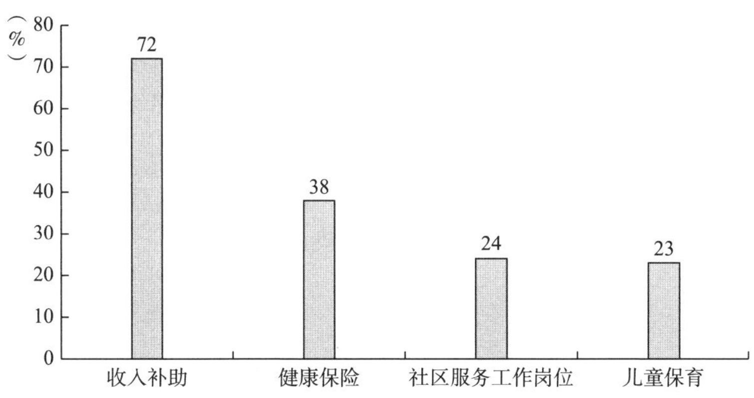

图7－1　新希望项目的福利使用比例

需求可能是一个间歇性的循环过程。①

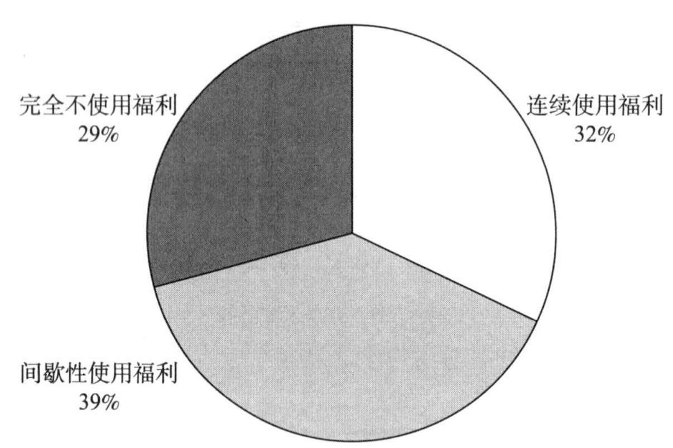

图 7－2 新希望项目的福利使用方式

以下是三类人员对该项目的使用情况。第一，稳定雇用的全职员工。大约 1/3 的参与者参加新希望项目时已全职工作，对他们而言，新希望项目是增加工作回报和家庭收入的一种手段，也是获得医疗保险和儿童托育的一种方式。第二，没有近期工作经历的失业人员。大约 1/4 的参与者参加新希望项目时失业，且在上一年没有收入，社区服务工作选项为他们提供有资格获得新希望项目福利的工作。第三，“单身”男性。大约1/6的参与者是既没有配偶，也没有其他伴侣，且没有子女的单身男性，他们通常有更丰富的工作经历，但失业时可获得的公共援助较少。如果他们符合收入和工作意愿条件，则有资格参与新希望项目。他们倾向于自己找工作或使用 CSJ 作为其他工作的跳板，通常需要的是医疗保险，很少需要育儿补贴。

第三节 新希望项目的评估

新希望项目由签约的第三方机构来进行评估。首先，需要对项目概

① Huston A. C., Gupta A. E., Bentley A. C., Dowsett C., Ware A., & Epps S. R. New Hope's Effects on Social Behavior, Parenting, and Activities at Eight Years [R]. New York: MDRC, 2008.

念进行尽可能全面和公平的测试。其次，需要了解什么有效，什么无效，以及为什么。"为什么"是定性研究最能解决的问题，也是该项目评估使用定性研究的原因。[①] 项目评估通过实验设计来进行，具体而言，符合新希望资格的申请者被随机分配到可以参加新希望项目的实验组或不能参加的控制组。

一　研究假设

该项目的研究假设是：新希望项目将福利和服务相结合，即工作机会、收入补助、医疗保险补贴和儿童托育补贴等的结合，将导致更多人选择工作而不是福利，并提高项目参与者的经济地位。

研究假设该项目可能产生的经济效应包括：提高就业率；增加收入并减少贫困；减少使用福利和其他形式的公共援助；扩大医疗保险覆盖面；更多使用有偿托儿服务；提升幸福感，反映在物质舒适度、家庭环境、家庭稳定性和实现个人目标的进展方面。[②]

此外，新希望项目对儿童和家庭方面的效应格外关注，因为参与者很多都是有孩子的，参与者个人受到项目影响之后，同住的儿童以及整个家庭都会受到影响。研究假设该项目可能产生的儿童和家庭方面的效应主要包括：增加家庭的住房和物质资源（包括玩具和教育资源）；家庭管理实践和育儿惯例的变化；改善儿童的健康和营养状况；改善托儿服务类型和质量；亲子关系的变化；儿童在家庭内外的活动、时间使用和社交行为的变化；改善儿童的学校表现；增加父母的心理健康，包括更强的自尊感和效能感，并减少抑郁症；父母对孩子未来的期望更高；孩子对自己的未来抱有更高的期望；增强儿童的能

① Gibson-Davis C. M. , & Duncan G. J. Qualitative/Quantitative Synergies in a Random-Assignment Program Evaluation ［A］. In Weisner T. S. （ed. ）Discovering Successful Pathways in Children's Development：Mixed Methods in the Study of Childhood and Family Life. Chicago, IL：University of Chicago Press, 2005：283 – 303.

② Duncan G. , Miller C. , Classens A. , Engel M. , Hill H. , & Lindsay C. New Hope's Eight-Year Impacts on Employment and Family Income ［R］. New York, MDRC, 2008.

力感和幸福感。[①]

二 路径模型

研究假设该项目的效应产生有两条主要路径：发展路径和压力路径。

从发展路径模型来看，项目促进参与者的收入提高之后，产生更能满足基本需求、非父母的育儿质量更高、住房和街坊质量更高和亲子时间更多等直接影响。这些直接影响进一步对父母和家庭产生次要影响，如父母压力更少、父母心理健康水平提升、育儿质量提升（责任、温情）、家庭环境更能激发儿童兴趣、非父母的育儿环境更能激发兴趣等。这又对儿童的发展产生重要影响，如语言输入更多且更复杂、更多激发兴趣的认知互动、语言发展更好、智商更高或学前能力更强等（见图7-3）。该路径是一个正向的、积极的影响路径，说明该项目增加了儿童发展的资本，改善了儿童发展的环境。[②]

从压力路径模型来看，参与者收入提高之后产生直接影响、对父母和家庭的次要影响及儿童方面的结果。儿童方面的结果是压力更少、脑部功能更强，具有更好的执行功能、更好的社会情绪处理能力、更好的身体素质等（见图7-4）。该路径是一个减少负面影响的路径，说明该项目减少了父母、儿童的压力。[③]

---

① Gibson-Davis C. M., & Duncan G. J. Qualitative/Quantitative Synergies in a Random-Assignment Program Evaluation [A]. In Weisner T. S. (ed.) Discovering Successful Pathways in Children's Development: Mixed Methods in the Study of Childhood and Family Life. University of Chicago Press, 2005: 283-303; Huston A. C., Walker J. T., Dowsett C. J., Imes A. E., & Ware A. Long-Term Effects of New Hope on Children's Academic Achievement and Achievement Motivation [R]. New York: MDRC, 2008.

② Mcloyd V. C., Kaplan R., & Purtell K. M. New Hope's Effects on Children's Future Orientation and Employment Experiences [R]. New York: MDRC, 2008.

③ Noble K. G., Magnuson K. A., Gennetian L. A., Duncan G. J., Yoshikawa H., Foxna, & Halpern-Meekin S. Baby's First Years: Design of a Randomized Controlled Trial of Poverty Reduction in the United States [J]. Pediatrics, 2021, 148 (4): 1-8.

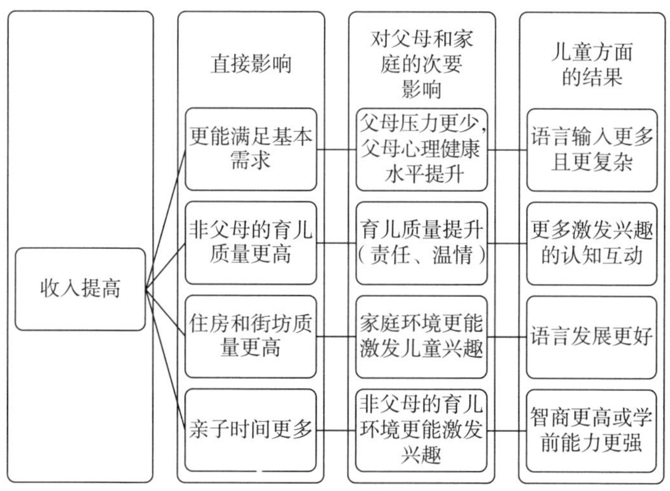

图 7－3　发展路径模型

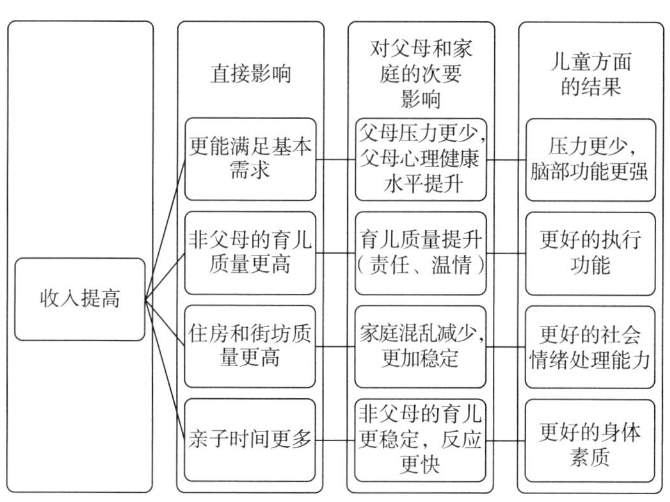

图 7－4　压力路径模型

三　随机分配

新希望项目样本的随机分配始于 1994 年 8 月，结束于 1995 年 12 月。最初，新希望项目计划随机分配 1200 名申请者，但最终招募并随机分配 1362 人至实验组和对照组（其中 5 人由于缺少基线数据在后续分析中剔除）。所有样本成员都被纳入新希望项目经济效应的核心分析，而只有将近60%的样本成员（812 人）被纳入对家庭和儿童的影响研究，因为只有满足家里至少有一个 1～10 岁的孩子这一条件的样本成员才会被纳入。整个样本分配过程的逻辑就是看样本成员是否满足一定的条件，如果满足就进入，如果不满足就退出（见图 7－5）。

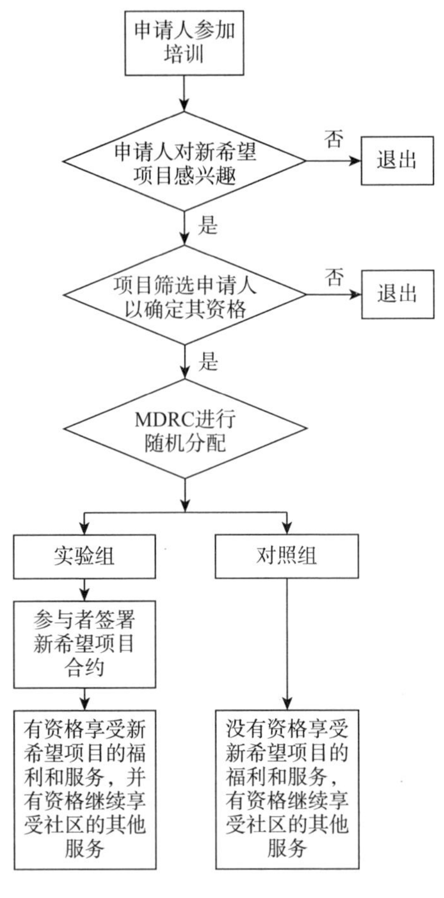

图 7－5　随机分配

四　评估框架

项目的评估框架考虑了可能影响项目实施和效果的各种因素，主要包括项目背景、项目干预、项目样本和项目影响（见图 7－6）。

项目背景，包括居住在目标社区的家庭的特征、当地劳动力市场状况以及新希望项目以外现有福利、就业和社会服务项目等，这些都有可能会影响新希望项目样本的构成以及随机分配后实验组和对照组成员的后续经历。例如，居住在新希望项目目标社区的人的种族和民族、就业背景、收入水平和其他特征将部分决定谁最终进入新希望项目样本。当地经济（包括可用工作的数量和类型）将影响实验组和对照组的就业模式，对于实验组来说，可能会影响其对新希望项目福利和服务的使用方式。

新希望项目的背景也可能会影响项目干预本身。例如，新希望项目的招聘策略应该由该项目所针对的家庭的特征（邻里的需求、他们所说的语言等）决定，新希望项目提供的服务应该受到社区中其他社会服务和就业相关项目的可用性以及这些组织与新希望项目组织的合作或竞争的影响。

新希望项目样本的特征包括人口和家庭特征（人口统计变量，如性别、年龄、受教育程度、种族或民族；家庭状况，如已婚或单身、有或没有孩子）、就业和福利历史以及态度和动机因素。这些特征可能有助于解释实验组和对照组成员在随机分配后的经历。举例来说，人们找工作的能力和收入可能部分是由他们的性别、就业经验和受教育程度来解释的；样本成员寻找工作的努力程度或实验组成员对新希望项目的利用程度可以通过他们进入研究时的动机水平来解释。

新希望项目干预的核心包括求职协助、社区服务工作、收入补助、医疗保险补贴和托儿服务补贴，这些干预必须提供给符合条件和请求服务的项目参与者，以便新希望项目接受“公平测试”。然而，干预的定义不仅是这些好处和服务，还包括该项目使用的招聘策略、工作人员—申请者互动以及组织环境等。该项目如何向申请人“推销”自己？项目工作人员是否试图最大化或限制参与者对福利和服务的使用？该项目是僵化还是灵活？是单一文化还是多元文化？此类问题的答案可能表明实验组成员在新希望项目的体验质量和干预的有效性。

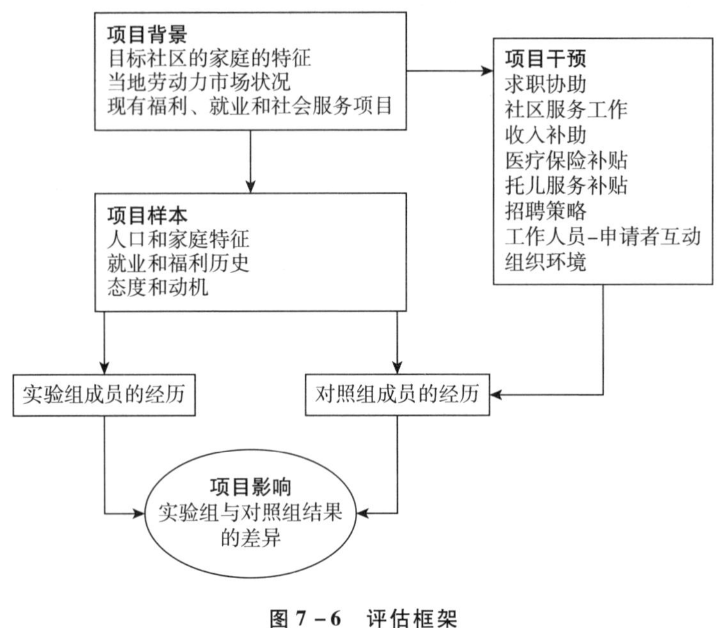

图 7-6 评估框架

第四节 定性研究在社会实验中的作用

一 定性研究的优势

该研究通过定性和定量混合方法评估新希望项目所产生的协同效应，其中定性研究可以协助定量研究对项目评估进行一定程度的补充。定性研究的优势体现在以下几个方面。

第一，有助于理解定量数据中估计的项目影响。有时候研究者通过定量研究得出的数据结果可能不合常理，但是通过访谈等定性研究方法进一步了解，就能更加深入地理解为什么会出现这种情况。

第二，有助于确定项目影响最强的亚组。研究效果存在异质性，也即项目对不同的群体有不同的效果，则使用定性数据来确定受新希望项目影响最强的子群体。

第三，有助于识别实验影响。该研究随机抽取了 43 个样本作为定性研究案例，能够体现代表性，反映出实验的影响，如定性访谈提供了对传统调查中难以衡量的因素（例如，干扰工作的家庭问题）的影响的估计。

第四，有助于提供项目的重要背景。通过田野调查这一人类学方法，能够熟悉项目的背景（例如，劳动力市场状况等），有助于为后续调查制定措施，然而很多定量研究往往没有考虑到这些情况。

第五，实地调研数据中没有"假阴性"。定量数据分析会出现"假阴性"，即看起来是阴性，实际上是阳性。但是，实地调研没有这种情况，因为参与者自身的感受是最准确的，项目是否有效并不可能造假。

二　定性研究设计

定性数据来自新希望项目的人类学研究（NHES），该研究是一项针对46个家庭的纵向研究。大部分研究样本是从812个实验组和对照组家庭中随机抽取的，这些家庭的基线儿童年龄为1～10岁。虽然研究者更想在家庭第一次注册新希望项目时就对他们开展人类学研究，但该研究无法在该项目运行的第三年之前获得研究资金。因此，人类学研究于1998年4月开始，一直持续到2001年3月。[①]

由于信息不完整，该研究从46个家庭中剔除了3个家庭，最后剩下43个家庭，其中包括22个实验组成员和21个对照组成员。这43个样本与儿童和家庭研究中的812个样本的基线人口统计学特征相似。

实地工作人员在每月探访家庭时，聆听父母讲述他们的故事，在家中进行参与观察；带他们出去吃午饭和晚餐，和他们一起去教堂，还参观了儿童学校。为了引导这些访问的主题，研究人员生成了一组主题来探索一个家庭的日常活动、生活、信仰和价值观。然后，研究人员将这些主题组织成一个模板，实地工作人员使用该模板来构建他们的笔记。模板中总共有20个主题（例如，"关于儿童保育的信念和使用"、"与伴

① Lowe E. D., Weisner T. S., & Geis S. Instability in Child Care: Ethnographic Evidence from Working Poor Families in the New Hope Intervention [R]. New York: MDRC, 2003.

侣/配偶的关系”和“就业障碍”)，以及附加的子题目（例如，“酒精/药物滥用”，列在“就业障碍”主题下)。对于特定访问没有涵盖的模板主题，实地工作人员会在随后的访问中提出这些问题并系统地探讨，以确保实地数据尽可能完整，并且实地数据中没有“假阴性”。[①]

三 定性研究经验

第一，随机抽样定性案例的智慧。抽样统计学家很久以前就拥有随机抽样人口的一个非常小的子集的能力，作为获得感兴趣的人口估计（例如，均值、相关性、回归关系）的基础，1000到1500个案例的样本提供了对全国人口态度和行为的可接受的精确估计。定性研究人员在他们的案例选择中很少采用这种抽样观点，他们可能认为大样本研究的经验不适用于人类学研究中通常小得多的样本，或者尝试随机招募案例，但往往以失败告终。在某些情况下，他们的非随机抽样是有目的的，并且基于理论驱动，即根据某些属性（例如，经济状况、种族和社区类型）的组合从设计矩阵中选择案例是收集案例的关键。

在新希望项目评估中，由于有完整的程序和控制系列列表，生成一个简单的随机样本是一件简单的事情。但研究小组的一些成员认为，由于43个样本太少而无法检测该项目的影响，而且新希望项目的实验组家庭的经历比对照组家庭的经历有趣得多。最后，该研究选择了分层随机抽样案例加上少数范例，即51个随机抽样家庭加上3个范例家庭。该研究密集的招聘工作成功招募了46个尚未搬出密尔沃基地区的抽样家庭。

第二，使用同一个人来收集和分析定性和定量这两种数据。经验表明，整合两种数据收集方法至关重要，定性研究为定量分析提供了更深层次的意义，而更多的定量样本为定性研究中家庭的相对较少和潜在的

① Miller C., Huston A. C., Duncan G. J., Mcloyd V. C., & Weisner T. S. New Hope for the Working Poor: Effects after Eight Years for Families and Children [R]. New York: MDRC, 2008.

特殊性质提供了所需的人口学视角，两种方法的协同作用加深了研究者对新希望项目家庭和儿童的发展过程的理解。三个收集和分析数据的研究生同时是定性研究人员和定量研究人员。例如，在仅由定量分析师组成的会议上，他们可以针对定性研究的进展和结果提供见解，这样做不会增加项目的成本（因为学生无论如何都会参加），但大大增强了会议的知识基础。

四　定性研究的作用

（一）短期作用

第一，定性数据可以解释项目效果。新希望项目实验最重要的也是最初令人费解的影响之一是对教师报告的青春期前儿童的成就和行为。在实验组中，男孩而不是女孩，被老师报告比对照组的孩子表现得更好、成绩更好。然而，仅根据调查数据，研究人员无法理解为什么新希望项目关注父母的工作和收入，却会对男孩产生如此不同的影响。定性数据揭示了父母提及孩子性别的例子，并表明母亲认为帮派和其他社区压力对小学男孩的威胁比女孩大得多。作为对这些压力的回应，实验组的母亲将更多的项目资源（例如，延长日间项目的儿童保育补贴）提供给了男孩。对新希望项目和全国样本调查数据的进一步定量分析支持这一解释，即生活在恶劣社区的父母确实为男孩投入了与女孩不同的时间和其他资源。①

第二，定性数据可以隔离项目效果。定性访谈表明，参与实验的家庭之间存在重要的异质性。有些人，也许是五分之一，似乎有很多问题（例如，药物依赖、儿童有严重行为问题、虐待关系），以至于新希望项目的一揽子福利对他们不太可能产生太大影响。还有一部分人，他们没有这些明显的问题，并且能够靠自己维持就业。在这种情况下，在密

① Morris P. , Gennetian L. , & Duncan G. Effects of Welfare and Employment Policies on Young Children: New Findings on Policy Experiments Conducted in the 1990s [J]. Social Policy Report, 2005, 19 (2): 1 - 20.

尔沃基的劳动力市场中，对照组家庭可能会做得很好，相对不受约束的实验组家庭则很难做得更好。此外，还有一部分人存在新希望项目可能解决的那些问题（例如，在托儿方面有困难、有轻微犯罪记录），他们似乎准备好了从新希望项目的一揽子福利中获利。广泛的定量研究工作证实了定性研究得出的这些见解，即没有障碍或有多个障碍的实验组成员的收入与对照组相比没有显著差异。新希望项目对只有一个障碍的家庭的收入的影响很大，并且在两年内都具有统计意义。①

（二）长期作用

第一，使用定性数据生成定量调查测量。当人类学研究工作开始时，研究者发现在为期两年的后续调查中，对家庭功能的某些方面测量不佳。这是因为人类学研究直到两年的调查数据收集完成后才开始。相比之下，为期五年的调查将从正在进行的定性访谈中汲取经验教训。特别是，通过听取家庭如何理解他们的日常生活，研究者构建了定量测量，可以更完整地说明家庭幸福感。包括在五年随访中但不属于两年调查的一些项目，如：男性伴侣的作用、对福利制度的信念、预算问题以及家庭支持的作用。人类学研究表明，存在问题儿童和缺乏弹性的工作是造成劳动力参与率差异的部分原因，在为期两年的调查中，这两个维度都没有被列为可能的工作障碍。然而，在为期五年的调查中，该研究增加了两个新项目，增加了衡量工作态度的部分。现在要求参与者对“让孩子有严重的健康、情绪或行为问题”和“被允许处理在工作或上学时可能出现的家庭问题或紧急情况”的影响进行评分。如果没有定性研究，这些项目都不会被包括在内。②

第二，探索从定性数据中产生的定量想法。人类学研究得出的数据

① Duncan G., Miller C., Classens A., Engel M., Hill H., & Lindsay C. New Hope's Eight-Year Impacts on Employment and Family Income [R]. New York: MDRC, 2008.

② Huston A. C., Miller C., Richburg-Hayes L., Duncan G. J., Eldred C. A., Weisner T. S., Lowe E., Mcloyd V. C., Crosby D. A., Ripke M. N., & Redcross C. New Hope for Families and Children: Five-Year Results of a Program to Reduce Poverty and Reform Welfare [R]. New York: MDRC, 2003.

提供了调查数据无法完全探索的主题的详细信息。然而，如果没有更大的数据集来检验假设，那么定性数据分析的结果在其普遍性和可复制性方面就会受到限制。如果两种类型的数据都存在，则可以使用定性数据来探索计划维度，然后在更大量的调查数据中对其进行分析。一个例子是项目参与者接受新希望项目福利。新希望项目的目的是为参与者集中提供援助，这样他们就不必与几个不同的机构打交道，以获得他们需要的服务。然而，在定性研究开始后不久，实地工作者注意到新希望家庭的巨大异质性影响了他们对福利的使用，很少有人持续使用一系列福利，大多数人选择性和间歇性地使用福利。新希望项目的评估者和设计者都对程序意图和程序使用之间的这种脱节感到困惑。人类学研究成员对福利使用的系统定性分析表明，参与者根据不同的标准评估了新希望项目的有用性，一些人考虑它的成本效益，而另一些人则通过该项目与个人生态问题的吻合程度来衡量其有用性（不使用社区服务工作，因为它被认为太有辱人格）。由于这些标准各不相同，服务的使用也各不相同。有研究分析了更大量的调查数据并证实了实验成员之间程序使用的巨大异质性。正如实地工作者所怀疑的，这种使用的异质性不仅与基线的社会人口特征有关，还塑造了该项目对个别家庭的影响。然而，这些定量分析是在获得丰富的定性数据之后进行的。①

五　定性研究的限制

第一，用于理解实验影响的 $n=43$ 定性数据的限制。新希望项目评估的一个重要目标是估计该项目对家庭和儿童感兴趣的结果的影响，这些表现为实验组和对照组之间的均值和比例差异。43 个样本在实验组和对照组之间平均分配，对这个目标有帮助吗？研究发现，43 个样本的能力非常有限，无法识别定性访谈得出的定量测量的最大项目影响之

① Brock T., Doolittle F., Fellerath V., Wiseman M., Greenberg D., & Hollister J. R. Creating New Hope: Implementation of a Program to Reduce Poverty and Reform Welfare [R]. New York: MDRC, 1997.

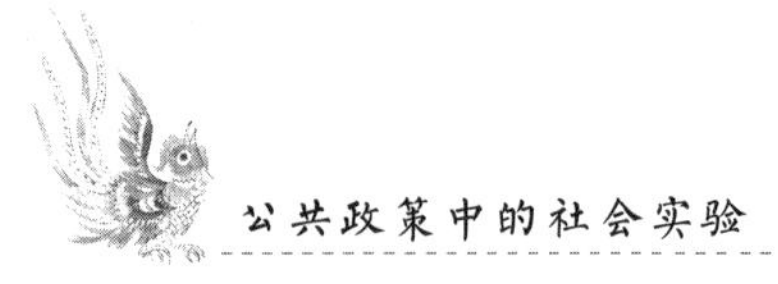

外的所有项目影响，根本无法使用从 43 个人类学研究样本中的个人案例收集的详细数据来评估整体项目效果。

第二，正确或不正确地使用定性数据来说明定量结果。由于融资时机，新希望项目的定性评估直到新希望项目运营的最后一年才启动，结果，两年效果的定量评估早在定性评估之前就完成了。尽管如此，在准备两年期报告时，人类学研究提供了参与者的叙述，这些叙述例证并具体化了新希望项目的统计效果。这样的叙述以单纯的调查数据无法做到的方式呈现了家庭的背景和动态，通过向读者提供家庭的生动描述，为报告增添了一个重要维度。然而，研究者意识到，选择性的案例描述可能无法体现案例的微妙之处，也可能证实定量研究界的怀疑，即定性数据只是逸事的集合。这就是为什么在选择个别家庭并描述他们的一段经历时，研究者选择了长达一页的内容而不是一两句话，对任何特定家庭的过于简短的描述都无法提供家庭情况的真实图景。

作为一本介绍研究方法的著作，本书并不局限于定量研究，更多的是向读者介绍一种思维方式、思考研究问题的方式。因此，本书认为，这个项目需要重点学习的是它定性研究的部分。该项目并不局限于定量研究，而是通过定性和定量混合方法评估新希望项目影响所产生的协同效应，表明定性研究能够对定量研究起到很大的帮助作用。其中，最关键的就是定性研究可以帮助研究者理解为什么定量数据显示异常，什么是有显著效果的，有多少显著效果，对哪个群体有显著效果。很多时候，研究者自己可能想不明白，文献也不能帮助其理解，这时就需要通过实地调研，通过定性研究来进一步理解。并且，定性研究不需要很多的样本，在新希望项目中就仅有 43 个样本。此外，定性研究可以解决“假阴性”的问题。“假阴性”是数据分析中很常见的问题，当数据运行太多次后就会出现“假阴性”，也有可能会有“假阳性”，也就是数据的显著和不显著可能不能代表真实的研究效果。而采用实地调研（例如，入户访谈或者观察）方式，与项目的管理层、社区的工作人员等进行交谈，得出的数据基本上不会出现“假阴性”或者“假阳性”的问题，有没有效果都是很明确的。个人的体验也很明确，如是有效还是无效、哪些方面有效、为什么这些方面有效，这些是定性研究的特点和优势所在。当然，定性研究也有一定的局限性。定性研究与定量研究其实是两种思维方式，对定量研究而言，样本量至少要 100 个，如果有一两万的样本量自然更好。但是，定性研究不需要这么大的样本量，可能一个样本就可以写一本书（例如口述史）。因此，将定性研究的样本拿到定量研究中，样本代表性可能会受到质疑。

第八章　收入激励领域的社会实验（二）

第一节　进步项目

进步项目（Progresa）是20世纪90年代在墨西哥进行的一个项目，也是收入激励领域非常少见的发展中国家社会实验案例。① 在该项目实施之后，一些拉丁美洲国家纷纷效仿，都开始实施类似的项目，这其实是一个跨国背景下的政策扩散过程。② 该项目是如何扩散到其他国家的？这是本书关注的重点，也是该项目的最大特点。此外，对性别差异的强调是该项目非常关键的一点，也是其取得成功的一个很重要的原因。

该项目是一种有条件的现金转移（Conditional Cash Transfer，CCT）项目，最关键的一点是"有条件的"，这与上一章的新希望项目有点类似，但又不完全一样。因为该项目并不像新希望项目那样要求参与者必须达到一定的年龄、一定的工作时间等，而是更关注儿童，其条件与儿童的营养、健康、教育等方面相关，只有家庭中的儿童达到项目规定的这些条件，该家庭才能得到现金转移。

CCT项目产生的背景是，在过去20年，世界各地的发展中国家都采取了新的减贫战略。CCT项目是减贫过程中的一项政策努力。当时，

① 本节内容节选自 Parker S. W.，& Teruel G. M. Randomization and Social Program Evaluation：The Case of Progresa［J］. The Annals of the American Academy of Political and Social Science，2005，599（1）：199－219；Sugiyama N. B. The Diffusion of Conditional Cash Transfer Programs in the Americas［J］. Global Social Policy，2011，11（2－3）：250－278.

② Pena P. The Politics of the Diffusion of Conditional Cash Transfers in Latin America［M］. Manchester，UK：Brooks World Poverty Institute，2014.

发展中国家受美国的影响比较大，尤其是拉丁美洲的国家，因为距离美国很近，经常会接受美国的援助。美国是一个非常重视贫困代际传递问题的国家，在第二阶段的新自由主义经济改革之后，华盛顿会议号召政策制定者用综合类的减贫项目来代替零散的项目，CCT 项目就是一种综合类的减贫项目。因为该项目把家庭的很多方面都考虑在内，对收入、教育、健康等进行了综合考虑。在此背景下，许多国家采用了 CCT 项目，向贫困家庭提供现金补助，条件是他们满足旨在解决贫困代际传递和改善人类发展的行为要求。自 1997 年以来，几乎所有拉丁美洲国家都采用了 CCT 项目，致力于打破贫困的代际传递，让下一代能够少受上一代贫困的各方面影响。在很多拉丁美洲国家，贫困的代际传递是很严重的，可能一些家庭三代都没有受过高等教育，收入不高，还有一些不良行为（如吸毒）。并且，这种情况在他们所生活的社区是很常见的，但他们又没有钱搬离社区，只能进一步被动接受社区的环境影响。

进步项目产生的本土背景是，20 世纪 90 年代初期，墨西哥在萨利纳斯总统执政期间发起国家团结项目（Pronasol）。这是一个综合类项目，受到美国倡议的新自由主义经济改革的影响，目的是在教育、健康、营养、住房、就业、基础设施和其他使生活在极端贫困中的人口受益的领域建立各种社会项目。尽管拥有广泛的任务和可观的预算，该项目在当时还是受到了抨击，并不是因为项目本身设计存在问题，而是出于政治方面的原因。墨西哥的政治体制与美国很类似，也存在党派之争，因此这些项目虽然客观上讲对贫困人群肯定是有益的，但是也有很多媒体会质疑这些项目的初衷，认为总统施行这些项目是为了赢得选票，甚至是纯粹为了买选票，而并不是为了造福贫困人群。类似地，中国农村村主任是普选出来的，有的时候就会出现一些比较荒唐的情况，例如候选人通过给村民发大米、发肉等方式来换选票。

面对舆论批评，下任总统在执政初期就对该项目进行了改革，进步项目由此诞生，以支持农村地区有小孩的贫困家庭。2000 年，福克斯在上任第一年就维持了进步项目，并对该项目的范围进行扩展，普遍支持为边缘化地区的穷人提供援助的努力。2001 年，福克斯总统将 Progresa 转变为 Oportunidades（机会），目的是进一步扩展项目的范围。因为之前使用 Progresa 是表明贫困人口或者农村贫困人口需要进步，而换成 Oportunidades 这个词，表明所有人都需要机会，不仅是农村的贫困人口，城市的贫困人口也需要机会，从而正式加速了该项目的扩展，使该项目变成一个全方位的、综合的、为所有人提供机会的项目。当然，项目扩展到城市地区后，资源还是更多向农村（71%）倾斜，因为农村居民的整体收入水平确实比城市居民更低，他们更需要政府的援助。此外，城市地区占 17.6%，半城市地区（从农村向城市过渡的转型地区）占 11.4%。“半城市”是指一些地区有些方面已经具备了城市特征，但是另一些方面可能仍然处于农村的状态，如某个地区人们的健康特征与农村很相似，但是其就业方面的特征却比较接近城市。2004 年，项目实施 7 年后，已经有大约 500 万个家庭的 2500 万人参与了这个项目，占墨西哥总人口的 1/4，项目参与率很高。[①]

第二节　进步项目的设计与规模

进步项目是一项墨西哥反贫困项目，该项目将贫困人口缺乏人力资本视为贫困的主要原因，并希望通过增加对人力资本的投资，尤其是对儿童的投资，减少未来（成年后）的贫困人数。[②] 该项目将货币转移调整为受益家庭的人力资本投资。货币转移就是政府进行现金转移，这些钱如何转换成人力资本呢？主要是通过教育，此外，营养、健康、家庭环境等都对儿童的教育、对人力资本投资回报具有直接或间接的影响。

① Parker S. W., & Teruel G. M. Randomization and Social Program Evaluation: The Case of Progresa [J]. The Annals of the American Academy of Political and Social Science, 2005, 599 (1): 199 – 219.

② Behrman J. R., & Skoufias E. Mitigating Myths about Policy Effectiveness: Evaluation of Mexico's Antipoverty and Human Resource Investment Program [J]. Annals of the American Academy of Political and Social Science, 2006, 606: 244 – 275.

因此，该项目不是只关注教育领域，而是考虑全方位的影响，是一个国家战略，规模比较大。

该项目是墨西哥政府的主要反贫困项目，项目支出占2003年联邦政府年度贫困预算的46.5%。自1997年在贫困农村地区开始实施以来，超过420万个家庭正在领取福利。表8－1是截至2003年10月按地理区域划分的进步项目受益家庭的数量。由于项目雏形在农村地区，资源受益人群也更多在农村地区。

表8－1　截至2003年10月按地理区域划分的进步项目受益家庭的数量

单位：个

时间	农村地区	半城市地区	城市地区
1997年8～9月	113995	9854	68
1997年11～12月	91323	4571	133
1998年1～2月	134341	6090	360
1998年7～8月	766874	68508	2643
1998年9～10月	53343	3612	1254
1998年11～12月	315096	41765	4706
1999年3～4月	63212	16765	191
1999年7～8月	175218	55175	1430
1999年9～10月	18102	2485	58
1999年11～12月	163881	49258	2151
2000年3～4月	4909	3	19
2000年7～8月	15453	2841	33
2001年3～4月	116816	8627	334
2001年7～8月	302435	202123	66241
2001年10～11月	74434	27846	30105
2002年7～8月	504567	134802	365715
2002年9～10月	8912	2354	2065
2003年7～8月	116304	32271	24749
2003年9～10月	20506	6901	2173
总计	3059721	675851	504428

在项目福利方面，该项目不是单独关注某一方面，而是在一个项目中结合了三个不同的组成部分，即教育、健康和营养。[①] 在教育部分，进步项目为在小学三年级和高中三年级之间的每个22岁以下儿童提供教育补助金。补助金随着儿童升入更高年级而增加；从初中开始，女孩的补助金略高于男孩。这是因为研究数据表明，上初中的女孩较少，多给女孩补助金可以激励她们完成初中乃至高中的学业。2003年第二学期每月补助金的数额从小学三年级的约10.5美元（105比索）到高中三年级的男孩约58美元（580比索）和女孩约66美元（660比索）不等（见表8-2）。在健康部分，该项目为所有家庭成员提供基本医疗保健，特别强调预防保健，这些服务由墨西哥公共卫生机构提供。基本卫生服务包括家庭层面的基本卫生设施；家庭计划；产前、分娩和产后护理；营养与儿童成长的监督；疫苗接种；腹泻的预防和治疗；抗寄生虫治疗；呼吸道感染的预防和治疗；结核病防治；预防和控制高血压和糖尿病；事故预防和伤害急救；社区卫生保健自助培训。在营养部分，该项目每月给予约15.5美元（155比索）的固定货币转移，用于改善食品消费以及购买营养补充剂，主要针对4个月至2岁的儿童，以及孕妇和哺乳期妇女。如果检测到任何营养不良迹象，也会将它们提供给2岁至4岁的儿童。[②]

表8-2　2003年第二学期每月教育资助金额

单位：比索

年级	男孩	女孩
小学		
三年级	105	105

① Skoufias E. Progresa and Its Impacts on the Welfare of Rural Households in Mexico [R]. Washington, DC: International Food Policy Research Institute, 2005.

② Hoddinott H., & Skoufias E. The Impact of PROGRESA on Food Consumption [J]. Economic Development and Cultural Change, 2004, 53 (1): 37-61.

续表

年级	男孩	女孩
四年级	120	120
五年级	155	155
六年级	210	210
初中		
一年级	305	320
二年级	320	355
三年级	335	390
高中		
一年级	510	585
二年级	545	625
三年级	580	660

注：10 比索≈1 美元。

一　人力资本投资和福利领取条件

将人力资本投资作为福利领取的条件，这一点是有经济学思维模式和理论模型做支撑的。所有国家，特别是发展中国家都面临贫困问题。如何解决这些贫困问题？背后隐含的假设是，你认为贫困的问题出在哪里。所以首先需要明确贫困的原因是什么，再进行相应的政策设计。例如，如果认为贫困是由于缺乏启动资金，就直接给贫困群体现金；如果认为贫困是由于缺乏教育资源，就为贫困群体提供免费教育；如果认为贫困是由于缺乏公共卫生、医疗保健资源，就给予贫困群体医疗保障；如果认为贫困是由于缺乏工作技能或者就业资源，就可以为贫困群体提供工作岗位。而该项目把贫困归因于人力资本的缺乏，这包括缺乏人力资本提升的途径，以及根本就没有认识到人力资本的重要性。因此，该项目的设计就是要通过增加人力资本投资来改善贫困问题，并且与大多数经济学家的观点一致，该项目认为以教育、健康和营养衡量的人力资

本投资回报很重要。①

同时，该项目认为家庭可能意识到人力资本投资的好处，但无法承担投资。首先，该项目假设家庭可以意识到人力资本投资的重要性。所以，该项目没有设计一个教育环节来促进家庭意识到人力资本的重要性，而是在假定家庭可以意识到人力资本重要性的前提下给予他们相应的资源，让他们得以借此提升自己的人力资本。但是，在现实情况中，有的家庭的确可能认识不到人力资本的好处。例如，在农村地区，很多人会质疑：在家种地是一样的，为什么要花时间、花钱去上学？对于农村女孩，这种想法就更为明显了，很多人会觉得女孩长大后嫁人就可以，上学和嫁人没有关系，对她们没有什么用处。其次，该项目认为家庭无法承担投资可能是因为上学成本不仅是与上学相关的金钱成本，还有送孩子上学的机会成本。送孩子上学的机会成本是孩子在工作而不是上学的情况下获得的收入，由于家庭需要这笔收入来满足当前的消费需求，他们就让孩子在很小的时候辍学并送他们去工作。而该项目通过给予教育补助金，替代了孩子在工作时赚取的收入，因此，至少在理论上，作为“理性人”的父母就没有理由再反对孩子上学，就会送孩子去上学。②

此外，该项目没有明确解释将收益调节为人力资本投资的基本原理，也因此受到了批评和质疑。

首先，由于该项目是由政府推行的，其中暗含的假设是政府比父母更了解他们应该如何向孩子投资和分配资源，更了解他们的孩子需要什么。这并不是把政府和父母放在对立面，而是因为很多父母确实对孩子的人力资本投资不多，所以政府才通过有条件的现金转移进行干预，用现金激励这根“指挥棒”告诉父母，如果想要拿到这些钱，必须让孩子上学。这其实也暗含政府是精英政府，而不是完全普选的政府，有学

---

① Levy S. Progress Against Poverty［M］. Washington, DC：Brookings Institution Press, 2006.

② Coady D. P. , & Parker S. W. A Cost-Effectiveness Analysis of Demand- and Supply-Side Education Interventions：The Case of PROGRESA in Mexico［J］. Review of Development Economics, 2004, 8 (3)：440－451.

者会觉得这可能会冒犯或者贬低贫困家庭。

其次，是否有条件领取福利，可能会影响贫困家庭是否选择参加这个项目。该项目要求孩子们每个月缺勤不超过三天，否则当月失去教育补助金，这种附加条件是国际最为关注的一个方面。从常理上讲，现金补助所有人都想要，但是如果需要符合条件才能获得，可能有些人就宁愿不让孩子上学，或者本来就不想让孩子上学。因此有人就会思考会不会无条件转移更好，或者说，这两种方式没有孰优孰劣，两者最后产生的效果差异不大（有人做过这种早期的模拟研究）。在这种情况下，无条件转移可能对家庭更有利，可能会改善家庭的住房水平、住房环境，进而改善孩子的教育环境、增加孩子的教育资源，进而促进儿童人力资本的提升。①

最后，该项目假设投资于教育的社会回报高于私人回报，但是没有相关的实证研究作为支撑。一旦政府出面实施该项目，就说明除了考虑该项目对个体的帮助外，还考虑该项目对整个社会的好处，例如通过该项目可能会提升这一代劳动力的受教育水平。另外，只有当社会回报高于私人回报时，政府才有理由出面做这件事情。也就是说，该项目其实假设了投资到教育的社会回报是高于私人回报的，但在当时并没有文献支撑，因此也受到了批评和质疑。

二　性别方面的相关特征

研究报告指出："向女性提供金钱福利的动机是社会科学文献认为女性控制下的资源往往比男性控制下的资源对儿童的福祉产生更大的影响。"②

① Skoufias E., Parker S. W., Behrman J. R., & Pessino C. Conditional Cash Transfers and Their Impact on Child Work and Schooling: Evidence from the PROGRESA Program in Mexico [J]. Economía, 2001, 2 (1): 45-96.

② Handa S., Peterman A., Davis B., & Stampini M. Opening Up Pandora's Box: The Effect of Gender Targeting and Conditionality on Household Spending Behavior in Mexico's Progresa Program [J]. World Development, 2009, 37 (6): 1129-1142.

该项目设计突出的一点是在性别方面的考虑。该项目直接为家庭中的母亲提供现金转移，这是以相关的科学研究结论为基础的。研究表明，女性控制的资源往往比男性控制的资源对儿童的福利影响更大。这一点从日常生活的直观判断来看，也具有一定的合理性。母亲在家庭支出方面更多地倾向儿童，或者说，母亲是儿童生活、发展的最直接相关者和管理者，相较而言，父亲往往没有那样耐心细致，对儿童的生活、发展的直接参与和管理较少。

但是，在开发进步项目时，并没有在墨西哥背景下进行的研究可以验证“女性控制资源比男性控制资源对儿童影响更大”这一假设的相关性。隐含的假设是墨西哥与巴西和其他确实存在经验证据的国家相似。对此，部分人批判该研究不够严谨，对不同国家的差异性没有足够的认识。当然，后续的一些研究支持上述假设，即和其他地方一样，在墨西哥，女性控制的资源对儿童的积极影响大于男性控制的资源对儿童的积极影响。

该项目对性别的考虑还体现在，从初中开始，对女孩的补助要高于男孩。这实际上也是基于调查研究，之前有研究表明，在农村地区，女孩在小学毕业之后的辍学率高于男孩。所以，该项目如此设计的目的就是让那些女孩在小学毕业之后的初高中阶段不辍学。调查数据也表明，在实际完成学业年数上，女孩和男孩是很相似的。女孩的入学率更低，而受教育年限与男孩相似，是因为男孩的留级率可能比女孩要高。

第三节　进步项目评估

进步项目在农村地区接受了严格的评估工作，是墨西哥第一个对项目影响进行严格评估的社会项目。该项目由权威的国际食物政策研究所（IFPRI）进行第三方评估，评估是与项目一起设计的，在项目开始之初就在进行，对 1998 年至 2000 年期间的项目影响进行了广泛的外部评估，所以该项目的信息、数据、结果、影响等都是被国际社会认可的，可以提供很高质量的证据，在学术上对发展中国家的类似项目的评估具有重要意义。

该项目评估代表了一种努力确保该方案不会因政府更迭而被取消的策略。墨西哥由两党轮流执政，政府是会更迭的。在某个党派总统任职时实行的项目，另一个党派总统当选后是否还会继续进行下去？实际上大概率都会被废除，因为前任总统认为重要的事情或者领域，可能新任总统认为不重要，或认为其他事情更重要。在财政有限的情况下，很有可能会取消一些前任总统实施的项目，因此很多项目都是根据总统的任期来进行设计。而该项目采用实验方法进行评估，其目的就是让这种已经被证明能够帮助贫困群体改善状况的项目不被取消，并且教育项目天然地需要较长时间来进行，一个总统任期可能会看到效果，但是多个任期可能效果更好。该项目自 1997 年实施以来，经过了两任总统仍然在持续推行，可能在很大程度上是因为该项目具有严格的基于实验方法的评估，并且证明了项目是有效的，在这种情况下如果非要取消这个项目，可能也会引起相关贫困群体的反感甚至反抗，增加社会的不稳定性。

一　随机实验

该实验的随机性体现在社区的随机上，而不是家庭随机。这主要是从人们的心理感知方面来进行考虑，如果是家庭随机的话，可能会出现相邻的两户家庭，一户获得福利，另一户没有获得福利，而实际上没有获得福利的那户家庭可能只是收入比另一户稍微高一点，但是日常生活水平状态可能差不多，那么这就会造成没有获得福利的家庭产生不平衡的心理甚至反抗的情绪，认为政策并不公平。

首先，该实验在最早实施进步项目的州里找出 7 个州，这 7 个州一共有 4546 个社区，然后在这些社区里再以社区规模为依据（社区规模越大，抽中的概率越大，目的是保证代表性）进行随机抽样，最终抽出 320 个社区，作为实验组。其次，使用同样的方法，从进步项目实施以后接受福利的7个州内的1850个社区中抽取了186个社区，作为对照组。对照组并不是完全不领取补助，而是和实验组在时间先后方面存在差异，即实验组是1998年5月开始领取补助，而对照组是1999年12月才开始领取补助（见图8－1），在中间一年半的时间里仍然保持原有的贫困状态，而且他们也不可以接受其他福利项目，这一点受到了伦理方面的批评。

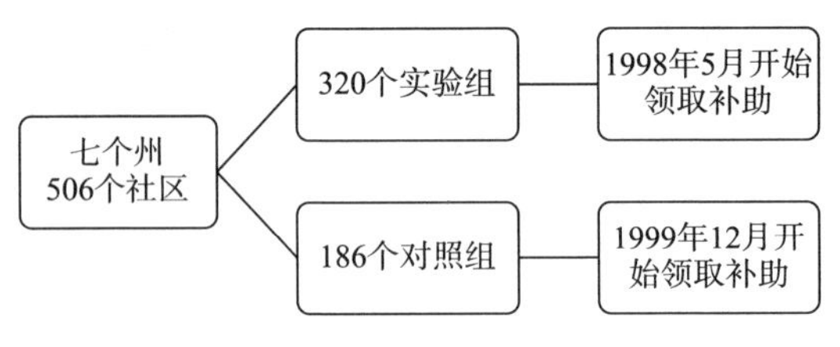

图8－1　随机分配情况

二　信息收集

随机分配之后，该实验开始收集调查数据，信息收集与项目开展基本上是同步的。第一个信息是用于确定受益家庭的调查［家庭社会经济特征调查（ENCASEH）］。该调查分别于1997年10月和11月在实验组和对照组进行。基线4轮评估问卷（ENCEL）分别于1998年3月、1998年11月、1999年5月、1999年11月进行。问卷收集的信息特别丰富，包含大量关于个人、家庭和社区特征的信息，如所有收入来源、劳动力市场参与、人口和社会经济信息、儿童入学率、医疗使用、社区特征、妇女地位、消费、资产所有权和农业参与等。还开展了一些特殊兴趣模块，通常是一次性的、专题性质的，包括不同活动之间的时间分配和妇女的家庭背景等主题，以衡量她们在家庭中的议价能力。①

在每个社区内，所有家庭，无论贫困状况如何，都接受了采访。这

① Skoufias E.，Davis B.，& Vega S. Targeting the Poor in Mexico：An Evaluation of the Selection of Households into PROGRESA［J］. World Development，2001，29（10）：1769－1784.

样做的部分原因是达到评估目的，部分原因是社区采访的大部分成本在于实际到达社区。一旦到达那里，进行额外采访的边际成本就相对较低。这是评估设计的另一个重要特征，它意味着在每个实验社区内，都存在受益家庭和非受益家庭的数据；在每个对照社区内，都有符合进步项目资格（极端贫困）和不符合进步项目资格的家庭的数据。这是数据的一个有趣特征，它允许人们验证居住在进步项目社区的非受益家庭不受外溢因素的影响（例如，由于进步项目的拥堵，他们不太可能获得医疗服务）。非受益人也可以潜在地充当对照组，特别是在对照组被合并以接受福利之后的时期。尽管如此，在评估中，实际上使用非受益人作为对照组的评估研究很少。家庭资格状态如表 8－3 所示。

表 8－3　家庭资格状态

家庭 资格状态	进步项目运行的 实验地点	进步项目推迟的 控制地点
符合福利领取条件 E＝1	E＝1，T＝1	E＝1，T＝0
不符合福利领取条件 E＝0	E＝0，T＝1	E＝0，T＝0

三　评估结果

（一）实验质量

这一部分主要讨论了随机的有效完成程度。如何判断是否做到了真正的随机呢？要对比实验组与对照组的各项指标的特征在统计学意义上有没有显著差异，如果没有才能说明随机是成功的，也就是两组是一样的。研究发现，在社区层面，实验组和对照组似乎是随机的，在统计学意义上没有显著差异。

但是，在个体层面，实验组和对照组之间的基准特征存在一些小的显著差异。研究人员对此的解释是，这可能在很大程度上反映了样本量大（24000 个家庭和 10 多万人），个体之间肯定会有差异。但是，该实验虽然以社区为单位进行随机分配，但在分析时使用的还是家庭的数据，因此如果项目开始前个体层面就有差异，那项目开始后的差异就没有办法证明是项目产生的，还是本身的差异导致的。

对此，许多报告使用这些差异来证明使用回归方法和控制变量的合理性，而不只是简单地对比、进行简单的 t 检验。客观而言，如此大规模的样本，在随机分配之后能够做到实验组和对照组在社区层面没有显著差异，其实可以表明在社区层面进行的随机分配是成功的。

（二）IFPRI 评估结果

IFPRI 评估结果表明，该项目对儿童的教育、健康和营养都产生了重要的积极影响。

在教育方面，对进入中学的儿童的影响最大，其中女孩的入学率增加了 20% 以上，男孩的入学率增加了 10%。该项目对小学入学率的影响不大，是因为农村地区大多数儿童在该项目开展之前就会读小学，即小学的入学率原本就已经很高了，这一阶段入学率的提升空间是有限的，而且该项目对于接受小学教育的激励相对较小。此外，该项目是直接提高继续教育率（例如，让更多的儿童在小学毕业之后能够继续读初中），而非让失学儿童重返校园，这样成本更低一些。

在健康方面，参与该项目的 1～5 岁儿童的发病率比未参与的低 12%。研究发现，该项目对促进儿童生长和减少儿童发育迟缓产生了巨大影响，使 12～36 个月大的儿童平均身高每年增长 16%（相当于 1 厘米）。

在营养方面，与对照组家庭相比，实验组家庭的总体食品支出中位数高出 13%，而且是由于对肉、蛋、奶、蔬菜、水果这些健康食品的支出增多了，而不是对没有营养的垃圾食品的支出增多。①

综上所述，仅仅三年后，生活在进步项目覆盖的农村地区的墨西哥贫困儿童的入学率得到提升，饮食更加均衡，接受了更多的医疗照顾，

---

① Behrman J. R., & Hoddinott H. Programme Evaluation with Unobserved Heterogeneity and Selective Implementation: The Mexican PROGRESA Impact on Child Nutrition [J]. Oxford Bulletin of Economics and Statistics, 2005, 67 (4): 547-569.

未来可能与过去大不相同。唯一重要的潜在负面影响与进步项目对社区关系的影响有关，即在同一个社区内，进步项目的受益人和非受益人两个群体之间存在一定的紧张关系。①

第四节　政策影响

关于项目的延续，评估可能在确保该项目不会因政府更迭而被取消方面发挥了重要作用。虽然福克斯政府在开始时对该项目存在一些异议，但最终，该项目不仅得以维持而且扩展到城市地区。此外，该项目提供的教育补助金已扩展到高中阶段，在总结评估结果的一份 IFPRI 文件中直接推荐了这一特定的政策扩展。然而，这并不是说进步项目遵循了 IFPRI 提出的所有建议。例如，同一份总结报告建议考虑取消小学教育的补助金，并用这笔钱提升初中阶段（项目影响要大得多）的补助金水平，这个特别的建议没有被采纳。

对于墨西哥总体社会政策的设计，IFPRI 评估也产生了影响。IFPRI 评估是墨西哥首次对社会政策进行严格评估。在 IFPRI 评估向公众发布后的第二年，国会颁布了一项新法律，要求所有社会项目每年都对其影响进行外部评估。

在国际影响方面，得益于世界银行、国际金融机构、美洲开发银行等国际机构在资金和项目设计上的帮助，该项目不仅影响墨西哥本国，也引起了国际关注，并已成为拉丁美洲许多国家类似项目的典范。哥伦比亚、牙买加、洪都拉斯、阿根廷等拉美国家，不仅实施了与进步项目类似的项目，还实施了外部评估模式，多数由世界银行和美洲开发银行等机构提供资金。

① Alderman H., Behrman J. R., & Tasneem A. The Contribution of Increased Equity to the Estimated Social Benefits from a Transfer Program: An Illustration from PROGRESA/Oportunidades [J]. The World Bank Economic Review, 2019, 33 (3): 535 – 550.

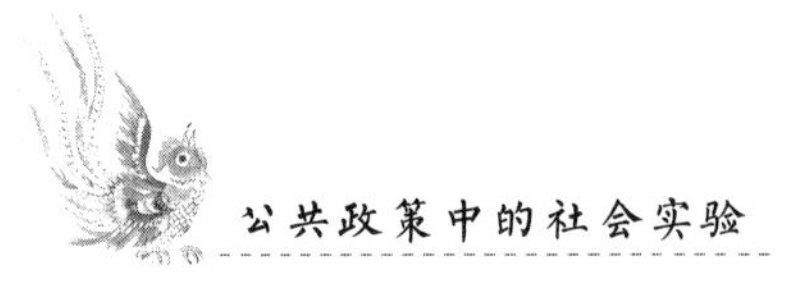

第五节　进步项目的局限性

第一，也是最为重要的一点，是伦理方面的批评。首先，该评估在项目开始之初并没有对研究对象公开，该项目对外只是一项国家扶贫政策，直到2000年项目评估结束并公布结果后，项目官员才公开评估的设计。其次，与国际食物政策研究所签订的合同的成本为250万美元，这对于墨西哥这样一个中低收入国家来说是很高的。很多批评者认为，该项目的正向影响是显而易见的，根本不需要付出这么高昂的成本用于评估，这些评估成本本可用于将更多家庭纳入该项目。最后，评估期间受益人数大幅增长，有资格的人数从40万人增至200万人，但是由于资金有限，可能把大约100万人排除在项目之外。这里可能的一个教训是，在评估社会项目的情况下，评估的随机设计不太可能持续很长时间，特别是当构建的对照组没有接受任何好处时。

第二，从研究层面来看，该项目向所有受益人提供相同的一揽子福利，差异性不足。该项目给城市和农村所有享受福利的人提供的是相同的福利，因此无法知道哪一个福利更有效，或者哪一个福利有效、哪一个福利没有效。而实验本身就是要有比较。

第三，条件要求可能对项目效果产生影响。有条件的现金转移和无条件的现金转移对项目效果会不会产生影响？是不是无条件的现金转移与有条件的现金转移效果差不多（已有模拟预测）？这些均有待探讨。但是无条件的现金转移可以全方位地改善儿童的家庭环境，而不仅仅是教育、健康和营养方面的改善。[①]

第四，项目中出现了不领取福利的群体，他们不领取福利的原因没有得到研究。

---

① De Brauw A. , & Hoddinott J. Must Conditional Cash Transfer Programs be Conditioned to be Effective? The Impact of Conditioning Transfers on School Enrollment in Mexico [J]. Journal of Development Economics, 2011, 96 (2): 359 - 370.

第五，人员退出问题。该项目有超过 20% 的人员流失，大部分是由居住地或迁移的明显变化引起的，其余的与无反应和死亡有关。

第六，实验时长一年半，只能评估短期影响（例如，入学率、支出模式、医疗诊所出勤率等），长期影响（例如，受益人完成学业的实际年数、未来就业情况、婚姻和生育模式等）需非（准）实验研究。

第六节 社会实验项目的政策扩散

CCT 项目是在发展中国家开展的一个项目，已经从墨西哥一直传播到很多发展中国家。如图 8－2 所示，在 1997 年只有一个国家开展 CCT 项目，到 2008 年已经有 19 个国家开展 CCT 项目，几乎所有的拉丁美洲国家都开展了该项目。政策扩散起步较慢，随后效仿的速度迅速增加，但随着大多数国家进行改革而逐渐放缓。①

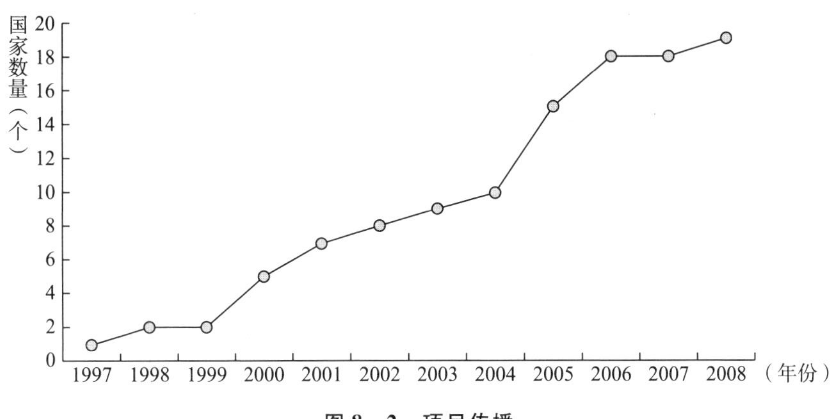

图 8－2 项目传播

如何解释这种政策扩散？也就是说，为什么 CCT 项目的传播如此迅速？是内因还是外因导致的？日本学者椙山（Sugiyama）在 2011 年通过定量（事件史分析方法）与定性（访谈）相结合的方式对此进行了研究。因为定量分析时，有些方面、有些变量无法得到测量，所以就

① Sugiyama N. B. The Diffusion of Conditional Cash Transfer Programs in the Americas [J]. Global Social Policy, 2011, 11 (2－3): 250－278.

采用了访谈的定性分析方法。

巴西是先于墨西哥开展有条件的现金转移项目的，但与墨西哥将进步项目作为一项国家倡议不同的是，巴西的第一个 CCT 项目起源于地方政府。自民主化以来，巴西的一个独特之处是地方政府一直是社会部门改革创新的中心。20 世纪八九十年代，地方政府尝试了与健康、教育和参与式治理相关的公共政策。在此背景下，1995 年，巴西已经有两个地方政府建立了 CCT 项目。圣保罗州的坎皮纳斯市建立了最低家庭收入项目（Programa de Garantia de Renda Mínima Familiar），针对有 0～14岁儿童的极端贫困家庭提供有条件的现金补助，条件与教育和医疗保健相关。巴西利亚联邦区建立了名为 Bolsa Escola 的 CCT 项目，也针对有学龄儿童的最贫困家庭，其主要政策目标是通过附加条件来解决低受教育程度（出勤率和留级）问题。

如前所述，巴西的 CCT 项目最初一直局限在地方政府层面，而墨西哥的 CCT 项目是一个国家级别的项目。本书仅考察国家（联邦）政府对 CCT 项目的复制，因此，回到墨西哥这个最初的国家级别的项目来看 CCT 项目的传播（见表 8－4）。1998 年，只有洪都拉斯一个国家通过效仿推行 CCT 项目；1999 年，没有其他国家对此进行推广效仿。从 2000 年也就是项目开展三年后开始，效仿 CCT 项目的国家迅速增多，包括哥伦比亚、巴西、智利、阿根廷等规模较大的国家，开始大规模地复制或者采纳墨西哥已经成型的现金转移项目。

表 8－4　项目传播

年份	采用有条件的现金转移援助的拉丁美洲国家
1997	墨西哥（计划/机会）
1998	洪都拉斯（家庭宽恕计划）
1999	—
2000	哥伦布（家庭在行动） 哥斯达黎加（让我们战胜自己） 尼加拉瓜（保护网络/危机社会关怀）

续表

年份	采用有条件的现金转移援助的拉丁美洲国家
2001	巴西（联邦助学金/家庭助学金） 牙买加（通过健康和教育促进发展方案）
2002	智利（智利声援）
2003	厄瓜多尔（人类发展债券）
2004	阿根廷（家庭方案）
2005	多米尼加（团结工会） 萨尔瓦多（索克拉尔保护区推广网络） 巴拉圭（促进和社会保护网络） 秘鲁（政治集团） 乌拉圭（国家应急计划）
2006	玻利维亚（学校奖金－青年画笔） 巴拿马（红色机会） 特立尼达和多巴哥（有针对性的有条件切口转移计划）
2007	—
2008	危地马拉（我的家庭进展）

梋山将国内先决条件（政治意识形态、国家能力和人类发展水平）与国外压力（邻里效应、国际金融机构的专业规范创建和金融诱因）进行对比，以解释 CCT 项目的扩散。

1. 国内先决条件

在国内先决条件方面，需要考虑国内政治是否可以解释整个拉丁美洲地区对 CCT 的效仿，拉美国家是否面临类似的问题并有类似的政策需求。如果是这样，整个地区的国家采用类似的战略是合理的。但该地区存在一系列与社会包容、收入不平等、贫困以及教育和健康障碍相关的挑战，因此并不是所有国家都应该接受 CCT 项目。

模仿国家是否表现出与早期创新者相似的国内条件？也就是说，贫困率、教育留级率和孕产妇健康状况相似的国家是否比其他国家更倾向于接受 CCT 项目？联合国开发计划署编制的人类发展指数（HDI）为评估该地区的人类发展提供了一个可比的尺度。HDI 衡量标准考虑了影响个人生活机会的各种因素，包括健康、教育和贫困。墨西哥和巴西的人类发展指数相似。然而，条件较好的国家（例如，哥斯达黎加和乌拉圭）

和需求较高的国家（例如，尼加拉瓜和玻利维亚）也都采用了 CCT 项目。此外，人类发展水平较高的国家采用 CCT 的速度并不比其他国家快。

各国是否有能力实施新的社会部门改革？CCT 项目需要官僚系统来确定计划的范围和规模，选择符合条件的家庭，跟踪条件组成部分并分配现金赠款。根据 CCT 的设计，可能需要跨政府机构进行大量协调，并需要监督机制以确保付款不会被转移用于政治目的。考虑到这些行政挑战，能力强的国家更有可能采用 CCT，而且速度相当快。但研究发现，政府效率与 CCT 的采用之间没有明显的联系。

高层的意识形态视角是否影响资源分配？关于资源分配的政治决策可以遵循与意识形态承诺相关的根深蒂固的价值观和信念。因此，CCT 可能会吸引不同的意识形态承诺。一些左派可能会抵制 CCT，转而支持更广泛的全民社会福利模式，认为针对性项目不够慷慨；与此同时，左翼政客可能会接受 CCT 的目标，包括扶贫、教育和医疗保健。另一种可能性是，保守派总统可能会觉得 CCT 很有吸引力。尽管拉美右翼政客传统上支持商业利益和新自由主义经济改革，但 CCT 可能会吸引市场导向的条件性亲和力。采用 CCT 的拉丁美洲总统代表了广泛的政治意识形态（右派、中右派、中派、中左派和左派）。大多数采用 CCT 的总统不是左派，而是中间派（中右派、中派和中左派）。

2. 国外压力

国内条件不能完全解释 CCT 扩散的浪潮，因此要考虑 CCT 扩散是否受到国外压力驱动。在国外压力方面，从一开始，扩散研究人员就推测政治管辖权可能会受到其邻居做出的决定的影响，随着越来越多的邻国采用 CCT，政策制定者将更快地效仿墨西哥。邻里效仿的原因可能包括地理位置和共享政策网络的更强连通性和交流等因素。在地理位置方面，对采用 CCT 的国家名单的基本检查表明，可能会发生邻里效仿；效仿墨西哥 CCT 的前四个国家中有三个位于中美洲，这表明地理邻近性很重要。离墨西哥近的那些国家最先能感受到这个项目是否成功，是否有利于国家经济水平的提升，是否使穷人更少或者整体劳动力质量提高。在共享政策网络的更强连通性和交流方面，很多拉美国家之间的政策网络是共享的，他们之间有国家联盟性质，会保持很强的连通性和长期的持续性的交流，这对他们的施政也是很有影响的。国外压力的其他来源，还包括技术专家交流和共享规范学习以及国际金融机构的“胁迫”等。

但是，问题在于，这些因素很难去定量分析。所以 Sugiyama 从定性的角度来分析跨国学习、共享规范和国际金融机构的影响。

3. 其他解释

事件历史模型表明，大多数国内条件——总统的意识形态、国家能力和国内需求——无法完全解释在拉丁美洲采用 CCT 过程中起作用的因素。邻里效应确实很重要，但起作用的机制需要更多的阐述。对于拉丁美洲 CCT 扩散还有如下几种解释。

第一，跨国学习。这可能影响了拉丁美洲的模拟决策。进步项目和 Bolsa Escola 项目都受到国际扶贫界的广泛关注。从进步项目开始之初，墨西哥政府就收集了数据以评估该项目的影响，并将其公之于众。因此，研究人员发表了数百篇论文，并对该程序进行了数千次引用。Bolsa Escola 项目还产生了由 IPEA、UNESCO、世界银行和国内智囊团 Pólis 的工作人员进行的研究和项目评估。这些研究提高了教育补助项目的知名度，并赋予了该项目更大的可信度。知识生产的效果可能看起来很分散，但它可以导致直接的政策学习。随着越来越多的国家建立了试点项目并创建了自己的 CCT，研究人员记录了其他项目在范围、设计和有效性方面的差异。鉴于其他国家相对较新的经验，学术研究和政策驱动研究的产出增长是显著的。围绕 CCT 项目的研究生产力向技术官僚们发出了一个重要信号，即这些扶贫策略在很大程度上是有效的，并且代表了最新的政策。

第二，国际组织。国际组织在将不同国家的决策者联系起来的会议组织方面发挥了重要作用。例如，世界银行主办了多次国际 CCT 会议，第一次是在墨西哥（2002 年 5 月），第二次是在巴西（2004 年 4 月），然后是在土耳其（2006 年 6 月）。其他会议，包括 2007 年 11 月在哥斯

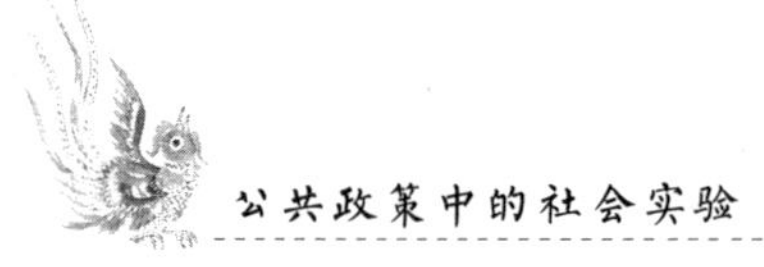

达黎加举行的“基于人权的方法的有条件的现金转移计划拉丁美洲会议”，得到了国际劳工组织、联合国儿童基金会、联合国开发计划署和哥斯达黎加政府的支持。除了这些针对具体政策的会议之外，关于千年发展目标、童工、教育和健康的国际会议也为官员们提供了了解进步项目和 Bolsa Família 等示范项目的机会。

第三，新闻媒体。世界主要新闻媒体发表了关于墨西哥和巴西社会政策实验的文章。新闻文章出现在高知名度的媒体上，例如《经济学人》《纽约时报》《商业周刊》《华尔街日报》，且大多都是正面介绍，强调了两国新的社会政策承诺，并将其作为有效的项目加以引用，增强了 CCT 的国际影响力，引发其他国家效仿。[①]

第四，高层舆论。主要国际人物，如联合国前秘书长科菲·安南、美国前总统比尔·克林顿和世界银行前行长保罗·沃尔福威茨，发表了赞扬巴西或墨西哥项目的演讲。

第五，国际金融机构。国际金融机构在给予资金援助的同时，会规定资金用于有条件的现金转移项目，为项目提供了资金来源。例如，美洲开发银行和世界银行一直通过贷款协议积极支持 CCT，他们的支持包括对项目评估的技术援助、促进经验交流的资金以及维持 CCT 的直接财政资源。

① Riccio J., Dechausay N., Miller C., Nunez S., Verma N., & Yang E. Conditional Cash Transfers in New York City: The Continuing Story of the Opportunity NYC-Family Rewards Demonstration [R]. New York: MDRC, 2013.

第九章　家庭领域的社会实验

之前介绍的几个社会实验案例都是与家庭领域相关的，例如学前教育关注家庭住房、家长的教育、家长的健康等；墨西哥的进步项目也是将现金转移至家庭，让整个家庭能够脱离贫困，之后再通过自己的力量去发展。本章案例的发生地点是家庭，因此特指家庭领域的社会实验并且特指家访。

第一节　护士家庭伙伴关系项目

一　项目背景

（一）家访

案例中的家访并不是指教师到家里去了解孩子的学习情况和家庭情况，而是指托育或早教等专业人员入户。我国于2021年印发《中国儿童发展纲要（2021—2030年）》，在儿童与健康部分提出“加强儿童早期发展服务。……加强对家庭和托育机构的婴幼儿早期发展指导服务。促进儿童早期发展服务进农村、进社区、进家庭，探索推广入户家访指导等适合农村边远地区儿童、困境儿童的早期发展服务模式”。这里提到的家访，指由专业人员负责，并且关注弱势儿童群体，与本节所要探讨的家访的内涵较为一致。[①]

---

① Barnes J. From Evidence-Base to Practice: Implementation of the Nurse Family Partnership Programme in England [J]. Journal of Children's Services, 2010, 5 (4): 4-17.

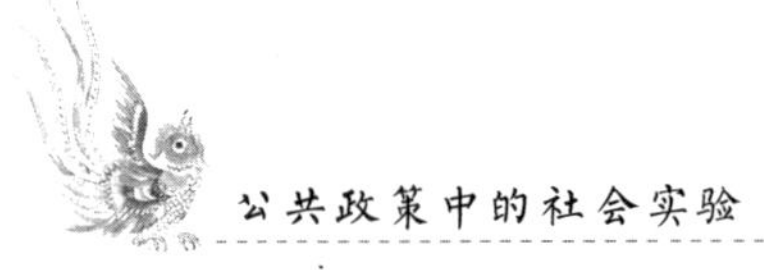

（二）护士家庭伙伴关系项目

护士家庭伙伴关系（Nurse Family Partnership，NFP）项目到2023年已经开展40多年了，是一个护士家访项目，其目的是帮助初次当父母的人在家庭和个人层面取得全方位的成功。① 该项目面向生育第一个孩子的低收入孕妇，提供从怀孕到养育孩子24个月的支持，服务时间大约为3年。

该项目服务的孕妇还有一个特性，即她们大多是青少年。在美国，没有户口问题，非婚生和婚生没有太大区别，政府对于结婚的限制较少，加之美国人本身认为结不结婚无所谓，导致美国有一个非常严重的社会问题，即十几岁的青少年面临很多困境，如收入低，住在贫困街区，从小遭受家庭虐待，易吸毒、酗酒，很早发生性行为等。由于缺乏知识，女性容易早孕，在美国很多州禁止堕胎的规定下，很多十几岁青少年孕妇只能选择把孩子生下来，却没法养育。由于孩子在被孕育的过程中可能没有被精心保护（他们的母亲可能会酗酒、吸毒等），这些孩子中出现残疾儿童的比例很高。孩子出生后，可能由于缺乏母亲的照顾而不能接受良好的教育，这带来一系列问题，尤其是贫困状态最终代代相传。家访就是希望通过专业护士定期进行家访，为青少年孕妇提供育儿知识、食物、金钱等方面的帮助，从而破除这种恶性循环。

家访是每周一次或者每两周一次，每次持续一个小时左右，并且有详细的手册和每次计划访问的材料以及一些标准化的数据表格，以记录访问和参与者的详细信息及进度。

（三）理论基础

该项目建立在以下三个理论基础之上。第一，依恋理论。依恋关系是指母婴或父婴之间的关系，对孩子的成长有很大帮助。在该项目中，护士通过家访，可以使母婴之间和父婴之间的关系更加亲密。第二，生

① Kilburn M. R., Cannon J. S., Mattox T., & Shaw R. Programs That Work, from the Promising Practices Network on Children, Families and Communities [R]. Santa Monica, CA: RAND Corporation, 2014.

态理论。该理论认为个人、家庭、社区是一个生态圈，可以互相影响，支持在生态转型点进行干预，主张加强家庭支持与社区服务的联系。因此，在该项目中，护士帮助家庭与社区产生联系，在生态转型点（新生命诞生时）进行家访，对于儿童和整个家庭都有帮助。第三，自我效能理论。引入自我效能来帮助女性控制自己的生活、人际关系和生命历程规划。

（四）NFP 项目在美国的推广

NFP 项目作为一个地区性项目，于 1996 年在美国全国进行了推广，并得到了美国国家司法研究所的资助。1999 年，罗伯特伍德约翰逊基金会增加了财政支持，以便建立 NFP 的“国家中心”（也就是现在的国家服务办公室，位于丹佛）。该中心被认为是项目成功推出的关键，因为它负责整体的管理、信息数据的收集、实施的监督、培训的提供、标准的制定，能够发挥集中性优势。该中心的主要目标是确保 NFP 项目的实施“忠于模型”，即保障其保真度。该中心可以为护士提供培训，以便该项目可以根据指南实施，收集临床信息系统（CIS）中的标准化数据，监控保真度。

NFP 项目能够在美国国内实现成功复制和推广，有以下三个方面的原因。①

第一，组织和社区充分了解并支持项目。为了获得当地的完全共识并确保该项目适合当地的需求，有必要与其他家访项目联系起来，且决定在地理上进行“共享”以避免专业竞争。组织和社区提供了有关财务支持的潜在来源以及与医院或非营利社区机构建立伙伴关系的指导。

第二，员工团队训练有素。该项目需要确保 NFP 工作人员的选拔、培训和持续监督。实验表明，如果项目由辅助专业人员提供，则结果不太明显。因此，合同要求之一是必须招聘具有足够护理资格的护士，然

① Nurse Family Partnership. Appendix 1: Summary of Technical Assistance and Quality Assurance Provided by Nurse-Family Partnership to States and Local Entities [R]. Denver, CO: Nurse Family Partnership, 2010.

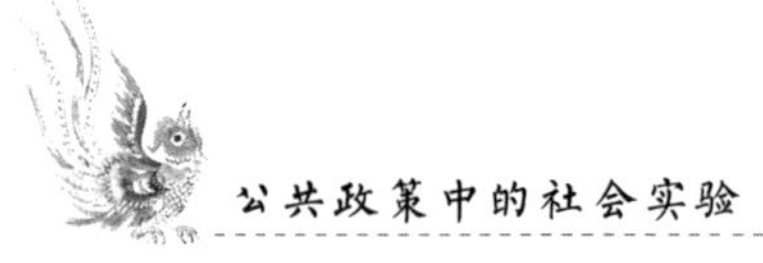

后接受所有必要的培训，这些培训由国家中心在三个强化培训期提供，涵盖怀孕、婴儿和幼儿期使用的材料以及一些关于特定主题的为期一天的会议。

第三，有关该项目实施的信息实时可用。为确保实施信息的实时性，美国的合同还规定项目交付和关键成果的数据应输入 CIS，国家中心有义务为其使用提供培训和技术援助，以及在全国范围内对数据进行评估，以便对服务进行评估。这意味着虽然该项目不会在实验条件下交付，但在该项目启动的所有地点都会有关于交付和结果的持续和可复制的信息。这为新社区提供了一些支持和指导，同时为项目本身提供了有关其更广泛使用的宝贵信息。

国家中心由慈善基金和政府基金共同支持，并且与任何希望提供 NFP 的当地社区密切联系，以“坚定的手”提供指导，以便在当地的支持下启动该项目，确保项目所涉及的专业人员已做好适当准备，同时对实施情况进行监测。如果社区明显偏离建议的交付目标，合同协议将允许国家中心阻止社区提供该项目。但实际上，这个中央组织通常会提供帮助和支持，对交付提供有用的反馈。

二　项目模型

只有各国都实施已经设计和测试的家访项目模式，家访才能成为改善有需要的儿童和家庭的健康、发展和福祉的有效工具。如果不注意社区环境中项目实施的质量，项目成果很可能达不到经过严格科学测试取得的积极成果水平。出于这些原因，国家服务办公室的主要目标是确保 NFP 项目模型按照设计和测试的方式实施。确保模型的保真度需要广泛的标准化、定制的技术援助和质量保证指导。①

（一）教育

成功复制项目的第一步是确保那些考虑采用 NFP 的人对家访干预

① Diane P.，Sarah A.，Emily S. M.，& Patricia D. G. Home Visiting Evidence of Effectiveness Review：Executive Summary ［R］. Washington，DC：U. S. Department of Health and Human Services，2011.

以及有助于项目成功运作和取得良好成果的因素有透彻的了解。这个教育过程包括以下内容。第一，有关 NFP 项目核心组成部分的教育，包括项目的 18 个模型要素以及随机对照试验的性质和取得的成果。第二，关于成功实施项目模式所必需的基础设施要求的教育，包括与社区居民、活动家、组织者、领导者、企业家以及健康和社会服务提供者的接触，雇用和培训员工、主管和管理人员，建立适当的转诊系统，以及数据收集的要求等。第三，关于项目在社区和机构内所需的整体规划的教育，最终将聘请护理团队来实施该项目。第四，承诺在国家服务办公室的支持下实施模型要素，是实施该项目的每个实体的合同要求。这也是项目能够成功复制的重要原因。

（二）社区规划

国家服务办公室坚信，获得授权的社区最有资格评估和提供他们需要的服务。得到社区居民、领导人以及健康、教育和社会服务从业人员广泛支持的预防项目可能会推动重大的、长期的健康、教育和社会改善。第一，积极接触。在当地社区实施项目之前，国家服务办公室积极与社区居民和领导人、倡导组织、企业以及慈善、健康、教育和社会服务实体和提供者接触。第二，介绍项目。国家服务办公室向他们详细介绍项目，例如，项目是什么、针对哪些人群、如何实施、实施频率是多少、效果如何。第三，确认需求。国家服务办公室协助他们实施可行性测试以确定项目是否能满足他们的需求，因为每个社区的差异很大，需要根据社区的需求来调整所提供的家访服务。第四，协助实施。国家服务办公室协助他们确定如何在与他们社区中可用的其他服务和支持资源相关的情况下实施该项目，并帮助他们尽可能高度复制之前的项目。

（三）选择执行机构

在社区参与了解模型和初步可行性评估后，国家服务办公室会协助各州和/或社区选择当地机构或实体来主持该项目。第一，指导实体审查。实体必须拥有支持项目要求和护理实践的基础设施，国家服务办公室根据指南对审查工作提供详细指导。第二，制定实施项目。国家服务办公室使用模板来帮助机构领导制定实施项目，以指导项目制定。该模板在社区层面（整合服务系统、建立转介网络）和机构内部（招聘员工、规划空间、使用质量保证系统）为负责计划质量和可持续性的人员提供帮助。第三，启动招聘管理。国家服务办公室为负责招聘员工、启动项目并为家庭服务的护理主管和/或管理员提供启动指南和深入咨询。

（四）员工教育

训练有素且敬业的护士和管理人员是项目成功的核心因素，因为这些一线工作人员直接与项目服务对象接触。

第一，员工招聘。国家服务办公室为实施项目模式的州和实体提供明确的工作描述、招聘和面试资源以及指导，以帮助新主管和管理人员吸引有能力的候选人担任该项目中的护理角色。此外，由于 NFP 项目所服务的社区具有多样化的语言环境和文化背景，国家服务办公室非常关注多样性，强烈鼓励项目从所服务的社区招聘和雇用种族和文化多样化的护理人员和主管，以确保顺畅交流和精准匹配需求。为此，国家服务办公室与国家和地区护理组织、大学和社区领袖合作，让符合双语、种族和文化多样化要求的护士以及具有不同学术和就业经验的护士意识到护士 - 家庭伙伴关系中的机会，以支持当地招聘工作。

第二，能力发展。国家服务办公室为家访护士和主管的角色提供书面能力声明，对家访护士和主管的能力进行定义、评估、发展、培训，并为他们提供专业发展资源。由于默认没有人具备所有的能力，该声明也可以作为发展一支强大家访团队的指南，是家访护士和主管能力提升的目标。

第三，教育流程。国家服务办公室为新的家访护士和主管提供（必需的）多步骤介绍和教育流程，并为主管提供额外的培训和咨询过程。此外，为主管提供了一系列主题教育和讨论指南，以用于召开专注于加强 NFP 护理实践关键方面的团队会议，并要求对护理团队主管进行年度持续教育。在育儿教育合作伙伴（PIPE）自学手册（与 NFP 家访指南完全结合的育儿课程）和护士面对面教育体验期间，国家服务办公室提供了关于如何根据识字率的高低和各种认知发展水平的课程，为各种客户调整 PIPE。

第四，文化能力。NFP 项目模型的核心是有效的文化和语言相关服务，使儿童和家庭能够过上更健康的生活。NFP 项目模型建立在护理实践的人类发展生态框架之上，该框架承认母亲和家庭拥有与其文化、种族、语言社区、地理特征和历史经历有着内在联系的独特历史、观点和价值观。通过设计和实践，NFP 项目模型将这些差异视为影响家访护士与家庭建立亲密的、互相信任的关系的重要因素。国家服务办公室提供特定的文化能力培训，这些培训专属于不同的文化背景和社区环境，社区工作者和领导可能会为家访护士提供一定的情况介绍，鼓励护士流利地使用他们服务的家庭所使用的语言。此外，该培训还对护士和社区进行了数十年的有效性测试，以确保家访在文化和地理上、在不同的人群和社区中的有效性。NFP 模式在三项随机对照试验中得到广泛测试，对象为农村环境中的白人家庭、城市环境中的非裔美国人家庭和半城市环境中的拉丁裔家庭。

第五，支架式教学。这是一种教育方法，类似于手把手教学。像任何类型的大多数新从业者一样，新家访护士的大部分学习都是体验式的，即通过以实践为导向的教育体验，例如角色扮演、动手练习和在职培训，为他们的学习提供支架，可以加快他们在实践中获得能力和信心的速度。该支架可以采用多种形式。同时，项目中的新家访护士通过必要的每周反思来学习，在此期间，家访护士将最具挑战性的问题和情况带到与他们的主管的讨论中，以反思他们的做法。他们还与同行和多学科顾问一起参加案例会议，以促进学习和关于成功实践的交流。[①] 此外，为了进一步支持学习过程，国家服务办公室为项目的每个阶段（怀孕、婴儿期和幼儿期）提供了一套详细且资源丰富的家访指南，使新家访护士更容易将项目的理论和原则转化为实践。同时，家访指南会定期修订，以确保它们符合孕妇和幼儿预防性护理的最佳实践。

① Olds D. L. The Nurse-Family Partnership: An Evidence Based Preventive Intervention [J]. Infant Mental Health Journal, 2006, 27 (1): 5 - 25.

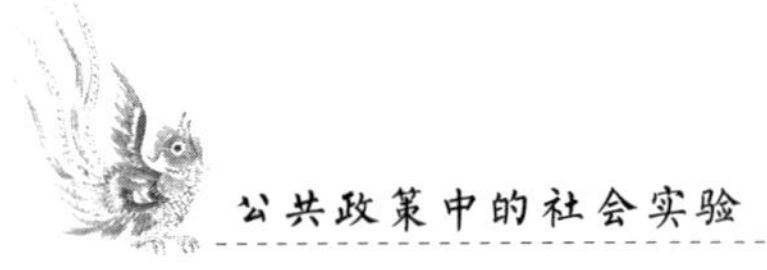

（五）信息系统

国家服务办公室基于网络的项目质量信息系统为 NFP 模型的每个元素制定了明确的性能阈值，这为每个护士和主管提供了明确的质量保证目标，促使他们努力实施该项目。该系统可以在本地以及多个团队运营的州或城市级别生成项目执行报告。每个执行机构和 NFP 护士顾问都使用这些报告来稳步提高每个执行机构和护理团队按照模型执行项目的程度。

（六）项目实施监控

为确保当地项目工作人员关注项目质量的关键因素，项目建立了一个在线数据收集和报告系统，收集核心数据元素并接收其在以下领域的工作和进展的最新信息。第一，客户互动。存在于护士之家访客家庭层面的伙伴关系是实现成功的关键组成部分。第二，项目实施。基于科学学习和项目实施专业知识，NFP 侧重于 18 个模型要素以及其他运营实力指标，包括目标客户人群是否参加该项目、服务提供是否按计划进行以及是否对护理人员进行 1∶1 监督等问题，以确保项目要素到位，使当地支持护理团队与客户合作。当数据审查表明该项目的某个组成部分可能未按项目进行时，NFP 会向机构工作人员提供咨询，以帮助确定和解决根本原因。第三，母婴成果。NFP 关注母婴的早期成果，包括妊娠健康、儿童健康发育、产妇生活富足。NFP 监测结果数据，用于告知可能需要对项目实践进行调整，确保持续实现这些结果。NFP 着眼于母亲和孩子取得成果的最终目标，与当地项目合作，确保与客户的互动由家访护士按预期进行，主管支持护理团队的工作，以及机构和社区层面的支持已经到位。通过监控这些领域，NFP 可以参与项目来审查它们的数据，理解其含义，深入挖掘，以在适当的情况下理解和传播优势，并根据需要监控增长领域。项目挑战在于当地环境和项目本身的发展阶段相匹配，因此确保质量是贯穿项目整个生命周期的一个持续过程，需要实时监控。

（七）项目管理

项目管理是多地点、多区域、多站点的。第一，开发国家系统保障了每个地区项目实施的质量和可持续性。每个州都应具备的重要质量支持职能包括：①家访和督导学习支持；②项目实施支持；③以生成和使用数据为绩效改进提供信息；④倡导项目的可持续性；⑤沟通和营销支持；⑥财政监督、预算管理和合同管理。第二，开发有效的需求建议书（Request for Proposal，RFP）流程。需求建议书是强大的政策工具，可以决定当地实施机构的选择、指导项目质量所需的基础建设。甲方（项目开发者或国家服务办公室）会向乙方提出一个需求建议书，列出项目所需的基础设施、人员、机构的资质等，要求乙方满足，这是很多招投标中都很有效的流程。第三，实施机构和国家服务办公室签订合同和实施协议。NFP 要求每个地方实施机构和国家服务办公室之间签订合同，其中规定了忠实于模型实施项目的承诺，并规定了地方机构和国家服务办公室对支持项目实施的承诺。合同的续签通常涉及对项目绩效的审查，并根据机构对追求和取得良好成果的承诺选择是否续签。

第二节　社会实验的研究证据

NFP 已经在三项实施良好的随机对照试验中进行了评估，每项实验都在不同的人群和环境中进行，三项实验都发现该项目对重要的母婴结果产生了相当大的、持续的影响。[①] 这为以下观点提供了信心，即如果在其他类似的人群和环境中忠实地复制该项目将是有效的。以下是对三个实验的主要发现的概述。[②]

① Olds D. L., Kitzman H., Hanks C., Cole R., Anson E., Sidora-Arcoleo K., Luckey D. W., Henderson C. R., Holmberg J., Tutt R. A., Stevenson A. J., & Bondy J. Effects of Nurse Home Visiting on Maternal Life-Course and Child Development: Age-Six Follow-Up of a Randomized Trial [J]. Pediatrics, 2004, 114 (6): 1150 - 1159.

② Kitzman H., Olds D. L., Henderson C. R. Jr, Hanks C., Cole R., Tatelbaum R., Mcconnochie K. M., Sidora K., Luckey D. W., Shaver D., Engelhardt K., James D., & Barnard K. Effect of Prenatal and Infancy Home Visitation by Nurses on Pregnancy Outcomes, Childhood Injuries, and Repeated Childbearing. A Randomized Controlled Trial [J]. JAMA, 1997, 278 (8): 644 - 652.

一　实验一

这个实验是在纽约州埃尔迈拉半农村社区开展的，主要人群是白人，样本量是300个人，随访时间为15年。最初，实验招募了500个人，在介绍完项目目的和内容后，部分人选择退出，退出原因有：实验无法对居无定所的人进行固定的家访；一些人并不关注育儿问题。该实验的样本流失率相当低，在15年的随访中约为20%。

这300名女性中，大约90%是白人，60%是低收入人群，60%是未婚女性，平均年龄为19岁。虽然实验想以家庭为研究单位，但是现实情况是大部分人都是未婚青少年，所以只能以个人为单位。

15年后，NFP对这些女性的子女（默认15岁）的影响（与对照组相比）有：①在育儿方面，对子女的虐待和忽视减少了48%；②在减少犯罪方面，子女个人自我报告被逮捕的情况减少了59%，子女个人自我报告的定罪和缓刑违规行为减少了57%。

15年后，NFP对这些女性的影响（与对照组相比）如下。①最大的影响是在犯罪层面，15年之后她们自我报告被逮捕的情况减少了61%，被定罪的情况减少了72%。这些女性在参与NFP项目之初，大多是低收入、未婚、已育的青少年，在周围环境特别恶劣的情况下，她们吸毒、酗酒、犯罪的概率是很高的，但NFP使她们的犯罪率显著降低，使整个家庭环境都有所改善。②在生育方面，由于NFP在计划生育知识普及方面做得比较好，女性的后续生育减少了19%。[①]

二　实验二

这个实验是在田纳西州孟菲斯开展的，主要人群是黑人，样本量是

① Olds D. L., Eckenrode J., Henderson C. R. Jr, Kitzman H., Powers J., Cole R., Sidora K., Morris P., Pettitt L. M., & Luckey D. Long-Term Effects of Home Visitation on Maternal Life Course and Child Abuse and Neglect. Fifteen-Year Follow-Up of a Randomized Trial [J]. JAMA, 1997, 278 (8): 637-643.

743 个人，随访时间为 9 年。该实验的样本流失率相当低，在 9 年的随访中为 10% 到 23%（取决于结果测量）。

这 743 名女性中，90% 是黑人，85% 是低收入人群（与实验一相比，低收入比例更高），并且几乎所有人都是未婚，平均年龄是 18 岁。因此，在这一地区开展的 NFP 项目可以看作针对单身未婚青少年女性的项目。

2 年后，NFP 对这些女性的子女（默认 2 岁）的影响（与对照组相比）主要体现在健康方面。①儿童受伤或误食而导致的医疗情况减少 23%；②受伤或误食而住院的天数减少 78%。

9 年后，NFP 对这些女性的子女（默认 9 岁）的影响（与对照组相比）如下：①在健康方面，死亡率较低，实验组 9 岁之前的死亡率是 0.4%，对照组是 1.9%。儿童因为意外在比较年幼时死亡的比例是衡量公共卫生条件比较常用的一个指标，这也表明 NFP 对公共卫生方面的结果有一定的提升作用，虽然不是特别显著（在 0.10 水平上具有统计学意义，但在 0.05 水平上不显著）。②在学业方面，在参与项目之前，母亲智力低下和/或心理健康状况不佳的儿童的子样本在以下方面取得了可观的进步。这些孩子在田纳西州 1～3 年级的阅读和数学成绩测试中得分提高 9%，阅读和数学平均成绩（GPA）提高 10%。说明该项目提高了母亲的育儿能力，改善了育儿环境。[①]

9 年后，NFP 对这些女性的影响（与对照组相比）有：①在生育方面，后续生育数量减少 13%；②在健康方面，吸食大麻、可卡因或者中度/重度酒精中毒的情况减少 41%。

三　实验三

这个实验是在科罗拉多州丹佛开展的，主要人群是墨西哥裔，样本

① Olds D. L., Kitzman H., Hanks C., Cole R., Anson E., Sidora-Arcoleo K., Luckey D. W., Henderson C. R. Jr, Holmberg J., Tutt R. A., Stevenson A. J., & Bondy J. Effects of Nurse Home Visiting on Maternal and Child Functioning: Age-9 Follow-Up of a Randomized Trial [J]. Pediatrics, 2007, 120 (4): e832-e845.

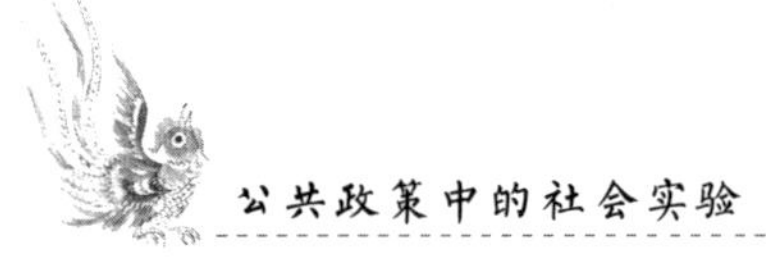

量是490个人，随访时间为4年。该实验的样本流失率也相当低，在4年的随访中为14%到18%（取决于结果测量）。

这490名女性中，几乎所有人都是低收入者，46%是墨西哥裔，36%是白人，15%是黑人，84%是未婚，平均年龄是20岁。

4年后，NFP对这些女性的子女（默认4岁）的影响（与对照组相比）是：在参与项目之前，母亲智力低下和/或心理健康状况不佳的儿童的子样本在语言发展、行为适应（例如，注意力、冲动控制、社交能力）、执行功能（例如，持续注意力的能力、运动技能）等方面取得了可观的进步。

4年后，NFP对这些女性的影响（与对照组相比）有：①对大多数妇女的结果（例如，福利金、物质使用、低出生体重新生儿）没有显著影响；②受节育知识的影响，女性第一次和第二次生育之间的间隔时间延长了20%。

总体而言，这些实验都得到了正向的结果，证明了NFP项目的有效性。[①] 三项实验对风险最大的家庭（收入低、健康状况不好、女性年龄小）的影响最大，这也是政府希望得到的结果，因为让原本更弱势的群体受到更大影响、得到更大提升，是维护社会公平的体现。[②]

---

① Boruch R., Crane J., Ellwood D., Gueron J., Haskins R., Hull B., Hoyt R., Kessler D., Lee J., Levy D., Ravitch D., Rolston H., Sawhill I., Seligman M., Solow R., & Zill N. Coalition for Evidence-Based Policy. Early Childhood Home Visitation: Effectiveness of A National Initiative Depends Critically on Adherence to Rigorous Evidence about "What Works" [R]. Washington, DC: Coalition for Evidence-Based Policy, 2009; Diane P., Sarah A., Emily S. M., & Patricia D. G. Home Visiting Evidence of Effectiveness Review: Executive Summary [R]. Washington, DC: U. S. Department of Health and Human Services, 2011.

② Olds D. L., Holmberg J. R., Donelan-Mccall N., Luckey D. W., Knudtson M. D., & Robinson J. Effects of Home Visits by Paraprofessionals and by Nurses on Children: Follow-Up of a Randomized Trial at Ages 6 and 9 Years [J]. JAMA Pediatrics, 2013, 168 (2): 114–121.

第三节　保真度[①]

保真度是项目推广中一个非常重要的概念。如上所述，NFP 项目经实验验证是一个很好的项目，在单一的、比较小的地区的实施效果很好。怎么推广该项目就牵涉保真度的问题。第八章介绍的墨西哥的进步项目在整个拉美地区的推广，实际上是一个政策扩散的过程，更偏向于从政治学角度去理解为什么别的国家要采纳该政策。本章从实施层面来理解保真度，即怎么保证后来在不同地点推广的这些项目的保真度，即与原始项目越相似越好，完全复制是最好的，这样才能保证效果最好。

最初在实验条件下提供的家访项目的大多数研究并没有报告实施中的保真度措施，而是报告怎么解决把这些实验的循证干预措施引入社区的重要问题，因此提出了以下几个问题。第一，如何鼓励社区采取这些循证干预措施？即怎样让这些社区采纳该实验设计？第二，这些实验设计能不能在“现实生活”中实施，而不只是落在纸面上？第三，这种高质量的实施是不是可持续的？这牵扯到资金、人员的问题，也是最初考虑的问题。第四，考虑到文化背景的重要性，是否可以以及如何“跨界”实施循证干预措施？西方国家很喜欢考虑文化层面，认为世界文化具有多样性，国家要尽量包容。这里的“跨界”不是指在不同的领域实施实验，而是单纯指在不同的地点或不同的国家来实施实验。本章所介绍的案例就是在不同的国家实施实验，NFP 项目原本是美国的地方项目，后来被英国复制。而英美两国差异较大，在这一过程中会存在紧张关系：一方面，项目需要根据新环境调整；另一方面，希望项目保持对原始模型的忠诚度，也就是保真度。怎样平衡二者之间的矛盾，涉及实施层面而非设计层面的技巧。

有研究对许多干预项目的开发者进行了访谈，询问他们如何看待上

① 本节内容节选自 Barnes J. From Evidence-Based to Practice: Implementation of the Nurse Family Partnership Programme in England [J]. Journal of Children's Services, 2010, 5 (4): 4-17。

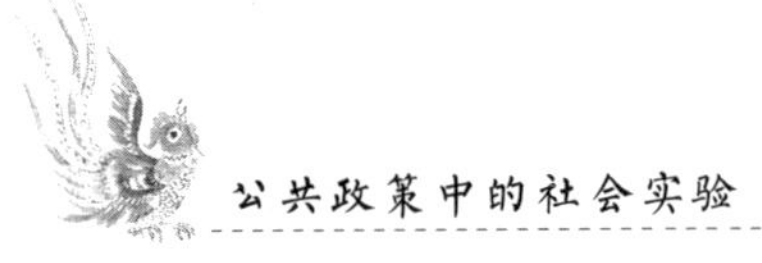

述矛盾。大部分开发者同意在核心原则保持不变的前提下，在新环境中实行干预，并使干预与新环境相适应。他们认为，虽然应该保护项目的“深层”结构，但可以修改其表面结构，以提高潜在参与者的初步接受度。他们特别在乎科学证据，认为“尝试采用一种无论何种文化都没有被证明有效的计划是愚蠢的”。也就是说，在已有科学研究证明该项目没用的情况下，他们不会在新环境中实行该项目。他们虽然关注不同的文化，但最关注的还是证据，即研究证明项目有没有效果，有什么效果。

第四节 循证争论

在循证与保真（复制）方面存在争论。循证，即基于证据。例如，英国 Cochrane 是一个制定实验标准的组织，也是一个历史悠久的基金会，在英美做大型实验时，需要参照该组织的标准。该组织认为，在理想情况下，最好的证据需要一项以上的随机实验。不光是最开始的试点，还要至少有一项重要的后续行动。

然而，基于证据的国家政策也受到了批评。2010 年左右，奥巴马承诺要在 5 年内花费 80 亿美元用于 NFP 项目，并且依据随机实验的研究证据证明该项目是可以节约成本的。对此，批评观点认为，在随机实验证据的基础上制定一项国家项目，对如何成功复制这些模型几乎没有提供指导，也没有提供将研究结果推广到不同人群和不同背景的能力。当然，学界肯定都认可在随机实验证据基础之上来制定国家项目或者政策，因为这能真正保证该项目或政策是有效的。但是，这对复制是没有用的，因为 NFP 项目不像启蒙计划那样最初就是国家级项目，并且很快就被纳入国家法案。截止到 2010 年，作为地区性项目，NFP 项目已经持续了 40 余年的时间，在制定国家项目时，可以用这些地区性项目的证据来说明该项目是有效的，所以国家应该实施该项目。但是，不能保证这个项目在其他地区实施也是有效的。不能保证完全复制，就不能保证项目的有效性。[①]

从循证的角度而言，NFP 项目是很高级别的项目，因为有实验研究已经证实了这个项目的效果很好。美国政府卓越委员会（CEG）在评价项目证据时，认为旨在支持 0 ~ 6 岁儿童发展的项目分类中，只有两个是能完全保证项目有效性的，其中一个就是 NFP 项目，另外一个是启蒙计划。启蒙计划是非常大型的国家级项目，NFP 项目还是地方级别的，但其有效性很早就得到认可了。如何保证这个项目能够在保真度很高的情况下被复制，使其在其他地区和国家也能够同样有效，是一个问题。

第五节　社会实验的跨国推广

一　背景

英国当时是工党执政，政府致力于循证实践，因此 NFP 项目作为强有力的证据被引进。[②] 与此同时，自启蒙计划地方项目发展以来，支持弱势家庭的早期干预项目在英国一直受到关注。虽然早期干预的重点主要针对那些与促进儿童发展直接相关的人（例如早期专业人士），但与预防犯罪有关的政策专家也指出，干预提供高质量的社会支持的同时也提供产前医疗保健。因此，英国国内普遍认可将早期干预作为减少社会排斥的一种手段。多个社会实验证据表明，美国的 NFP 项目有助于减少社会排斥，例如，提供更多的社会支持、青少年时期儿童的反社会行为较少等。

---

① Boruch R. , Crane J. , Ellwood D. , Gueron J. , Haskins R. , Hull B. , Hoyt R. , Kessler D. , Lee J. , Levy D. , Ravitch D. , Rolston H. , Sawhill I. , Seligman M. , Solow R. , & Zill N. Coalition for Evidence-Based Policy. Early Childhood Home Visitation: Effectiveness of A National Initiative Depends Critically on Adherence to Rigorous Evidence About " What Works" [R]. Washington, DC: Coalition for Evidence-Based Policy, 2009.

② Barnes J. From Evidence-Base to Practice: Implementation of the Nurse Family Partnership Programme in England [J]. Journal of Children's Services, 2010, 5 (4): 4 - 17.

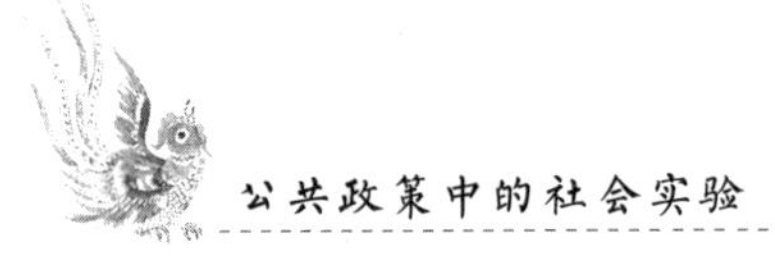

在此背景下，英国引入 NFP 项目并对其重新命名，将“护士家庭伙伴关系”（NFP）改为“家庭护士伙伴关系”（FNP），将护士这一项目实施者的位置前置，并将其称为家庭护士（FN），以区别于英国已有的护士（例如，健康访问员或社区健康护士等）。此外，与美国的 NFP 项目不同，英国的 FNP 项目最开始就是由中央政府支持的，而不是从地方扩散到全国，中央政府为该项目提供资金，通过社会实验来验证从美国引进的 NFP 项目在英国是否同样有效。

二　实施评估

英国对 FNP 项目在 10 个试点地区的实施情况进行了一系列评估，评估的目的是看该项目是否能够忠诚地复制美国的项目，能够有很高的保真度。由于最初的试点较少，且分为怀孕、12 个月以内的婴儿期、12 ~ 24 个月的幼儿期三个阶段，样本量不大，评估主要选用访谈这一定性方法。访谈对象包括家庭护士、家庭护士主管、中央领导层负责实施监控的团队、英国卫生署的官员、客户（真正享受 FNP 服务的女性）及其亲属、当地的意见领袖等，有两三百个人。

需要回答一些问题。

1. 是否可以让客户参与该项目？

继中央和地方对该项目予以支持之后，从实施角度来看，下一个问题是，是否可以确定合适的接受者，即能否确定项目的目标对象是谁，哪些是合适的项目客户。美国的目标对象是低收入和其他脆弱的年轻初产妈妈及其伴侣。保真对此的规定是：目标对象要初次为人父母，至少 60% 要在怀孕 16 周（4 个月）以内登记参加这个项目，所有目标对象要在 28 周（7 个月）以内登记。由于生育率较低，英国经过仔细审查，决定一半的试点站点将根据简单的年龄标准（20 岁以下）进行招募，而在孕妇人数较少的其余站点中，还会招募年龄在 20 ~ 24 岁的初为人母的母亲，但有额外的标准——不上学、没有工作也不接受职业培训的年轻人（NEET）。

进一步的问题是，一旦确定了合适的客户并与他们接触，他们是否同意接受项目。美国指导方针规定的下一个目标是，至少 75% 的符合条件的人接受该项目。在英国，87% 的符合条件的父母都接受了该项目。社会服务有一个词叫耻感，医学当中也会用这个词，比如抑郁症或者艾滋病病人所面临的、整个社会系统加诸个人身上的耻感，他们在感受到身体上痛苦的同时心理上也很痛苦，因社会歧视而自卑，不愿与别人接触，不愿意承认自己得病了。单身年轻的怀孕女性可能也存在耻感，害怕因为 FNP 项目被邻居知道自己怀孕了。但是访谈的结果是，年轻女性对接受该项目非常积极，并没有耻感，她们不觉得自己是一个失败的母亲，而认为自己是需要帮助的母亲。正如有人在被问及为什么向她提供 FNP 时所说，“因为我年轻且单身，需要帮助”。

2. 是否可以按照指南实施?

一旦年轻女性参加了该项目，那么重要的是要了解分娩与相当详细的建议的接近程度。要有保真度“延伸目标”，而不是绝对的交付目标，例如所有客户都是第一次为人父母、每个阶段完成的访问次数、访问的平均长度和每次访问涵盖的内容类型。

在英国实施的评估中，已根据客户的预期访问次数计算了预期访问完成比例的值，怀孕期间根据客户注册时的妊娠情况而有所不同。是否成为客户取决于其是否与该项目保持联系。因此，如果他们被认为已经离开了该项目，则预期访问次数将减少。这是一个保守的估计，与美国研究中使用的计算预期访问量的方法不同，该方法基于延伸目标，没有考虑客户离开，将导致较低的百分比。

交付保真度指的是 1255 名已完成怀孕阶段（婴儿出生）的第一波客户和 712 名已完成婴儿期（他们的孩子至少 12 个月）的较小亚组。怀孕期间的保真度延伸目标是交付 80% 的预期访问。尽管使用了更保守的方法来计算这个目标，但事实证明，这对 10 个试点站点中的大多数来说都是一个挑战。不到三分之一（30%）的客户获得了 80% 或更多的预期访问量（站点范围为 18% ~44%），有 47% 的客户获得了

50%～79%的预期访问量。怀孕期间访问的平均比例为66%（站点范围为57%～74%），婴儿期的目标是提供65%的预期访问。类似比例的客户（31%）接受了这一级别的项目（站点范围为15%～54%），另外有16%的客户接受了50%～64%的访问。婴儿时期完成的平均访问比例略低于50%（48%，站点范围为38%～61%）。

关于访问的性质，为了保证准确，访问的平均时间应至少为60分钟。这在怀孕期（平均74分钟，站点范围为62～82分钟）和婴儿期（平均74分钟，站点范围为62～81分钟）中均成功实现。平均而言，在项目的不同领域交付的关于每次访问比例的建议更为复杂，并且在两个阶段之间会发生变化（有关目标和已实现的全部细节见表9－1）。

表9－1　在怀孕期和婴儿期实施FNP项目的保真度：五个领域的目标和平均花费时间百分比

单位:%

项目领域	目标孕妇	平均（英国第一轮）	实地范围	目标婴儿	平均（英国第一轮）	实地范围
个人健康	35～40	35	30～41	14～20	22	20～25
母亲职责	23～25	24	21～28	45～50	42	36～47
生命周期	10～15	11	10～13	10～15	11	9～12
家庭亲友	10～15	16	13～18	10～15	14	12～17
环境健康	5～7	13	10～15	7～10	12	9～15

在怀孕期间，最大比例的时间应该花在母亲的个人健康上（35%～40%），并且各站点的平均值在建议范围内；母亲职责应该占据大约四分之一的时间（23%～25%），而且英国的分娩也处于这个水平。母亲的生命周期，比如考虑教育和就业，预计会占用10%～15%的时间，所有10个站点都在这个范围内。然而，英国的护士倾向于花在家庭亲友身上的时间超过建议的10%～15%。同样，环境健康预计平均仅占5%～7%的时间，但英国的平均值大约是其两倍，所有站点均高于推荐值。因此，在进行家访时，关注家庭环境可能是习惯了健康访问者角色

的护士的强烈倾向，以至于很难避免这种情况。

在婴儿期，指南建议在环境健康上花费更多时间（7% ~10%），而英国的平均水平仅略高于该水平，在家庭亲友以及生命周期上花费了适当的时间。指南中从怀孕开始的最大变化是，理想情况下，多达一半的时间（45% ~50%）应该花在母亲职责上，但在孕产妇个人健康方面（14% ~20%）比孕期少得多。在10个站点中，护士在母亲职责上花费的时间略少于推荐时间，但在孕产妇个人健康上花费的时间多于推荐时间，这可能再次反映了他们以前的角色。但是，总体上差异不大，并且对于所有项目领域，10个站点中的一些站点完全按照推荐提供了项目。

3. 家人会在预定的时间内继续参与吗？

在持续时间超过30个月的项目中，人员流失始终是一个主要问题。美国团队表示，根据他们的经验，为了交付保真度并获得预期结果，怀孕期间的流失率不应超过10%，婴儿期的流失率不应超过20%。来自美国的研究证据表明，一部分家庭可能会在服务的预计完成日期之前退出，并且该项目在全国传播的流失率高于三项研究实验中描述的流失率。同一项研究将自然减员与护士的不同行为风格联系起来，发现保留率低的人有更直接的方法，强调项目的“福利”和完成后的积极成果。相比之下，保留率较高的护士更多地谈到了根据客户的需求和兴趣定制和调整项目的重要性。现在该项目正在英国传播，重要的是要知道这个国家的流失率是多少以及与流失相关的因素，以便将流失率降到最低。

英国10个试点站点的孕期平均流失率（14%）略高于孕期目标，但站点之间存在相当大的差异（5% ~23%）。部分原因是当地在应对短期内招聘的（政治驱动的）压力方面存在差异。一些团队更有可能招募许多客户，然后筛掉其中一些不合适的人；而另一些团队则采取更加谨慎的方法，只招募那些似乎非常确定想要参与该项目的人。婴儿期的流失率总体上非常接近于指导方针，为21%，但站点之间仍然存在很大差异（3% ~38%），表明这方面的交付在某些地区和某些团队中可能存在问题。

在调查或多或少可能离开该项目的客户的性质时，发现他们的特征很少。那些在怀孕期间离开的人在怀孕早期就被登记（离开 16 周，非离开 18 周）。黑人客户（占总人数的 8%）在离开者组中的代表性不足（1% 的离开者，8% 的非离开者）。在婴儿时期，只发现了一个差异。与他们的伴侣和其他成年人（但不是他们自己的母亲）同住的客户在婴儿时期离开的比例是未离开的两倍多（15% 的离开者，7% 的非离开者），而那些包括他们自己的母亲和他们的伴侣在内的家庭中的客户更少选择离开（7% 的离开者，11% 的非离开者）。

表 9-2 提供了有关离开原因的详细信息。在怀孕和婴儿期，略低于三分之一的离开可被视为与客户有关（例如搬离 FNP 区域），而略高于三分之二的离开可能与实施有关。在这一类别中，最常见的原因是客户直接向护士表明她不再需要该项目。有的家长表示已经学到了足够多的知识，有的表示希望家人成为主要的经济来源，也有的表示忙于教育或就业等活动。下一个规模较大的群体则是因为沟通渠道和途径受损，他们在护士来访时外出或无法通过电话进行更多预约。

表 9-2　客户在怀孕期和婴儿期离开 FNP 项目的原因

单位：个，%

离开原因	怀孕期数量	占比	婴儿期数量	占比
与客户相关				
移出 FNP 区域	31	18	50	22
流产、终止妊娠、胎儿婴儿死亡	19	11	6	3
孩子不再由家人监护	0	0	11	5
小计	50	29	67	30
与实施相关				
客户拒绝进一步参与	83	48	93	41
多次错过约会或试图访问	24	14	37	16
找不到客户	15	9	16	7
项目容量不足	0	0	13	6
小计	122	71	159	70
总计	172	100	226	100

4. 护理人员可以接受新的工作方式吗?

新的工作方式可能会给应聘到这些职位的护理人员带来压力。有大量的培训指导他们在日常工作中应该做什么，并密切监控他们的活动;鼓励他们与在某些情况下对此持反对态度的客户保持定期联系，并与客户建立密切的关系，这可能意味着当客户希望过早退出该项目时，他们会受到影响。

工作人员普遍认为培训内容丰富，对新的工作方式表示高度赞赏。[①] 大多数人提出自己担任这一新角色，以便他们能够处于医疗保健发展的前沿，并有机会以新的和密集的方式与最贫困的家庭一起工作。大多数人都实现了这一雄心壮志。虽然他们报告说该项目的实际交付开始时令人生畏，但当他们在岗位上工作了大约九个月时，它的效果更好了。他们一直担心要收集的有关客户的数据量过多，认为这可能会使客户望而却步，但发现情况并非如此。频繁的家访使信任、尊重和融洽的关系得以建立。他们还指出，虽然他们密切关注材料，但有时为了留住客户，必须保持灵活性:“有时，您将材料搁置一旁，因为您知道客户想要谈论一些紧迫的问题。您希望将它们保留在项目中，因此实际项目内容必须等待。”这在美国也已经确定，并且与提高保留率的交付方式有关。因此，保真度的两个不同方面之间存在良好的平衡:提供指定的内容和将损耗降至最低。护士报告说，当客户离开时，他们可能会感到被拒绝，即使他们的培训为这种情况做好了准备。他们谈到沮丧，因为他们认为，如果客户留下来，他们本可以做得更多，尤其是如果他们考虑到其他家庭成员迫使客户离开的话。相比之下，其他人则表示很高兴，认为来访者的停止决定反映了他们不断增长的能力和自信，这是 FNP 旨在培养的。

虽然大多数人都为成为英国第一批提供该项目的护士而感到自豪，但这也有不利的一面。他们指出，他们之前的工作结构要简单得多，不

① Dawley K., Loch J., & Bindrich I. The Nurse-Family Partnership [J]. American Journal of Nursing, 2007, 107 (11): 60-67.

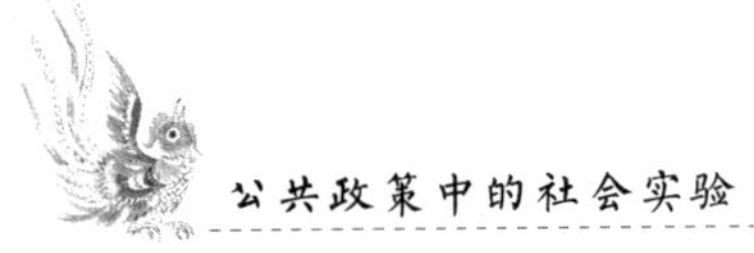

需要与客户建立密切的关系，压力也小得多。一些人谈到了他们为使该项目发挥作用而承受的压力，他们认为最终的成功或失败取决于他们，并指出这不是他们熟悉的压力，因为作为健康访问者或助产士，他们只是英国国家医疗服务体系（NHS）庞大行动中的一小部分。现场主管指出，他们认为需要在当地推广该项目，因为这样不仅能够在早期阶段促进招聘，而且在此之后也能普遍提高认识。

5. 当地是否支持可持续性?

在中央支持和少数热情的地方接受之后，政策实施的最后阶段将把 FNP 纳入在渐进式普遍主义背景下为儿童和家庭提供的服务范围。为了取得长期成功，项目本身和英国初级卫生保健信托机构之外的其他专业人员应该重视该项目并了解它如何适应提供的范围。

许多当地专业人士都听说过 FNP，尽管在儿童中心听到的比在健康访问者和助产士等 NHS 工作人员中听到的要少，但部分人知道该项目在美国的评估中取得了实质性的成果。不过他们并没有详细了解该项目的组成部分，只知道它是密集的家访，从产前一直持续到孩子两岁。部分人指出，在该项目真正开始之前，他们几乎没有时间考虑该项目的战略影响。总体而言，FNP 希望与儿童中心建立联系是一项挑战，而且大多数 Wave I 网站都不是基于这些环境。

一些受访者提出了谁应该接受该项目的话题。他们争辩说，通过仅使用年龄标准，该项目被提供给一些可能不需要其支持的年轻女性，而没有提供给其他年龄较大的或已经有一个孩子但可以受益的人。一些人还对该项目如何在不耗尽普遍劳动力的情况下长期推出表示担忧，特别是在健康访问方面。其他人建议，如果要更广泛地提供 FNP，则需要将其“淡化”为强度较低的服务，其他机构的专业人士希望能够实施 FNP 的各个方面（例如使用这些材料），但这是不可行的（并且在许可证下也是不允许的）。委员们也提到了这个想法，他们指出，希望通过与更广泛的由家庭支持工作者提供的父母合作来提高该项目的保真度——潜在的信息是这将使资金进一步增加。

“缺点是FNP是密集的家访，所以他们只能处理25个案件，因此本身就很昂贵。这是一种昂贵的交付方式。从财务角度来看，这种工作方式是不合理和不可持续的。”

然而，总体而言，对成本的担忧不是服务的人均成本，更多的是如果要“推出”服务，则向每个符合条件的人提供服务的总成本。额外的困境是，有益的结果可能不会立即显现出来，并且不是所有的结果都可能是健康的结果，包括那些与社会关怀、刑事司法和教育有关的结果。“按照预算的运作方式，它不是成本释放效率，我们不会得到那个有形的退款。”

因此，虽然大多数试点地区的专员似乎将FNP定位为他们为有幼儿的家庭提供服务的核心方面，但其他人持保留意见。他们对成本的保留是明智的，因为迄今为止所有的证据都来自美国，但可以从英国的现实世界交付接近原始项目的证据中获得一些保证，这增加了获得预期成本的可能性好处。他们对FNP的目标和潜在结果的理解与维持它的意愿之间似乎存在直接关系。10个站点中的1个已决定在现有客户毕业后结束该项目，因为他们的孩子已满2岁，但其余站点仍在继续，9个站点中有8个也参与了实验。地方资金的不同模式正在出现，包括将一个地点变成社会企业的项目，从而能够获得目前无法用于初级卫生保健信托机构的资金流，例如国家彩票、有需要的儿童和育儿基金，以扩大FNP。

全国推广要求，除了最初协议中规定的从中央到地方的资金转移之外，还需要逐步从在前10个试点中占主导地位的中央控制转移到地方管理，因为该方案已融入护理系统。中央卫生部团队通过建立一个基于网络的系统来输入描述项目交付的数据，从而促进了这一点。这将具有与美国国家中心相同的作用，通过确保站点可以在本地检查其与保真度目标相关的表现，并努力实现接近延伸目标的交付水平。

本章小结

这一章介绍了家庭领域的社会实验。家访是指专业护士到家庭进行家访工作。护士家庭伙伴关系是美国的一个实验，后来引入英国，并改名为家庭护士伙伴关系。该案例的重点是保真度。在不同国家、不同文化背景之间，怎么来迁移这个实验？怎么能够保证在美国有效的项目在英国也同样有效？这涉及很多具体的指标，有多少个不同的地点来进行实验，针对怀孕的、婴儿期的、幼儿期的，都有非常明确的数值范围，当然也需要做一定的修改，这样才能保证符合当地的文化和政策背景。

第十章　住房领域的社会实验

前述几章介绍的家庭领域、学前教育领域、收入激励领域的社会实验都与住房问题密不可分。本章具体介绍住房领域的社会实验，这一类社会实验在住房领域实施干预（即自变量在住房领域），其结果是不仅可以解决住房问题，还会对教育、健康，乃至家庭关系、社区环境产生广泛影响。①

第一节　搬向机遇项目

MTO（Moving to Opportunity）是住房领域比较有代表性的一个案例。Moving 这个词可以算是双关，一层意思是搬家，另一层意思是自己的人生移动到机会领域。所以，本书将 Moving to Opportunity 翻译为走向机遇，或者搬向机遇，即搬家搬到了一个机遇社区，或者搬家使得自己人生的各方面机遇变得更好。

如前所述，社会实验的目的不是单纯做一个实验，而是帮助政策制定，即通过实验这一因果推断很强的研究方法，帮助政策制定者知道：给予干预（自变量）之后，经过中间很严格的实施以及监控等环节，最后可以得到一个具有显著性的效果（住房、教育或是其他方面的效果），进而得出研究结论。如何把一项研究的结论放到政策当中来？其

① Ludwig J. , Sanbonmatsu L. , Gennetian L. , Adam E. , Duncan G. J. , Katz L. F. , Kessler R. C. , Kling J. R. , Lindau S. T. , Whitaker R. C. , & Mcdade T. W. Neighborhoods, Obesity, and Diabetes—A Randomized Social Experiment [J]. New England Journal of Medicine, 2011, 365 (16): 1509 - 1519.

中有很多政治方面的工作或者取舍要做，也就是说，研究者在乎的跟政策制定者在乎的，可能并不是同样的结果。本节所介绍的案例是一个比较典型的案例，该实验的结果与政策制定存在一定的差异，即实验结果并不像政策实施时预想的那样。如何将社会实验的结果融入政策制定，这并不是研究者或某一政策制定者能够操控的事情，本章仅对这一过程进行介绍。

图 10-1 是 MTO 项目操作手册的封面，主标题中的 Fair Housing Demonstration 可以译为公平住房的一个示范，体现了 MTO 项目的目的是公平住房。MTO 项目将自身定位为政策示范，以期为后续的政策制定或政策改善提供帮助。①

图 10-1　MTO 项目操作手册封面

MTO 是跟住房相关的一个项目，由美国住房和城市发展部（HUD）

① Gennetian L. A., Sciandra M., Sanbonmatsu L., Ludwig J., Katz L. F., Duncan G. J., Kling J. R., & Kessler R. C. The Long-Term Effects of Moving to Opportunity on Youth Outcomes [J]. Cityscape, 2012, 14 (2): 137-167.

赞助。MTO 项目的最初目的是帮助那些居住在极端贫困社区的公共住房或者基于 Section 8 住房的极低收入家庭搬迁到“机会社区”，以改善个人和家庭的福祉。[①] 这些“机会社区”不是由 HUD 建设的，而是通过测量相关方面的指标来判定划分的，比如，有些社区收入高、有教育资源、交通比较便利或居民受教育水平比较高，就可以被划为“机会社区”。此外，福祉是一个非常广泛的概念，所以 MTO 算是以住房为干预手段的综合性扶贫项目。

这项社会实验的开展时间是 1994 年 9 月到 1998 年 8 月，于美国东、中、西部的五大城市——巴尔的摩、波士顿、芝加哥、洛杉矶和纽约——进行。该实验的规模很大，共有 4604 个家庭 1 万多人（按 1 个家庭有 3 个人来算）参加了该实验并被随机分配。[②]

在干预方式方面，相比以往的现金激励和实物激励（给予食物、药品、服务等），MTO 项目的干预方式更有新意。MTO 项目使用住房优惠券（Voucher，也称凭证、代金券）来进行干预，使居住在极度贫困社区的公共住房内的家庭或收入极低的家庭通过使用优惠券（只能用来租房）搬迁到政府划定的“机会社区”。因此，政府首先会对哪些社区可以使用住房优惠券进行划定。因为美国的住房一般是私人住房，有些房东可能不愿意接受优惠券，而政府并不能对此加以强制，所以政府会先跟房东谈好是否接受优惠券，如果接受，则拥有住房优惠券的家庭去这些地方租房就会获得优惠甚至免费，之后政府再对房东进行补贴。例如，租金 2000 美元/月的房子在使用优惠券的情况下可能只需要 1000 美元/月，剩下的 1000 美元再由政府补给房东。住房优惠券的限制是人们必须在政府已经划定好的固定的社区里居住，且优惠券必须用来租房，而不能用于其他不健康的行为或者不当的花销，从而保障家庭住房的稳定和住房质量的提高。

---

① Deluca S. What is the Role of Housing Policy? Considering Choice and Social Science Evidence［J］. Journal of Urban Affairs, 2012, 34（1）：21－28.

② Turner M. A. Commentary：MTO's Contribution to a Virtuous Cycle of Policy Experimentation and Learning［J］. Cityscape, 2012, 14（2）：213－218.

优惠券是干预中常用的一种方法。例如，美国的补充营养援助项目（SNAP）给低收入人群发放指定的食品券，这些食品券只能用于购买青菜、鸡蛋、牛奶或者肉类等可以饱腹、维持生存的高质量的食物，不可以用来购买垃圾食品，具有很强的限制性。因为如果不加以限制，父母可能会用来买烟、买酒、赌博等，使孩子失去营养保障。

MTO 不仅提供住房优惠券，还提供住房咨询服务。美国的数字化 App、平台发展较慢，大多数租房信息的发布是地区性的、老式的，比如在学校或者教堂张贴有租房信息的宣传单；而且许多房东不上网，只能通过电话、传真或去线下取得联系。因此，美国的中低收入群体非常需要政府的咨询服务，以帮助其租到周围的、符合自身收入水平的房子。

第二节　住房选择券项目

住房选择券项目，也称为 Section 8（第 8 节）项目，因为该项目是根据 1978 年《住房和社区发展法》中的第 8 节创建的。这一节明确提出政府要开始发放和实施优惠券项目，其目的是为符合条件的中低收入家庭在私人市场租赁住房提供援助。我国在这方面主要是为符合条件的低收入家庭提供公共住房，比如廉租房；Section 8 项目则用于私人住房市场，为中低收入家庭租赁私人所有权的住房提供援助，这是 Section 8 项目最重要的干预方式，也是其目的。

Section 8 项目资格基于家庭的年总收入和家庭规模，只有中低收入且有小孩的家庭才有资格参与该项目，因为这些人是 Section 8 项目认为最急需稳定住房的群体。Section 8 项目的目的是通过提供租金补贴，让中低收入家庭每个月用于租房的花销不超过其收入的 40%，剩下的钱则可以用于育儿、教育、食品等其他方面。政府代表家庭向房东支付剩余金额，这部分金额称为住房援助金。

作为开展 MTO 示范的最初五个城市之一，纽约管理着美国最大的

Section 8 项目，因为这里人口非常多、收入差距非常大。

第三节　社会实验的理论框架

搬迁涉及社区、家庭、个人等多方面的问题，既存在正向效应，也存在负向效应，所以 MTO 项目基于很多理论。

一　传染效应（流行病模型）

流行病模型强调同伴传播行为的力量，它像流行病一样，有传染效应。这种传染效应主要包括偏好外部性、污名效应和物理外部性三个方面。

第一，偏好外部性。主要指青少年喜欢模仿别人，其偏好是根据别人而改变的，因此其周围的环境就很关键，在很大程度上决定了青少年模仿的人是有犯罪行为的人，还是品学兼优的人。

第二，污名效应。该效应带有一点从众的意思，即如果社区很多人都有犯罪或问题行为，那么该社区的道德困境就会变弱，来自违法行为的负面信号会减少。很多青少年缺少自己的判断，可能会因为大家都这么干（例如，翘课、买摇头丸等），自己就会跟着做。

第三，物理外部性。假定在一个社区内，警察的人员数量和质量是固定的，那么犯罪率越高、犯罪人数越多，犯人被逮捕的机会就会越小。因为执法具有拥堵效应，警察抓犯人的量是有限的，可能只会抓他们碰巧遇上的或者是行为比较严重的犯人。①

二　集体社会化模式

集体社会化模式是指成年人通过人力资本的外部性，或充当榜样，或本身是公共秩序的执行者，在执行道德标准的过程中影响到社区中的

① Popkin S. J., Leventhal T., & Weismann G. Girls in the Hood: The Importance of Feeling Safe [R]. Washington, DC: The Urban Institute, 2008.

所有年轻人（不仅是他们自己的孩子）。

三　制度模式

制度模式认为，儿童不仅受自己家庭的影响，更多地还会受机构的影响，比如学校、警队或社区的工作人员的影响。

四　竞争模型

竞争模型假定资源是固定的，人越多，资源就越稀缺，从而导致竞争。

五　相对剥夺模型

因为资源是固定的，人越多，竞争越激烈，一些没有竞争到资源的人可能会反其道而行，通过反社会行为来争夺社会资源。竞争模式与相对剥夺模式相关，因为竞争可能会对人产生负面的心理影响，影响人们的行为。

基于上述理论框架，MTO 的最终影响主要表现在教育、犯罪和健康三个方面。

第一，教育。教育可能是最大的问题，或是最直接的影响。邻里环境影响教育成果的最明显方式是通过当地公立学校的质量，为进入更好的学校是 MTO 家庭搬家的一个主要动机。同时，邻里居民的构成也很重要，因为成年人传达了共同的亲社会（或反社会）价值观，充当着积极或消极的“榜样”。好的社区，学校质量好，同龄人更加优秀，整个社区都会更好。① 但是这种社区的竞争很激烈，可能会对儿童产生不利影响，对他们产生负面的心理影响。以往的研究发现，富裕社区的儿童在学习成绩等方面比较好，即富裕邻居与各种学业成果之间存在正相

---

① Gennetian L. A. , Sciandra M. , Sanbonmatsu L. , Ludwig J. , Katz L. F. , Duncan G. J. , Kling J. R. , & Kessler R. C. The Long-Term Effects of Moving to Opportunity on Youth Outcomes [J]. Cityscape: A Journal of Policy Development and Research, 2012, 14 (2): 137 - 168.

关关系，但不能说二者存在因果关系，因为这些研究不是实验研究。此外，在就业方面，当地公立学校管理的“从学校到工作”项目可以帮助青年在高中就读期间获得实习机会，并帮助不上大学的青年在高中毕业后就业。这些非实验类研究不提供因果关系，其结果不是统一方向的，而是混合的，非实验类研究发现对孩子的影响是不显著的，即在短期内存在积极效应，但是长期之后实验组跟对照组之间的效应差异就没有那么大了。

第二，犯罪。在犯罪率比较高的社区，犯罪的耻感会比较低，并且出于物理外部性原因，犯人犯罪后被逮捕的可能性也会降低，这相当于实施一定的犯罪行为却不用承担后果，进而会助长人们的犯罪行为。

第三，健康。研究发现，迁移到低贫困社区可能会改善身心健康。身心状况可能会随着更安全、压力更小的环境，更多的社区资源，以及居民采取锻炼等健康行为而得到改善。贫困社区会影响空气质量，因为生活在贫困社区的人们吸烟、吸毒等行为较多，会影响婴儿健康和增加患冠心病的概率。同时，生活在贫困社区的儿童可能直接接触二手烟或废旧金属、有害金属，也会影响其大脑发育。在心理健康方面，贫困社区犯罪率高，会使社区内的人倾向于暴力，使他们的心理产生困扰、焦虑甚至抑郁。研究还发现，这种影响在性别上有很大差异，因为男女对待犯罪行为或反社会行为的反应是不一样的：男性可能更多地采用对抗的方式来反馈这些行为，女性可能更多地采用求助的方式。

从宏观上讲，随着时间的推移，在低贫困社区生活的人会逐渐适应当地社会的规范，遵从社区里面的行为模式，从而对同龄人和成年人的社会影响做出更积极的反应。

第四节　搬向机遇项目评估

一　评估简介

该项目是用社会实验方法来进行的，整个项目的跨度大约为 20 年，其研究问题可以归结为：向生活在高度贫困社区的家庭提供住房券有什么影响？住房、就业和教育三个方面的影响较为宽泛，住房方面的影响是最直接的，其次是就业和教育方面，后来则延伸到身心健康方面。就这些方面而言，居住在好的“机会社区”或者收入高一点的社区的人群和居住在贫困社区的人群有什么区别？研究方法是用抽签的方式随机分配。在项目资格方面，有 18 岁以下的孩子，且居住在公共住房或者住在 40% 以上人口收入水平低于贫困线的社区的社会援助类住房的家庭才有资格参与该项目。项目人员会先找符合条件的家庭进行登记，并对其资格进行审查。该实验共招募了 4604 个家庭，这些家庭被随机分配为三组，一组为对照组，两组为实验组（见图 10－2）。①

无限制凭证组	低贫困凭证组	对照组
· 1346户 · 常规的Section 8住房券，地理上不受限制 · 没有获得MTO任何流动性咨询	· 1819户 · 特殊的Section 8住房券，最初只能在贫困率低于10%的地区使用 · 接受了行动咨询	· 1439户 · 保持现状 · 后来可能通过不同的援助计划获得住房券

图 10－2　分组情况

在对照组方面，共有 1439 户家庭保持现状，不享受 MTO 服务，但其后来可能通过不同的援助计划获得住房优惠券，也就是说他们没有失去本来有权获得的任何住房服务或其他社会服务。因此，两个实验组对照的是现状，而不是什么服务都没有。

在实验组方面，第一个实验组是无限制凭证组，也称为 Section 8 实验组，该组的 1346 户家庭收到了常规的 Section 8 住房券，这些住房券的使用在地理上不受限制，只要房东接受住房券即可。此外，这些家庭

① Gennetian L. A.，Sciandra M.，Sanbonmatsu L.，Ludwig J.，Katz L. F.，Duncan G. J.，Kling J. R.，& Kessler R. C. The Long-Term Effects of Moving to Opportunity on Youth Outcomes［J］. Cityscape，2012，14（2）：137－168；Turner M. A.，Comey J.，Kuehn D.，& Nichols A. Residential Mobility and Exposure to High-Opportunity Neighborhoods：Insights from the Moving to Opportunity Demonstration［R］. Washington，DC：U. S. Department of Housing and Urban Development，2011；Deluca S. What is the Role of Housing Policy？Considering Choice and Social Science Evidence［J］. Journal of Urban Affairs，2012，34（1）：21－28.

没有获得 MTO 提供的任何搬家方面的咨询服务（比如，告诉他们怎么去找房子、房东，如何寻找和联络周围适合自己的房子）。

第二个实验组是低贫困凭证组，是真正的 MTO 实验组，有 1819 户家庭。这些家庭收到了特殊的 Section 8 住房券，这些住房券的使用有限制，只能在贫困率低于 10% 的地区使用，因此这些家庭搬迁的新社区条件会更好。此外，该项目会为这些家庭提供全面的咨询服务。

为什么要分为三个组？一方面，研究者想观察 MTO 在找房、租房等方面提供的咨询服务对这些家庭是否有帮助；另一方面，低贫困凭证组将新社区的贫困率限制在 10% 以下，而无限制凭证组对新社区的贫困率没有限制，这一实验组中的家庭所搬迁的新社区的贫困率极有可能高于低贫困凭证组，这样实验就可以对比不同搬迁层次带来的区别。因此，设置三个组能将政策划分成最小的组成部分，看每一部分对政策目标群体有没有不同的影响，用以判断有没有必要把住房券限制在只能去更高收入水平的地方，以及是否有必要提供住房、租房方面的咨询服务。

住房环境、社区环境对青少年的影响不是短期影响，而是长期影响。为了衡量这种长期影响，该研究限制每个家庭最多 3 个青年参与最终影响评估，并且对 2007 年 12 月 10～20 岁（基线为 11 岁或以下）的青年进行调查。[①] 回应率是追踪性、长期性研究非常关注的指标，如果没有样本或者没有研究对象回复，则研究不成立。该研究的回应率很高，成人和青年的有效回应率分别为 90% 和 89%，这说明研究数据是可用的。在问卷调查时，按年龄划分了问卷内容的长短，年龄较大的 13～20 岁人群回答完整的问卷，年龄较小的 10～12 岁人群回答相对短一点的问卷（没有就业方面的问题）。一共有 5101 名 10～20 岁的青年参与问卷调查，其中包括 457 名 10～12 岁的儿童，4644 名 13～20 岁的

① Gennetian L. A., Sciandra M., Sanbonmatsu L., Ludwig J., Katz L. F., Duncan G. J., Kling J. R., & Kessler R. C. The Long-Term Effects of Moving to Opportunity on Youth Outcomes [J]. Cityscape, 2012, 14 (2): 137-167.

青年，样本较为充足。

长期调查样本中的青少年在学习和行为问题方面并没有特别不好，存在学习或者行为问题的比例与全国平均水平一致。但是，与好的社区相比，这些不好的社区里，学校的贫困率高、少数族裔构成率高、整体成绩低，父母的受教育水平显著较低，且居住在不好的社区显著更危险。①

这些家庭为什么要搬家？调查显示，75%的人是要远离帮派和毒品，这说明犯罪率对他们而言是最大的问题，他们深知所在社区的环境不好，但是自身收入水平只允许他们住在这样的社区；50%的人是为了孩子能拥有更好的教育资源，父母受教育水平不高但希望孩子能在好学校接受教育；45%的人是为了居住在更大更好的公寓中。②

二 分析策略

分析策略不同，得出的效果不同，ITT和TOT是两种不同的效果（见图10－3）。其中，ITT（Intent to Treat）可译为意图治疗效果，指意图治疗或干预的效果；TOT（Treatment on the Treated）可译为治疗效果，指已经被治疗或干预的效果。

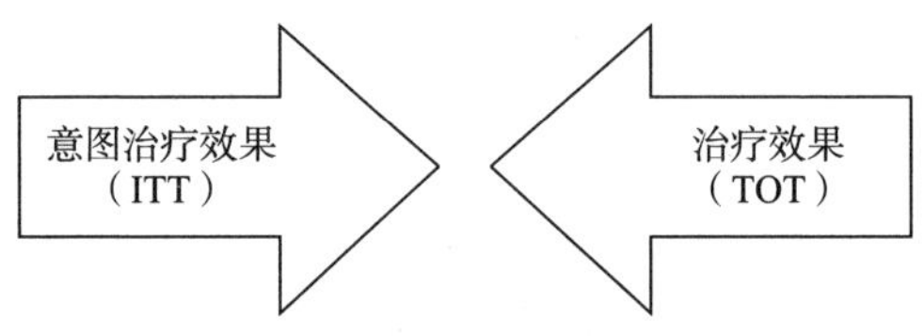

图10－3 分析策略

这两种效果实际上定义了不同的群体，即定义了不同的自变量。对于ITT，被分配到实验组和被分配到对照组的这种被分配状态就是自变

① Chetty R., Hendren N., & Katz L. F. The Effects of Exposure to Better Neighborhoods on Children: New Evidence from the Moving to Opportunity Experiment [J]. American Economic Review, 2016, 106 (4): 855－902.

② Abt A., Orr L., Feins J. D., Jacob R., Beecroft E., Sanbonmatsu L., Katz L. F., Liebman J. B., & Kling J. R. Moving to Opportunity: Interim Impacts Evaluation [R]. Washington, DC: U. S. Department of Housing and Urban Development, 2003.

量。因此，ITT分析完整的研究问题是：把实验对象分配到实验组会对其健康、教育、就业有什么样的影响？这是一种分配状态，但是分配之后存在污染问题：被分配到实验组的人由于不信任、不理解等而选择不用住房券，从使用的角度来讲，这些人实际上跟对照组一样；而由于监管不严等，对照组的人也有可能通过其他方式申请到住房券，从使用的角度来讲，这些人实际上和实验组一样。TOT分析的研究问题是：使用住房券对实验对象的健康、教育、就业有什么影响？例如，实验组中60%的人用了住房券，但在ITT分析中，100%的人都是实验组的，都会被纳入实验组的对比当中来；而TOT分析只会用60%的人来做对比，因为只有60%的人真正得到干预，这些人才真正属于实验组。

该研究的所有结果都是基于TOT分析，因为研究者认为实际使用住房券才有意义。如果实验组里只有60%的人用券，40%的人没有用券，取总体的平均数会使实验效果大打折扣。

当前很多研究都采用ITT分析，这一分析策略具有重要意义。首先，就分配而言，随机分配才能保证因果推断的逻辑链条，而使用不是随机的。实验组中使用住房券的人和没有使用住房券的人在受教育水平、逻辑思维能力等特征方面可能存在差异，这些特征对其之后的就业、工作、教育都可能会有影响。因此，TOT不是严格的随机分配，不能够推断因果，而ITT能保证随机分配，可以推断因果。其次，现实生活中的政策是意图治疗的政策，ITT的分配状态是最自然的政策实施状态。比如，实验结束后研究者发现住房券效果很好，后续便会给所有符合条件的人发住房券，但很多人即使能使用住房券却选择不使用。如果看TOT的结果，则会夸大政策真正实施之后的效果，ITT才是相对比较真实的结果。

采用何种分析策略，取决于研究目的。如果研究是政策导向的，即想调查在政策实施之后有什么影响，则应选用ITT分析；如果研究想知道真正使用住房券有什么影响，则应选用TOT分析。[①]

---

① Deluca S. What Is the Role of Housing Policy? Considering Choice and Social Science Evidence [J]. Journal of Urban Affairs, 2012, 34 (1): 21-28.

三　变量测量

该研究通过调查（问卷和访谈）和行政数据，进行数据收集。在调查中，该研究评估了数学和阅读成绩，测量了身高和体重，构建了后续就读学校的完整历史，并使用音频增强的计算机辅助自我访谈（audio-CASI）询问与心理健康和危险行为相关的敏感项目。该研究还收集了各种行政数据，包括中学后教育数据、刑事司法记录、UI 数据和政府援助数据（食品券和贫困家庭临时援助记录），这些数据属于比较客观的数据。

（一）学校特征

该研究使用两种类型的信息来描述学校特征：①国家数据库的各种社会经济和人口特征；②学生对学校环境的自我报告——学校环境指数。该研究询问了教师是否对学生感兴趣、青年是否感到被老师“贬低”、纪律是否公平、努力学习的学生是否受到嘲笑、青年在学校是否感到安全，并依据调查对象对这五个项目的正面回应比例来构建学校环境指数。

（二）数学和阅读成绩

该研究使用教育部早期儿童纵向研究 - 幼儿园队列（ECLS - K）评估的改编版本，并将教育部 1988 年全国教育纵向调查（NELS）对高中生的评估部分作为补充测试，来解决年龄较大的年轻人觉得 ECLS - K 测试项目太容易的问题。

（三）教育完成和空闲时间

该研究询问了年龄较大的青年（截至 2007 年 12 月年龄为 15 ~ 20 岁）的学校教育、完成的教育以及参与就业或培训的情况，并从国家学生信息交换所（NSC）获得了 UI 记录和高等教育入学数据。

（四）身体健康

青年的整体健康情况、哮喘、事故和伤害采用自我报告方式。为测量肥胖，研究者使用与成人相同的方案测量青少年的身高和体重，然后将结果转换为标准的体重指数（BMI），即体重（千克）除以身高（米）的平方。由于BMI往往会在青春期自然增加，该研究没有使用成人肥胖的标准（BMI≥30）来定义肥胖，而是使用国际肥胖工作组制定的标准来定义肥胖。

（五）精神健康

该研究进行了两份简短的问卷调查，以衡量心理困扰以及行为和情绪问题。第一份问卷是Kessler 6（K6），用于确定一般心理困扰。第二份问卷是优势和困难问卷（SDQ）的简短版本，用于识别行为和情绪问题。①

（六）危险和犯罪行为

该研究通过青年报告与刑事司法记录来衡量危险和犯罪行为。

四　评估结论

通过评估得出两大结论。第一，住房券能使家庭生活在贫困程度较低的社区。与不受限制的实验组相比，获得低贫困券的家庭更有可能搬到低贫困社区，这种影响长期存在。这对之后的政策制定具有指引性，即应该对住房券进行限制，让家庭搬到贫困率更低的社区。第二，新社区更安全，搬家者感到更快乐。在犯罪率方面，使用低贫困券搬家的家庭所搬去的地区暴力犯罪率下降了约三分之一。在幸福感方面，两个实验组的家庭都报告了更高的主观幸福感。在身体健康方面，搬到贫困程度较低的社区改善了他们的健康状况，对于成年人而言，使用低贫困券搬家可将患糖尿病的可能性降低一半，将极度肥胖的发生率降低约40%。在心理健康方面，成人和女童的心理健康状况也有所改善，他们

① Kessler R. C., Duncan G. J., Gennetian L. A., Katz L. F., King J. R., Sampson N. A., Sanbonmatsu L., Zaslavsky A. M., & Ludwig L. Associations of Housing Mobility Interventions for Children in High-Poverty Neighborhoods with Subsequent Mental Disorders During Adolescence [J]. JAMA, 2014, 311 (9): 937-947.

在低贫困券组中不太可能经历心理困扰（抑郁和焦虑）；[①] 使用无限制搬家券的家庭获得了更温和的健康收益。[②]

第五节 社会实验结论的政策应用

一 融入政策

下面以英布罗肖（Imbroscio）和德卢卡（DeLuca）的观点为例，介绍学界对住房政策存在的争论。

第一，自主性，德卢卡引用桑斯坦（Sunstein）的观点，认为“自主性应该指的是在充分和生动地意识到可用机会的情况下做出的决定，参考所有相关信息，并且没有对偏好形成过程的非法或过度限制”，即不应该限制人的偏好，偏好的限制是过度的甚至是非法的。

第二，范式，即怎么改变现状。移动范式主张搬家，让贫困社区的人搬到机会社区；营造范式主张更好地建造贫困社区。两种范式存在争议，但并不矛盾，因为没有研究人员认为辅助住宅移动（搬家）是克服贫困家庭面临的严峻挑战的唯一解决方案，也就是说，可以在搬家的同时也去更好地建设贫困社区。但现实情况是，财政可能是有限的。

第三，研究动机存在偏见？德卢卡认为，“人们将学者的研究兴趣和实证结果与他们对事情应该如何发展的处理方式混为一谈”，而研究者对 MTO 项目进行研究是为了回答重要的政策问题，例如：MTO 项目是否有效果？哪里有效？为什么有效？而不是为了政治方面的呼吁或说教，不是为了支持搬家而否定更好地建设贫困社区的意义。但是，很多

① Theresa L. O. , Eric J. T. , Dolores A. G. , Felton J. E. , Alisa L. , Nicole M. S. , & Maria G. Differential Mental Health Effects of Neighborhood Relocation among Youth in Vulnerable Families: Results from a Randomized Trial [J]. Archives of General Psychiatry, 2012, 69 (12): 1284 - 1294.

② Sanbonmatsu L. , Katz L. F. , Ludwig J. , Gennetian L. A. , Duncan G. J. , Kessler R. C. , Adam E. A. , Mcdade T. , & Lindau S. T. Moving to Opportunity for Fair Housing Demonstration Program: Final Impacts Evaluation [R]. Washington, DC: U. S. Department of Housing and Urban Development, 2011.

研究人员都是议员身份，不能完全脱离政治，[①] 学术研究怎样进入政策领域，这跟个人的关系非常大。尤其在美国，决定支持移动范式还是营造范式，在很大程度上取决于个人的观念、倾向。

第四，项目没有达到预想效果？德卢卡认为，英布罗肖正确地指出，MTO 项目并没有治愈城市贫困，没有获得议员所希望的经济和教育收益，但他忽视了 MTO 项目的非经济性好处，例如离开原有社区前往更安全社区的女性（包括母亲和女儿）的心理健康状况得到改善。本书认为，可以对政策进行全方位的评估，但如果政府最关注的是收入、如何降低贫困率，而 MTO 项目没能将贫困率降低，就是没有达到预想的效果，这就牵扯到政治问题。

第五，潜在范围导致人口水平不稳定？英布罗肖认为，如果在全国范围内普及搬家计划，太多家庭搬来搬去，会导致人口水平不稳定。德卢卡对此进行了反驳，他认为，我们不知道更大的流动性计划是否会导致大都市不稳定，因为我们从未尝试过或尝试过的范围相对有限；并且由于现有住房质量差、政策激励措施不当、房东拖欠以及社区暴力行为，贫困家庭已经过度流动，他们的社区已经不稳定。

第六，战略误读。德卢卡认为，搬家与建设贫困社区并不互斥，因为 HUD 的既定使命就是为所有人提供质量好、可持续、包容的社区和优质、负担得起的房屋，其使命不是搬家，搬家只是一个途径，与建设并不矛盾，都服务于 HUD 的使命。

第七，证据范式。现在搬家阵营已经有证据支持，但是建设阵营还没有很好的实验证据。

第八，重新审视自由主义：权衡、自由选择和真正的机会。最后上升到认识论的层次，即怎么样政府能够真正地给人们选择，让人们能够权衡不同的选项，看哪些是真正的机会，具体而言就是怎么样限制券的使用，这存在哲学上的争论。

---

① Goering J., & Feins J. D. Choosing a Better Life? Evaluating the Moving to Opportunity Social Experiment［M］. Washington, DC: The Urban Institute, 2003.

二　政策问题

住在弱势社区的家庭普遍存在收入水平较低、受教育水平不高、工作不稳定等全方位的问题，是多方面的弱势群体。这些问题关乎社会稳定，关乎财政支出，其负面影响已经被研究所证实，政府也对此非常关注。但研究很难证实，是居住地的选择、邻里社区环境等因素造成了这些负面影响，还是个人偏好等其他因素造成的，即无法证明弱势社区与这些负面影响之间存在因果关系。

因此，需要通过 MTO 实验对因果关系进行探究。[①] 但这也是有争议的，因为在 MTO 实验中存在两种人：一种是继续留在弱势社区的人，另一种是搬到新社区的人。如果留在弱势社区，这些人将继续面临之前一样的问题，即求学途径受限、就业机会更少、收入水平更低等问题，这是之前就能得到的结果。

如果搬到新社区，这些人也可能会面临歧视性更强、就业竞争更强、社会服务更少等问题（见图 10－4）。首先，他们可能会面临歧视，会产生耻感，这是美国社会服务领域非常关注的一个问题。例如，作者的同学在美国华盛顿一个不错的社区买了房子，这个社区住户的收入水平、受教育水平、工作都不错。这个同学是理工科学生，天天做实验，日常生活中穿着较为普通，当他回家时，不止一次被门卫当作外卖员，因为门卫觉得一个穿着普通的年轻亚洲人不可能在这么好的社区买房子，这就是种族歧视。从弱势社区搬到新社区很容易遭受歧视，因为在美国，在弱势社区居住的人大多收入低，是少数族裔（多为黑人或墨西哥裔等有色人种），他们因为优惠券能在好的社区租到依靠自身收入原本租不起的房子，但是在这种社区居住的大部分都是白人或者亚洲人，其收入远远高于这些低收入家庭，这种耻感是搬到新社区的低收入家庭

① Popkin J., Harris S. J., Bradley M. K., Graham J., Comey A., & Laura E. Families in Transition: A Qualitative Analysis of the MTO Experience [J]. Washington, DC: The Urban Institute, 2002.

中的所有人（包括孩子）都能感受到的，需要个体去适应。同时，这种耻感还体现在房东身上，很多房东可能不愿意把自己的房子租给低收入人群居住，不想把自己的房子变成低收入人群居住的房子。其次，新社区大多没有公共交通，需要有私家车，没有私家车的低收入人群面临交通不便的困境。最后，新社区的家庭收入水平都比较高，一般需要花钱购买服务，因此新社区在公共服务方面提供得会少一些，原来习惯了公共服务的低收入人群可能没钱购买同样的公共服务。

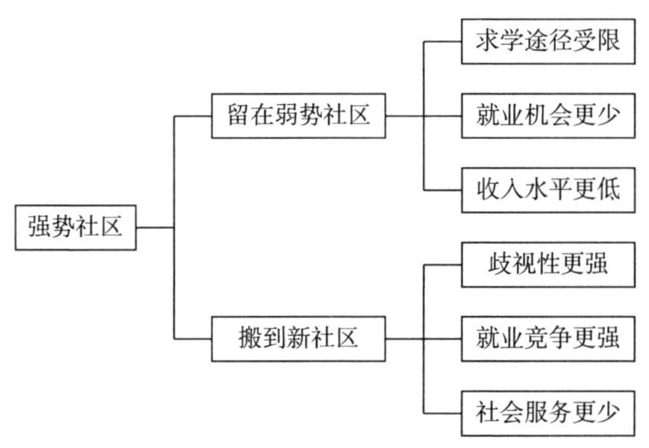

图 10－4　政策问题

因此，实验需要验证搬到新社区是否真的对低收入家庭有帮助，他们面临的是机遇还是歧视、竞争，是否需要花钱买私人服务等障碍。[①]居住在弱势社区的低收入群体非常多，因此这个问题受到了很大的关注。在 MTO 政策实行的 20 世纪 90 年代，已经有 870 万人生活在极度贫困的社区里，其中有 40% 以上的人生活在贫困线以下，收入非常低，这些人及其下一代都没有资源和能力去发展，这是一个很严重的贫困问题。这种按收入来划分居住环境的现象叫居住隔离，并且这种趋势越来越明显。居住隔离会导致好的社区越来越好，吸引更多高收入的人，教育资源、配套设施也会越来越好。而贫困社区只会越来越差，这里的居

① Turner M. A., Comey J., Kuehn D., & Nichols A. Residential Mobility and Exposure to High-Opportunity Neighborhoods: Insights from the Moving to Opportunity Demonstration [R]. Washington, DC: U. S. Department of Housing and Urban Development, 2011.

民由于贫困无法自行建设社区，对于政府提供的公共服务，他们可能不利用反而破坏；社区居民的收入可能越来越低，吸引不到高收入的人、孩子无法接受好的教育、犯罪率也会升高。

把低收入家庭搬到好社区到底有没有帮助？以往的社会科学研究很难区分青少年发展不好或者家庭发展不好，是因为社区的影响，还是家庭内部的问题，因此本研究用实验的方法来区分社区、家庭、个人以及其他因素的影响。

本章小结

本章所介绍案例的背景是有关住房政策的学术争议，即移动范式（搬家到好的社区）与营造范式（重新建设旧社区）之争。很多文章的作者本身是议员，所以他们又会陷入不同政治意见的纷争之中。MTO实验的最终结果并不理想，是一个不太常见的例子，但也说明并非所有针对弱势群体的社会实验都能达到理想效果，一定能实现教育质量、健康水平或收入等的提升。在案例中，住房优惠券的影响是短期的，并不持久，在使用住房优惠券搬迁到机会社区后，很多人由于竞争、耻感等而无法长期居住下去，最终搬离社区。长期调查表明，基本上所有的结果在统计上都不显著。

MTO 项目是否还要继续进行？是让低收入人群搬家还是再建设旧的社区？当社会实验的结果不尽如人意或者不像当初所假设的那样时，政策最终应如何制定？实验会对关于政策的争论提供什么样的证据和线索？这都是需要解决的问题。

参考文献

一　英文文献

Abbott-Shim M. , Lambert R. , & Mccarty F. A. Comparison of School Readiness Outcomes for Children Randomly Assigned to a Head Start Program and the Program's Wait List [J]. Journal of Education for Students Placed at Risk, 2003, 8 (2): 191 -214.

Abt A. , Orr L. , Feins J. D. , Jacob R. , Beecroft E. , Sanbonmatsu L. , Katz L. F. , Liebman J. B. , & Kling J. R. Moving to Opportunity: Interim Impacts Evaluation [R]. Washington, DC: U. S. Department of Housing and Urban Development, 2003.

Adair J. G. , Dushenko T. W. , & Lindsay R. C. Ethical Regulations and Their Impact on Research Practice [J]. American Psychologist, 1985, 40 (1): 59 -72.

Adams K. Measuring the Prevalence of Police Abuse-of-Force [A]. In Galler W. , & Toch H. (eds.) Police Violence: Understanding and Controlling Police Abuse-of-Force [M]. New Haven: Yale University Press, 1996: 52 -93.

Alderman H. , Behrman J. R. , & Tasneem A. The Contribution of Increased Equity to the Estimated Social Benefits from a Transfer Program: An Illustration from PROGRESA/Oportunidades [J]. The World Bank Economic Review, 2019, 33 (3): 535 -550.

Ariel B. , Farrar W. A. , & Sutherland A. The Effect of Police Body-Worn

Cameras on Use of Force and Citizens' Complaints Against the Police: A Randomized Controlled Trial [J]. Journal of Quantitative Criminology, 2015 (31): 509 -535.

Ariel B., Vila J., & Sherman L. Random Assignment without Tears: How to Stop Worrying and Love the Cambridge Randomizer [J]. Journal of Experimental Criminology, 2012, 8 (2): 193 -208.

Armstrong T. A. The Effect of Moral Reconation Therapy on the Recidivism of Youthful Offenders: A Randomized Experiment [J]. Criminal Justice and Behavior, 2003, 30 (6): 668 -687.

Baldassarri D., & Abascal M. Field Experiments Across the Social Sciences [J]. Annual Review of Sociology, 2017, 43: 41 -73.

Barnes J. From Evidence-Base to Practice: Implementation of the Nurse Family Partnership Programme in England [J]. Journal of Children's Services, 2010, 5 (4): 4 -17.

Barnett W. S. The Battle over Head Start: What the Research Shows [R]. New Brunswick: National Institute for Early Education Research, 2002.

Behrman J. R., & Hoddinott H. Programme Evaluation with Unobserved Heterogeneity and Selective Implementation: The Mexican PROGRESA Impact on Child Nutrition [J]. Oxford Bulletin of Economics and Statistics, 2005, 67 (4): 547 -569.

Behrman J. R., & Skoufias E. Mitigating Myths about Policy Effectiveness: Evaluation of Mexico's Antipoverty and Human Resource Investment Program [J]. Annals of the American Academy of Political and Social Science, 2006, 606: 244 -275.

Bloom H. S., Orr L. L., Bell S. H., Cave G., Doolittle F., Lin W., & Bos J. M. The Benefits and Costs of JTPA Title II-A Programs: Key Findings from the National Job Training Partnership Act Study [J]. The Journal of Human Resources, 1997, 32 (3): 549 -576.

Boruch R. F. Randomized Experiments for Planning and Evaluation: A Practical Guide [M]. Thousand Oaks, CA: Sage Publications, 1997.

Boruch R., Crane J., Ellwood D., Gueron J., Haskins R., Hull B., Hoyt R., Kessler D., Lee J., Levy D., Ravitch D., Rolston H., Sawhill I., Seligman M., Solow R., & Zill N. Coalition for Evidence-based Policy. Early Childhood Home Visitation: Effectiveness of A National Initiative Depends Critically on Adherence to Rigorous Evidence About "What Works" [R]. Washington, DC: Coalition for Evidence-Based Policy, 2009.

Boruch R. The Virtues of Randomness [J]. Education Next, 2002, 2 (3): 37 - 41.

Brock T., Doolittle F., Fellerath V., Wiseman M., Greenberg D., & Hollister J. R. Creating New Hope: Implementation of a Program to Reduce Poverty and Reform Welfare [R]. New York: MDRC, 1997.

Burtles G. The Case for Randomized Field Trials in Economic and Policy Research [J]. Journal of Economic Perspective, 1995, 9 (2): 63 - 84.

Chetty R., Hendren N., & Katz L. F. The Effects of Exposure to Better Neighborhoods on Children: New Evidence from the Moving to Opportunity Experiment [J]. American Economic Review, 2016, 106 (4): 855 - 902.

Coady D. P., & Parker S. W. A Cost-Effectiveness Analysis of Demand-and Supply-Side Education Interventions: The Case of PROGRESA in Mexico [J]. Review of Development Economics, 2004, 8 (3): 440 - 451.

Cook T. D., & Shadish W. R. Social Experiments: Some Developments over the Past Fifteen Years [J]. Annual Review of Psychology, 1994, 45: 545 - 580.

Cook T. D. Randomized Experiments in Educational Policy Research: A Critical Examination of the Reasons the Educational Evaluation Community

Has Offered for Not Doing Them [J]. Educational Evaluation and Policy Analysis, 2002, 24 (3): 175 -199.

Cook T. D. Why Education Researchers Reject Randomized Experiments [J]. Education Next, 2011, Fall: 63 -68.

Dawley K., Loch J., & Bindrich I. The Nurse-Family Partnership [J]. American Journal of Nursing, 2007, 107 (11): 60 -67.

De Brauw A., & Hoddinott J. Must Conditional Cash Transfer Programs Be Conditioned to Be Effective? The Impact of Conditioning Transfers on School Enrollment in Mexico [J]. Journal of Development Economics, 2011, 96 (2): 359 -370.

Deluca S. What is the Role of Housing Policy? Considering Choice and Social Science Evidence [J]. Journal of Urban Affairs, 2012, 34 (1): 21 -28.

Diament M. Post-Secondary Programs See Signs of Success [EB/OL]. (2015 -9 -21) [2023 -7 -1]. https://www.disabilityscoop.com/2015/09/21/post-secondary-signs-success/20810/.

Diane P., Sarah A., Emily S. M., & Patricia D. G. Home Visiting Evidence of Effectiveness Review: Executive Summary [J]. Washington, DC: U. S. Department of Health and Human Services, 2011.

Domitrovich C. E., Gest S. D., Jones D., Gill S., & Sanford Derousie R. M. Implementation Quality: Lessons Learned in the Context of the Head Start REDI Trial [J]. Early Childhood Research Quarterly, 2010, 25 (3): 284 -298.

Druckman J. N., Green D. P., Kukliski J. H., & Lupia A. The Growth and Development of Experimental Research in Political Science [J]. American Political Science Review, 2006, 100 (4): 627 -635.

Duncan G. J., Huston A., & Weisner T. S. Higher Ground: New Hope for the Working Poor and Their Children [M]. New York: Russell Sage, 2007.

Duncan G., Miller C., Classens A., Engel M., Hill H., & Lindsay C. New Hope's Eight-Year Impacts on Employment and Family Income [R]. New York: MDRC, 2008.

Durlak J. A. The Importance of Doing Well in Whatever You Do: A Commentary on the Special Section, "Implementation Research in Early Childhood Education" [J]. Early Childhood Research Quarterly, 2010, 25 (3): 348-357.

Dutt S. C., Kwauk C., & Robinson J. P. Pratham's Read India Program: Taking Small Steps Toward Learning at Scale [R]. Washington, DC: The Brookings Institution, 2016.

Easterly W. Can the West Save Africa? [J]. Journal of Economic Literature, 2009, 47 (2): 373-447.

Engel R. S., Sobol J. J., & Worden R. E. Further Exploration of the Demeanor Hypothesis: The Interaction Effects of Suspects' Characteristics and Demeanor on Police Behavior [J]. Justice Quarterly, 2000, 17 (2): 235-258.

Erez E. Randomized Experiments in Correctional Context: Legal, Ethical, and Practical Concerns [J]. Journal of Criminal Justice, 1986, 14 (5): 389-400.

Falaye F. V. Issues in Mounting Randomized Experiments in Educational Research and Evaluation [J]. Global Journal of Educational Research, 2009, 8 (1): 21-27.

Farrington D. P., & Welsh B. C. Randomized Experiments in Criminology: What Have We Learned in the Last Two Decades? [J]. Journal of Experimental Criminology, 2005, 1 (1): 9-38.

Gennetian L. A., Sciandra M., Sanbonmatsu L., Ludwig J., Katz L. F., Duncan G. J., Kling J. R., & Kessler R. C. The Long-Term Effects of Moving to Opportunity on Youth Outcomes [J]. Cityscape, 2012, 14

(2): 137 – 168.

Gibson-Davis C. M., & Duncan G. J. Qualitative/Quantitative Synergies in a Random-Assignment Program Evaluation [A]. In Weisner T. S. (ed.) Discovering Successful Pathways in Children's Development: Mixed Methods in the Study of Childhood and Family Life [M]. Chicago, IL: University of Chicago Press, 2005: 283 – 303.

Goering J., & Feins J. D. Choosing a Better Life? Evaluating the Moving to Opportunity Social Experiment [M]. Washington, DC: The Urban Institute, 2003.

Gottfredson D. C., Najaka S. S., & Kearley B. Effectiveness of Drug Treatment Courts: Evidence from a Randomized Trial [J]. Criminology & Public Policy, 2003, 2 (2): 171 – 196.

Greenberg D., & Shroder M. The Digest of Social Experiments [M]. Washington, DC: The Urban Institute Press, 2004.

Greenhalgh T., Kristjansson E., & Robinson V. Realist Review to Understand the Efficacy of School Feeding Programmes [J]. British Medical Journal, 2007, 335: 858 – 861.

Grogger J. Bounding the Effects of Social Experiments: Accounting for Attrition in Administrative Data [J]. Evaluation Review, 2012, 36 (6): 449 – 474.

Grossman R. L. The Case for Cloud Computing [J]. IT Professional, 2009, 11 (2): 23 – 27.

Gueron J. M., & Rolston H. Fighting for Reliable Evidence [M]. New York: Russell Sage Foundation, 2013.

Gueron J. M. Testing Social Policy Using Experiments: Lessons from the United States [C]. Colloque sur les Expérimentations pour les Politiques Publiques de l'Emploi et de la Formation. Paris, 2008.

Gueron J. The Politics of Random Assignment: Implementing Studies and Impacting Policy [J]. Journal of Children's Services, 2008, 3 (1): 14-26.

Gutierrez K. D., & Rogoff B. Cultural Ways of Learning: Individual Traits or Repertoires of Practice [J]. Educational Researcher, 2003, 32 (5): 19.

Handa S., Peterman A., Davis B., & Stampini M. Opening Up Pandora's Box: The Effect of Gender Targeting and Conditionality on Household Spending Behavior in Mexico's Progresa Program [J]. World Development, 2009, 37 (6): 1129-1142.

Head Start Bureau. Serving Homeless Families: Descriptions, Effective Practices, and Lessons Learned [R]. Washington, DC: U. S. Department of Health and Human Services, 1999.

Heckman J. J., & Smith J. A. Assessing the Case for Social Experiments [J]. Journal of Economic Perspective, 1995, 9 (2): 85-110.

Heilmann S. From Local Experiments to National Policy: The Origins of China's Distinctive Policy Process [J]. The China Journal, 2008 (59): 1-30.

Hoddinott H., & Skoufias E. The Impact of PROGRESA on Food Consumption [J]. Economic Development and Cultural Change, 2004, 53 (1): 37-61.

Huber M. Identification of Average Treatment Effects in Social Experiments under Alternative Forms of Attrition [J]. Journal of Educational and Behavioral Statistics, 2012, 37 (3): 443-474.

Huston A. C., Gupta A. E., Bentley A. C., Dowsett C., Ware A., & Epps S. R. New Hope's Effects on Social Behavior, Parenting, and Activities at Eight Years [R]. New York: MDRC, 2008.

Huston A. C., Miller C., Richburg-Hayes L., Duncan G. J., Eldred C. A., Weisner T. S., Lowe E., Mcloyd V. C., Crosby D. A., Ripke M. N., & Redcross C. New Hope for Families and Children: Five-

Year Results of a Program to Reduce Poverty and Reform Welfare [R]. New York: MDRC, 2003.

Huston A. C. , Walker J. T. , Dowsett C. J. , Imes A. E. , & Ware A. Long-Term Effects of New Hope on Children's Academic Achievement and Achievement Motivation [R]. New York: MDRC, 2008.

Jacqueline B. From Evidence-Base to Practice: Implementation of The Nurse Family Partnership Programme in England [J]. Journal of Children's Services, 2010, 5 (4): 4 -17.

Kessler R. C. , Duncan G. J. , Gennetian L. A. , Katz L. F. , King J. R. , Sampson N. A. , Sanbonmatsu L. , Zaslavsky A. M. , & Ludwig L. Associations of Housing Mobility Interventions for Children in High-Poverty Neighborhoods with Subsequent Mental Disorders During Adolescence [J]. JAMA, 2014, 311 (9): 937 -947.

Kilburn M. R. , Cannon J. S. , Mattox T. , & Shaw R. Programs That Work, from the Promising Practices Network on Children, Families and Communities [R]. Santa Monica, CA: RAND Corporation, 2014.

King M. , & Waddington D. Coping with Disorder? The Changing Relationship between Police Public Order Strategy and Practice—A Critical Analysis of the Burnley Riot [J]. Policing & Society, 2004, 14 (2): 118 -137.

Kitzman H. , Olds D. L. , Henderson C. R. Jr, Hanks C. , Cole R. , Tatelbaum R. , Mcconnochie K. M. , Sidora K. , Luckey D. W. , Shaver D. , Engelhardt K. , James D. , & Barnard K. Effect of Prenatal and Infancy Home Visitation by Nurses on Pregnancy Outcomes, Childhood Injuries, and Repeated Childbearing. A Randomized Controlled Trial [J]. JAMA, 1997, 278 (8): 644 -652.

Kovach G. C. Marine Corps Study Says Units with Women Fall Short on Combat Skills [N]. LA Times, 2015 -9 -12.

Levine R. A. , Watts H. , Robinson G. H. , Williams W. , O'Connor A. , &

Wilderquist K. A Retrospective on the Negative Income Tax Experiments: Looking Back at the Most Innovative Field Studies in Social Policy [A]. In Wilderquist K., Lewis M. A., & Pressman S. (eds.) The Ethics and Economics of the Basic Income Guarantee [M]. London: Routledge, 2005: 95 - 106.

Levy S. Progress Against Poverty [M]. Washington, DC: Brookings Institution Press, 2006.

Lowe E. D., Weisner T. S., & Geis S. Instability in Child Care: Ethnographic Evidence from Working Poor Families in the New Hope Intervention [R]. New York: MDRC, 2003.

Ludwig J., & Phillips D. A. The Benefits and Costs of Head Start [R]. NBER Working Paper No. 12973, 2007.

Ludwig J., Sanbonmatsu L., Gennetian L., Adam E., Duncan G. J., Katz L. F., Kessler R. C., Kling J. R., Lindau S. T, Whitaker R. C., & Mcdade T. W. Neighborhoods, Obesity, and Diabetes—A Randomized Social Experiment [J]. New England Journal of Medicine, 2011, 365 (16): 1509 - 1519.

Margery A. T., Rob S., Diane K. L., Doug W., Claudia A., & Rob P. Housing Discrimination against Racial and Ethnic Minorities 2012 [R]. Washington, DC: U. S. Department of Housing and Urban Development, 2013.

Mcgroder S. M. Head Start: What Do We Know About What Works? [R]. Washington, DC: U. S. Department of Health and Human Services, 1990.

Mcloyd V. C., Kaplan R., & Purtell K. M. New Hope's Effects on Children's Future Orientation and Employment Experiences [R]. New York: MDRC, 2008.

Melvin M. M., & Aurora L. Ethics and the Conduct of Randomized Experiments and Quasi-Experiments in Field Settings [M]. In Panter A. T. & Sterba S. K. (eds.) Handbook of Ethics in Quantitative Methodology. New York: Routledge/Taylor & Francis Group, 2011: 185-209.

Miller C., Huston A. C., Duncan G. J., Mcloyd V. C., & Weisner T. S. New Hope for the Working Poor: Effects after Eight Years for Families and Children [R]. New York: MDRC, 2008.

Morris P., Gennetian L., & Duncan G. Effects of Welfare and Employment Policies on Young Children: New Findings on Policy Experiments Conducted in the 1990s [J]. Social Policy Report, 2005, 19 (2): 1-20.

Nagin D. S. Deterrence in the Twenty-First Century [J]. Crime Justice, 2013, 42 (1): 199-263.

Nathan R. P. How Should We Read the Evidence about Head Start? Three Views [J]. Journal of Policy Analysis and Management, 2007, 26 (3): 673-689.

National Forum on Early Childhood Policy and Programs. Understanding the Head Start Impact Study [R]. Cambridge, MA: Center on the Developing Child, Harvard University, 2010.

Newman K., Capillo A., Famurewa A., Nath C., & Siyanbola W. What is the Evidence on Evidence-Informed Policy Making? Lessons from the International Conference on Evidence-Informed Policy Making [R]. Oxford, UK: International Network for the Availability of Scientific Publications (INASP), 2013.

Noble K. G., Magnuson K. A., Gennetian L. A., Duncan G. J., Yoshikawa H., Fox N. A., & Halpern-Meekin S. Baby's First Years: Design of a Randomized Controlled Trial of Poverty Reduction in the United States [J]. Pediatrics, 2021, 148 (4): 1-8.

Nurse Family Partnership. Appendix 1: Summary of Technical Assistance and Quality Assurance Provided by Nurse-Family Partnership to States and

Local Entities [R]. Denver, CO: Nurse Family Partnership, 2010.

Oakley A., Strange V., Toroyan T., Wiggins M., Roberts I., & Stephenson J. Using Random Allocation to Evaluate Social Interventions: Three Recent U. K. Examples [J]. The Annals of the American Academy of Political and Social Science, 2003, 589 (1): 170 - 189.

Olds D. L., Eckenrode J., Henderson C. R. Jr, Kitzman H., Powers J., Cole R., Sidora K., Morris P., Pettitt L. M., & Luckey D. Long-Term Effects of Home Visitation on Maternal Life Course and Child Abuse and Neglect. Fifteen-Year Follow-Up of a Randomized Trial [J]. JAMA, 1997, 278 (8): 637 - 643.

Olds D. L., Holmberg J. R., Donelan-Mccall N., Luckey D. W., Knudtson M. D., & Robinson J. Effects of Home Visits by Paraprofessionals and by Nurses on Children: Follow-Up of a Randomized Trial at Ages 6 and 9 Years [J]. JAMA Pediatrics, 2013, 168 (2): 114 - 121.

Olds D. L., Kitzman H., Hanks C., Cole R., Anson E., Sidora-Arcoleo K., Luckey D. W., Henderson C. R., Holmberg J., Tutt R. A., Stevenson A. J., & Bondy J. Effects of Nurse Home Visiting on Maternal Life-Course and Child Development: Age-six Follow-up of a Randomized Trial [J]. Pediatrics, 2004, 114 (6): 1150 - 1159.

Olds D. L., Kitzman H., Hanks C., Cole R., Anson E., Sidora-Arcoleo K., Luckey D. W., Henderson C. R. Jr, Holmberg J., Tutt R. A., Stevenson A. J., & Bondy J. Effects of Nurse Home Visiting on Maternal and Child Functioning: Age - 9 Follow-Up of a Randomized Trial [J]. Pediatrics, 2007, 120 (4): e832 - e845.

Olds D. L. The Nurse-Family Partnership: An Evidence Based Preventive Intervention [J]. Infant Mental Health Journal, 2006, 27 (1): 5 - 25.

Orr L. L. Social Experiments: Evaluating Public Programs with Experimental Methods [M]. Thousand Oaks, CA: Sage Publications, 1999.

Parker S. W. , & Teruel G. M. Randomization and Social Program Evaluation: The Case of Progresa [J]. The Annals of the American Academy of Political and Social Science, 2005, 599 (1): 199 - 219.

Pate A. M. , Fridell L. A. , & Hamilton E. E. Police Use-of-Force: Official Reports, Citizen Complaints, and Legal Consequences [R]. Washington DC: The Police Foundation, 1993.

Pawson R. , Greenhalgh T. , Harvey G. , & Walshe K. Realist Review-a New Method of Systematic Review Designed for Complex Policy Interventions [J]. Journal of Health Services Research & Policy, 2005, 10 (Supp. 1): 21 - 34.

Pena P. The Politics of the Diffusion of Conditional Cash Transfers in Latin America [M]. Manchester, UK: Brooks World Poverty Institute, 2014.

Popkin J. , Harris S. J. , Bradley M. K. , Graham J. , Comey A. , & Laura E. Families in Transition: A Qualitative Analysis of the MTO Experience [R]. Washington, DC: The Urban Institute, 2002.

Popkin S. J. , Leventhal T. , & Weismann G. Girls in the Hood: The Importance of Feeling Safe [R]. Washington, DC: The Urban Institute, 2008.

Puddy R. W. , & Wilkins N. Understanding Evidence Part 1: Best Available Research Evidence. A Guide to the Continuum of Evidence of Effectiveness [M]. Atlanta, GA: Centers for Disease Control and Prevention, 2011.

Puma M. , Bell S. , Cook R. , & Heid C. Head Start Impact Study: Final Report [R]. Washington, DC: U. S. Department of Health and Human Services, 2010.

Puma M. , Bell S. , Cook R. , Heid C. , & Lopez M. Head Start Impact Study: First Year Findings [R]. Washington, DC: U. S. Department of Health and Human Services, 2005.

Ramnani A. , Ramos J. , Lopez A. , & Klaw E. Application: A Social Psychology Experiment on Learning by Social Immersion [M]. Santa Barbara, CA: Greenwood Press, 2017.

Riccio J. , Dechausay N. , Miller C. , Nunez S. , Verma N. , & Yang E. Conditional Cash Transfers in New York City: The Continuing Story of the Opportunity NYC-Family Rewards Demonstration [R]. New York: MDRC, 2013.

Riecken H. W. , & Boruch R. F. Social Experiments [J]. Annual Review of Sociology, 1978, 4 (1): 511 -532.

Ritblatt S. N. , Brassert S. M. , Johnson R. , & Gomez F. Are Two Better than One? The Impact of Years in Head Start on Child Outcomes, Family Environment and Reading at Home [J]. Early Childhood Research Quarterly, 2001, 16: 525 -537.

Rivlin A. M. , & Timpane P. M. Ethical and Legal Issues of Social Experimentation [M]. Washington, DC: The Brookings Institution, 1975.

Rojek J. , Alpert G. P. , & Smith H. P. Examining Officer and Citizen Accounts of Police Use-of-Force Incidents [J]. Crime & Delinquency, 2012, 58 (2): 301 -327.

Sanbonmatsu L. , Katz L. F. , Ludwig J. , Gennetian L. A. , Duncan G. J. , Kessler R. C. , Adam E. A. , Mcdade T. , & Lindau S. T. Moving to Opportunity for Fair Housing Demonstration Program: Final Impacts Evaluation [R]. Washington, DC: U. S. Department of Housing and Urban Development, 2011.

Saretsky G. The Oeo P. C. Experiment and the John Henry Effect [J]. The Phi Delta Kappan, 1972, 53 (9): 579 -581.

Sawhill I. V. , & Baron J. We Need a New Start for Head Start [N]. Education Week, 2010, 29 (23) .

Schulz R. , & Hanusa B. H. Long-Term Effects of Control and Predictability

Enhancing Interventions: Findings and Ethical Issues [J]. Journal of Personality and Social Psychology, 1978, 36 (11): 1194 -1201.

Shinn M. Methods for Influencing Social Policy: The Role of Social Experiments [J]. American Journal of Community Psychology, 2016, 58 (3 -4): 239 -244.

Sieber J. E. The Ethics of Social Research: Surveys and Experiments [M]. New York: Springer, 1982.

Sinclair B., Mcconnell M., & Green D. P. Detecting Spillover Effects: Design and Analysis of Multilevel Experiments [J]. American Journal of Political Science, 2012, 56 (4): 1055 -1069.

Skoufias E., Davis B., & Vega S. Targeting the Poor in Mexico: An Evaluation of the Selection of Households into PROGRESA [J]. World Development, 2001, 29 (10): 1769 -1784.

Skoufias E., Parker S. W., Behrman J. R., & Pessino C. Conditional Cash Transfers and Their Impact on Child Work and Schooling: Evidence from the PROGRESA Program in Mexico [J]. Economía, 2001, 2 (1): 45 -96.

Skoufias E. Progresa and Its Impacts on the Welfare of Rural Households in Mexico [R]. Washington, DC: International Food Policy Research Institute, 2005.

Strohm K. K., & Anderson S. K. Foundations of Ethical Practice, Research, and Teaching in Psychology and Counseling [M]. New York: Routledge/Taylor & Francis Group, 2011.

Sugiyama N. B. The Diffusion of Conditional Cash Transfer Programs in the Americas [J]. Global Social Policy, 2011, 11 (2 -3): 250 -278.

Theresa L. O., Eric J. T., Dolores A. G., Felton J. E., Alisa L., Nicole M. S., & Maria G. Differential Mental Health Effects of Neighborhood Relocation Among Youth in Vulnerable Families: Results from a Randomized Trial [J]. Archives of General Psychiatry, 2012, 69 (12): 1284 - 1294.

Tilley N. Understanding Car Parks, Crime, and CCTV: Evaluation Lessons from Safer Cities [R]. London, UK: Home Office Police Department, 1993.

Turner M. A. , Comey J. , Kuehn D. , & Nichols A. Residential Mobility and Exposure to High-Opportunity Neighborhoods: Insights from the Moving to Opportunity Demonstration [R]. Washington, DC: U. S. Department of Housing and Urban Development, 2011.

Turner M. A. Commentary: MTO's Contribution to a Virtuous Cycle of Policy Experimentation and Learning [J]. Cityscape, 2012, 14 (2): 213 - 218.

U. S. Department of Health and Human Services. Head Start Program Performance Standards [Z]. 45 CFR Chapter XIII, Washington, DC, 2016.

Yoshikawa H. , Weiland C. , Brooks-Gunn J. , Burchinal M. R. , Espinosa L. M. , Gormley W. T. , Ludwig J. , Magnuson K. A. , Phillips D. , & Zaslow M. J. Investing in Our Future: The Evidence Base on Preschool Education [R]. New York: Foundation for Child Development, 2013.

二 中文文献

韩博天．通过试验制定政策：中国独具特色的经验 [J]. 当代中国史研究，2010 (3): 103 - 112 + 128.

和经纬．中国公共政策评估研究的方法论取向：走向实证主义 [J]. 中国行政管理，2008 (9): 118 - 124.

李海荣，王琳．社会政策评估的哲学基础、实践形式与交互影响因素 [J]. 重庆社会科学，2020 (6): 110 - 122.

李文钊，徐文．基于因果推理的政策评估：一个实验与准实验设计的统一框架 [J]. 管理世界，2022 (12): 104 - 123.

李文钊．因果推理中的科学模型——反事实、选择性偏差与赫克曼结构

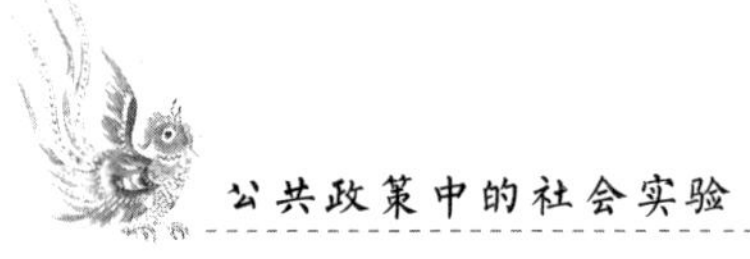

计量经济学模型［J］. 实证社会科学，2018（2）：72－88.

李文钊. 因果推理中的潜在结果模型：起源、逻辑与意蕴［J］. 公共行政评论，2018（1）：124－149＋221－222.

李志军，张毅. 公共政策评估理论演进、评析与研究展望［J］. 管理世界，2023（3）：158－171＋195＋172.

李志军. 加快构建中国特色公共政策评估体系［J］. 管理世界，2022（12）：84－92.

刘军强，胡国鹏，李振. 试点与实验：社会实验法及其对试点机制的启示［J］. 政治学研究，2018（4）：103－116＋128.

刘玮辰，郭俊华，史冬波. 如何科学评估公共政策？——政策评估中的反事实框架及匹配方法的应用［J］. 公共行政评论，2021（1）：46－73＋219.

王绍光. 学习机制与适应能力：中国农村合作医疗体制变迁的启示［J］. 中国社会科学，2008（6）：111－133＋207.

应晓妮，吴有红，徐文舸等. 政策评估方法选择和指标体系构建［J］. 宏观经济管理，2021（4）：40－47.

余向荣. 公共政策评估的社会实验方法：理论综述［J］. 经济评论，2006（2）：73－79.

贠杰. 公共政策评估的制度基础与基本范式［J］. 管理世界，2023（1）：128－138.

图书在版编目(CIP)数据

公共政策中的社会实验 / 章荧著. -- 北京：社会科学文献出版社，2024.3
ISBN 978-7-5228-3486-3

Ⅰ.①公… Ⅱ.①章 Ⅲ.①社会科学-研究方法
Ⅳ.①C3

中国国家版本馆 CIP 数据核字(2024)第 073232 号

公共政策中的社会实验

著　　者 / 章　荧

出 版 人 / 冀祥德
责任编辑 / 岳梦夏
文稿编辑 / 许文文
责任印制 / 王京美

出　　版 / 社会科学文献出版社·马克思主义分社（010）59367126
地址：北京市北三环中路甲 29 号院华龙大厦　邮编：100029
网址：www.ssap.com.cn
发　　行 / 社会科学文献出版社（010）59367028
印　　装 / 三河市尚艺印装有限公司

规　　格 / 开　本：787mm×1092mm　1/16
印　张：18.75　字　数：267 千字
版　　次 / 2024 年 3 月第 1 版　2024 年 3 月第 1 次印刷
书　　号 / ISBN 978-7-5228-3486-3
定　　价 / 128.00 元

读者服务电话：4008918866